中国农村经纪产业发展问题研究

Research on Development of Rural Brokerage in China

周　霞　著

中国农业出版社

中文摘要

随着我国农村市场化进程的加快，市场机制在配置农村生产要素、提高农村商品流通效率方面的作用日益重要。但是，受制于我国农村经济活动小规模、分散性的影响，相对于市场经济活动大规模、生产集中的发达国家，我国农村生产要素和农产品交易成本较高，“民工荒”和“民工缺”、“买难”和“卖难”问题交替出现，严重降低了农村生产要素的配置效率和农产品流通效率，农村市场风险不断扩大。借助何种路径降低农村市场交易费用一直是我国理论界关注的议题，前期研究表明，培育和发展农村经纪产业是一种可行的制度选择。从事居间、行纪或者代理获得一定佣金的农村经纪产业，通过整合不同农业生产活动的交易环节，降低市场信息的不确定性，对促成农村商品交易，优化农业经济活动，推进农村经济发展有重要作用。农村经纪产业研究，成为农业经济研究领域的新问题。

在归纳汇总文献资料的基础上，本研究运用信息经济学理论，从交易资产的专用性、交易信息的不确定性和交易频率三个维度，厘清了农村经纪产业产生与发展的理论根源。并从历史视角归纳和梳理了我国农村经纪产业的演进轨迹和阶段性特征，从现实视角剖析了我国农村经纪产业发展的态势和组织结构特征，结合经纪交易行为的理论阐述和案例描述，指出农村市场经济，降低市场信息的不确定性、整合交易环节、降低农村商品交易频率，以及必需的专用性经纪资产投资，是农村经纪产业产生发展的条件，结合中国农村经纪产业现实的经纪服务市场需求和供给，明确了中国农村经纪产业的发展对策。全文分为六个部分，共7章，具体内容如下：

第一部分　主要研究框架和基本概念范畴（包括第1章和第2章）。主要概述了农村经纪产业研究的国内外现状以及本书研究对象、研究方法和研究内容；并从农村经纪产业的概念内涵、主体分类及各自行为特征等方面，概述农村经纪产业的基本情况和所需要的基础理论，解决本研究所需要的基本工具问题。

第二部分　农村经纪产业产生与发展的理论基础（第3章）。根据农村经纪产业内涵和交易特征，分别从资产专用性、信息不确定、交易频率三个独特的交易行为属性的角度，阐释农村经纪产业产生与发展的理论根源。首先针对农村经纪交易种类繁多，交易范围大，发展缓慢，从交易特性第一个影响因素——交易费用专用性资产的角度，研究得出：专用性经纪资产投资越大，农村经纪产业发展越好。随后，从交易特性第二个影响因素——信息不确定性入手，分析得出：农村经纪产业作为职业性和组织公正性很强的第三方专门组织，是农村商品间接交易的市场需求，四大类经纪人的产生发展是最好的验证。第三，从交易特性第三个影响因素——交易频率入手，分析不同农业生产类型，在整个生产流通中的每一个交易环节的交易成本，发现农村经纪产业的中介服务能够整合交易环节、降低农村商品的交易频率，引致规模效益和范围经济，由此作为一种诱致性制度安排得以产生和发展。本部分是全书的核心和重点所在。

第三部分　我国农村经纪产业产生与发展脉络的归纳与梳理：历史视角（第4章）。通过研究中国历史上的农村社会分工、农产品商品化及农村经纪产业发展的具体情况，分析了中国农村经纪产业的历史演变轨迹，得出：农产品商品化率的提高、农村市场经济的发展和专业化分工的越来越细，是农村经纪产业形成和快速发展的前提。

第四部分　我国农村经纪产业发展态势、组织结构特征的揭示与描述：现实视角（第5章）。主要分析了农村经纪产业主体以及产业环境内不同主体的竞争行为特征和市场需求，研究表明：我国农村经纪市场发展潜力和市场空间广大，总体处于发展阶段。

第五部分　农村经纪产业主体行为特征的揭示与描述：产业视角（第6章）。从产业角度，揭示我国农村经纪产业是在经纪需求双方的支持下、由下到上产生和发展的，在现阶段的市场行为，在价格、广告、产品介绍、售后服务更多表现出市场定价、并购和促销行为上。因为经纪人间的冲突与对抗常见，而协调的市场行为很少见，未能出现大规模的专业市场行为特征，发展中的中国农村经纪产业处于由进入阶段向成熟阶段过渡的关键时期。

第六部分 研究结论、建议及展望（第7章）。根据前面的研究结论，指明了我国农村经纪产业的发展对策。农村经纪产业能否顺利进入成熟阶段，实现产业发展质的飞跃，除了政府扶持，还需要从行业规范和政府管制的角度，对产业内部加强自身管理和约束。

关键词：农村经纪产业；资产专用性；信息不确定；交易频率

Abstract

With the increasing speed of rural marketization process, market mechanism becomes more and more important in collocating the rural production elements and improving current efficiency of rural product. However, compared with the advanced market economy with large-scale and relatively concentrated production of developed countries, the transaction costs of China's rural production elements and agricultural products are comparatively high due to the influences of small-scale and dispersion of rural economy activities in China. Issues of "Migrant workers shortage", "Migrant workers efficiency", "difficulty to buy" and "difficulty to sell" appear alternately, which severely reduce the allocation efficiency of rural production elements and current efficiency of agricultural products, and the risks of rural market expand continually. It is always a subject concerned by scholars of theoretical studies in china what ways can be used to reduce rural market transaction costs. And early studies show that actively cultivating and developing rural broker industry is a feasible choice of institution.

The rural broker industry, engaging in mediacy, commission or agency for brokerages, plays an important role in facilitating rural produce trade, optimizing the agricultural economic activities, and promoting rural economic development by integrating different agricultural industrial production activities and reducing the uncertainty of market information. The development research of rural broker industry has become a new searching topic of agricultural economy.

Basing on the summary of references, and using principal theory of information economics, the theoretical source of generation and development of rural broker industry has been measured respectively from 3 dimensions of the specificity of trade asset, the uncertainty of trade information and the frequency of transactions. Also it concludes and arranges the evolution process and stage characteristics of rural broker industry in China from historical perspective, analyses development situation and features of organizational structure of China′s rural broker industry from aspects of reality, combining the description of agency trade action theories and cases, it points that reducing uncertainty of market information, integrating trade steps, decreasing frequency of rural commodity trade and essential investment of specific brokerage assets, are both industrial conditions of rural market economy and generation and development conditions of rural broker industry, and associating market demand and supply of practical brokerage services of rural broker industry in China, it finally defines developing strategies of rural broker industry in China. This dissertation is consisted of six parts and seven chapters. The specific content is as follows:

Part One: Main research framework and foundamental definition (including Chapters 1 and 2) . Domestic and abroad research conditions of rural broker industry, and study object, research methods and contents of this dissertation have been summarized; basic situation and principle theories needed have been outlined from aspects of definition, subject classification and individual behaviour characteristics of rural broker industry, which solves the basic instrument issues required in this dissertation.

Part Two: Theoretical basis of generation and development of rural broker industry (Chapter 3) . According to the connotation and trading characteristics of rural broker industry, the theoretical source of generation and development of rural broker industry has been discussed individually from aspects of 3 special attributes of trade behaviours, which are asset specificity, information uncertainty and transaction frequency. Firstly, in views of wide trade varieties, big trading scope and slow development of the rural broker, it researches that, the more investments of specific broker asset would lead the better development of rural broker industry, from aspect of the first influencing element of trading features, which is specific asset of transaction costs. Secondly, from aspect of information uncertain, which is the second influencing element of trading features, it analyses that rural broker industry, regarded as the third party special organization with professional and strong impartiality, is the market requirement of indirect commercials of rural commodities, which can be best proved by generation and development of 4 categories of brokers. Thirdly, from aspect of trading frequency, which is the third influencing element of trading features, it analyses trade costs within every trading stages of whole production and circulation of different types of agricultural productions, and figures that intermediary services of rural broker industry can integrate transaction steps, decrease trading frequency of rural commodities, and lead scale benefit and scope economy, which consequently become a induced system arrangement to be generated and developed. This chapter is the core and emphasis of this dissertation.

Part Three: The conclusion and arrangement of the generation and development of rural broker industry in China: historical perspective (Chapter 4). Throughout studying specific situation of rural social division, agricultural product commercialization and the development of rural broker industry in Chinese history, the historical traces of rural broker industry in China has been analysed, and it results that: the improving rate of agricultural product commercialization, development of rural market economy, and more and more detailed specialized division of labour, are essential premises for forming and rapidly developing the rural broker industry.

Part Four: The disclosure and description of developing trend and organization structure features of rural broker industry in China: from realistic perspective (Chapter 5). It mainly analyses the main body of rural broker industry, and the competition behaviour characteristics and market demand of various subjects in industrial environment, and the research shows: the developing potential and market space of rural broker market are large, and as a whole, are in developing period. Moreover, combing the real situation of industry that massive professional market behaviours of rural broker market in China has not appeared, it has been pointed out that the rural broker industry in China is still in a pivotal period transiting to the maturity stage.

Part Five: The disclosure and description of characteristics of subject behaviours of rural broker industry: from industrial perspective (Chapter 6). From aspect of industrial analysis, it reveals that the rural broker industry in China generates and develops under the support of mutual broker supply and demand, and from bottom to the top. Present market behaviours, in aspects of price, advertisement, instrument and after service, displays further in market pricing, acquisition and promotion, as a result of conflicts and confrontations among agents, and few harmonious market behaviours. Therefore, the features of large-scale professional market behaviours have not appeared. The developing rural broker industry in China is still in a period from entrance transiting to mutual.

Part Six: Conclusions, suggestions and expectations

(Chapter 7). According to previous results, the developing strategies of rural broker industry in China have been demonstrated. Whether the rural broker industry can smoothly enter mature period, and realizes the essence leap of industrial development, it needs enhanced self-management and restriction in interior, in the pointview of industrial rules and government administration, besides government supports.

Keywords: rural broker industry; asset speciality; uncertainty of information; trading frequency

目　录

1 导论

1.1 研究背景及意义

农村经纪产业一直扮演着推动农村市场经济发展的主要角色，它能否有一个良性的发展空间，将关系到农村市场经济的繁荣程度，对推动中国市场经济发展有重要意义。

由于农村经纪产业通过搜集农民所需的市场、技术、科研信息，为农民提供专业化社会化的服务，降低了交易双方的交易成本，同时，农村经纪人让市场信息充分交流，逼迫虚假信息浮出水面，规范了市场运作过程，间接降低整体市场的交易费用，节约了社会的总成本，提高了农民收入，强化了农民的合同意识、投资意识，为推进农村市场经济发展，打下了坚实基础，大力培育和发展农村经纪人就成为解决三农问题的一条重要途径（国家工商行政管理总局，2005）。

正是基于这点，农村经纪产业成为农业经济研究领域的新问题，但因为缺乏科学的分析框架，现有研究并没有以总和的角度介绍农村经纪产业。在研究方法上，传统的计划经济体制下，农村经纪产业主要由中央政府直接管理和控制，对产业的市场结构、市场行为和市场绩效的研究没有实质意义；改革开放以后，随着市场化的推进，人们开始涉猎这一领域。但是，通观这一领域的研究成果发现，中国对产业组织的研究有所涉及，但是主要以制造业为对象，如马建堂、毛林根、江小涓、杨蕙馨等学者都是以汽车、纺织、机械制造、家电等制造业为研究的样本，其研究成果对农村经纪产业组织的研究并不具有直接的指导意义。

在研究内容上，国内文献关于农村经纪产业的系统性研究鲜有见到。在研究对象上，现有研究多着眼于农村经纪人、以代理业务为主的专业合作组织、协会等角度，介绍它们各自的概念界定、现状、作用、存在的问题以及相关的组织制度和市场建设，但在研究深度上，多数文章更多的是针对现象，并未从更深的层面探讨经纪业对农村产业乃至整个社会产业结构、社会政治结构的影响。

为此，本书试图根据农村经纪产业内涵，从农村经纪交易行为入手，运用新制度经济学中的交易费用理论，以资产专用性、信息不确定、交易频率的角度，在理论上系统研究中国农村经纪产业的动力机制和发展机理，结合中国经纪产业的历史实际，分析中国现在农村经纪产业的市场结构和市场行为，确定中国农村经纪产业的发展阶段，找出促进农村经纪产业主体行为的诱导机制、发展的关键因素，得出农村经纪产业培育和优化的模式。作为“三农”问题研究的新视角，提供全新的分析框架，对农村市场经济及农村经纪组织发展提出有益建议。

1.2 基本概念界定

1.2.1 经纪人

“经纪”意为经理事务，是一种连接买卖双方的“桥”的关系。经纪活动收费低，活动灵活，周期短，省时省力，是一种用最经济、最节省的办法来促进商品成交的活动。所以，“经纪”又意为“节约”。宋元时期，经纪多指经营生意；明代，“小经纪”指经济实力有限的“牙人”，以“经纪”称呼牙人已经成为商人的习俗；清代，官方常将牙人称作“经纪”、“经纪人”。

关于经纪人的定义并无统一说法。美国市场学家菲利浦·卡特奥拉认为：“经纪人是提供廉价代理人服务的各式中间人的总称，他们与客商间无连续性关系可言”。美国经济学家格林·沃德在其主编的《现代经济词典》将经纪人界定为：“将其他人拉在一起协商立约的人。经纪人从这项服务中得到佣金。在处理财务和不动产时，经纪人从实物或财务上把一项资产的买主和卖主拉拢到一起”。《美国统一商法典》中认为：“经纪人是指以全部或部分时间从事证券买卖的人，他在有关贸易中，代表客户进行买卖，或从客户处买进或向客户售出证券”。《辞海》认为：经纪人是买卖双方介绍交易以获取佣金的中间商人。《中国经纪大辞典》中解释为：“经纪人，中间商人，旧时称掮客，处于独立地位，作为买卖双方的媒介，促成交易以赚取佣金的中间商人”。张跃庆、张公宏主编的《经济大辞海》认为经纪人是“为买卖双方充当中介而获取佣金的中间商人”。经纪人有一般经纪人与交易所经纪人之分，后者是交易所的中间商人，多受公司雇佣和委托，按雇主要求推销商品或招揽顾客，其报酬除佣金外，还有一定数量的津贴。

1995年国家工商行政管理局颁布的《经纪人管理办法》中指出：“经纪人是指在经济活动中，以收取佣金为目的，为促成他人交易而从事居间、行纪或者代理等经纪业务的公民、法人和其他经济组织。一般地讲：经纪人是指为促成他人商品交易，在委托方和合同方订立合同时充当订约居间人，为委托方提供订立合同的信息、机会、条件，或者在隐名交易中代表委托方与合同方签订合同的经纪行为而获取佣金的依法设立的经纪组织和个人”。

尽管上述说法各有不同，但其核心观点均是一致的：①经纪人的活动目的是以收取佣金为目的；②经纪人活动的服务对象是买卖双方；③经纪人活动的中心是促成他人交易；④经纪的活动形式有居间、行纪、代理等；⑤经纪活动主体主要包括个人、法人和其他经纪组织。

1.2.2 农村经纪人

1. 农村经纪人的内涵

章继刚（2006）对农村经纪人的内涵作出了界定，是指在农业经济活动中，为促进农产品流通，以实现流通对接为目的，通过居间、行纪、代理等形式，为广大农民提供中介服务的公民、法人和其他经济组织。农村经纪人主要分为农产品经纪人、农村工业及工业产品经纪人、农业科技经纪人、农村文化经纪人、农村劳务经纪人、农村物流信息经纪人等。林仁惠（2005）提出现代农村经纪人的概念，并且认为农村经纪人的概念有五个层次：一是农村经纪人为促成他人交易而进行中介服务活动；二是农村经纪人的活动形式主要包括居间、行纪、代理服务和采运营销零散商品；三是农村经纪人在经纪活动中以收取一定的服务费为经纪活动的报酬；四是根据现代农村经济的特点和需要，通过采运营销零散商品赚取商品购销差价；五是农村经纪活动主体分别为农民、法人和其他经纪组织。刘慧娥等（2005）对与农村经纪人相关的概念进行了区分，包括经纪与经济、农村经纪人和农产品经纪人、农民经纪人与农村经纪人、报酬和回扣的区别与联系。

2. 农村经纪人的地位及作用

国内学者普遍认同要大力发展农村经纪人，但对农村经纪人的功能、作用等分析角度和侧重点不尽相同。李化义（2000）认为农民经纪人是农业结构调整的生力军。刘凡（2005）认为发展农民经纪人是解决“三农”问题的重要途径。刘训戈（2006）认为农村经纪人在加快农村经济发展，促进新农村建设中具有重要作用。2004 年和 2005 年连续两年出台的中央 1 号文件提出：培育农产品营销主体，鼓励发展各类农产品专业合作组织、购销大户和农民经纪人。可以看出，发展农村经纪人对于促进农村发展、农业增效、农民增收、优化农村产业结构调整、增强农产品市场竞争力、活跃农村市场、提高农产品流通效率、建设社会主义新农村具有重要作用。

农村经纪人地位问题，整体上已达成基本共识：必须规范农村经纪人发展，加强管理，明确农村经纪人法律地位。由于国家法规滞后，处于摸索发展中的农村经纪人和相关农村经纪人组织理论不成熟。目前，农村经纪人发展还没完全得到法律保护。

3. 农村经纪人的发展

由于农村经纪人主要是自发发展起来的，目前还存在着规模小、组织松散、管理不够规范等问题，农村经纪人如何进一步发展已提上日程。国内学者对农村经纪人发展模式选择问题的认识还没有全面系统展开，所持观点有：一是加强农村经纪人管理。针对当前农村经纪人队伍存在的问题，提出进行规范管理，如曾明珠、李胜生（2006）提出要加强素质培育，规范经纪人经营行为，并要提高组织化程度，增强经纪人大局意识，不断提高市场准入门槛，加强经纪人队伍管理。二是专业化发展。黄祖辉等学者主张农村经纪人应走专业化发展道路。三是企业化发展。部分学者从农村经纪人组织的形式创新角度，对中国农村经纪人发展模式提出要走企业化道路。如李文峰（2006）提出建立农村经纪人合伙组织和农村经纪人有限责任公司。

1.2.3 农村经纪产业的界定

产业（苏东水，2000）是具有某种同类属性的、相互作用的经济活动组成的集合或系统。它是介于单个经济主体与国民经济整体的中间层次，介于宏观领域与微观领域的中观领域，有其自身特有的运动规律。产业经济学是揭示产业的发展和变化、产业内部企业之间的相互作用和产业与产业之间的相互联系等产业本身所特有的经济规律的理论基础。产业组织是指生产同一类产品（严格的说是生产具有密切替代关系的产品）的企业，在同一市场上集合而成的同一类产业中企业之间的相互作用关系结构，该结构决定了该产业内企业规模经济效益的实现与企业竞争力的发挥之间的平衡。

根据上述理论，经纪产业就是从事经纪活动的企业、事业的总和。中国学者陶岩平（1994）认为个体经纪业是指中国个体（自然人）中间商在市场上为买卖双方进行媒介活动而收取佣金的行业。它是相对于法人经纪业而言的，在市场上为买卖双方进行媒介活动的主体是自然人，包括经纪个体、经纪个人合伙组织。经纪自然人以其资历、学识、信誉、业务经验和资产作为媒介活动的担保。张丽静（1998）论述中国经纪业在市场经济中的作用，强调了经纪业的合法化和规范化问题亟待解决。

由于农村市场经济发展的滞后性，中国相关的农村经纪业务发展才处于起步阶段。在现有研究领域内，农村经纪产业的内涵、外延及特征尚没有规范的确定。因为农村经纪人是在农业经济活动中为促成农产品流通，通过居间、行纪或者代理等形式，为广大农产品的供求双方搭建桥梁，收取佣金的公民、法人和其他经济组织，那么，由此发展形成的产业就是农村经纪产业。具体来讲，农村经纪产业就是在农村经济活动中，以收取佣金为目的，为促成农业生产与其产前产后的相关商业活动的需求，而从事居间、行纪或者代理等经纪业务的中介服务业。农业经纪业不是物质生产行业，是为实现“商品价值从商品体跳跃到金体上去”（马克思语）这个惊险的跳跃服务的中介行业；农业经纪业也不是消费行业，是为消费者实现消费提供服务，为其“牵线搭桥”、“穿针引线”的服务业。所以，农业经纪业是农村商品经济发展的产物，源于农业商品经济的发展，又促进了农业商品经济发展的中介服务业。

作为收集、处理、传输信息的中介服务行业，经纪业收集买卖双方的信息，以卖出信息作为盈利的方式，为交易双方提供居间代理服务，从给一般农产品的贸易如生产资料的贸易，提供适时的供需信息，扩展到生产资料、农村科研技术成果、保险业，提供相应信息等，农村经纪产业在中国发展是相当迅速的，在商品交易中起着不可或缺的媒介作用，对商品经济的发展，社会分工的细化以及市场信誉机制建立和市场经济的完善起着越来越大的作用。尽管有的地方面对发展起来的农村经纪业，逐步推出了地方性的法规、条例，如加强对农村经纪人的资格培育等，但仍需深入系统的研究。

1.2.4 农村经纪组织、农村中介组织和农村合作组织的区别

中介在《现代汉语大词典》（2000）中的解释，是媒介，是事物与事物之间起居间作用的环节；在《现代汉英词典》（1988）中的注解则是事物间发挥联系作用的环节、人或机构。现代中国的社会中介组织，多数由政府机构职能部门，或由原来国有企业的某些职能部门转化而来，真正适应市场需求、由社会自身产生的为数不多，这导致中国社会中介组织具有相当强的行政色彩，缺乏必要的职业道德和服务意识。

农村中介组织，廖卫东（2001）认为它是市场经济和社会分工的产物，是沟通市场与农户的连接，充当农户进入市场的桥梁和纽带，连接政府和农户，为农村市场经济的发展提供各种服务，具有法人地位的经济实体。韩悌勇（2006）认为农村中介组织为在政府、农户、涉农企业、农业科研院所和教育培训机构等各类市场主体之间发挥联结、沟通、协调作用，面向农民、农业、农村提供相关的社会化、专业化服务的组织。

由于经纪组织外连市场，内联农户，使农业生产和市场需求产生实质性的衔接，因此，从一定意义上，它与中介组织所起作用一致，但二者之间也有差别。因为经纪人，农村经纪产业产生的时间久一些、产生的自愿性强一些，同时在具体的收取费用时，有所区别。另外，农村经纪产业的主体形式，有个体（如经纪人）和经济实体，其中，农村中介组织主体是经济实体。

农村合作组织是 20 世纪 90 年代以来，中国农村商品经济

和市场经济发展的必然产物。它对农民联合起来抵御市场风险，保护自身利益，提高农民组织化程度，促进中国生产力的发展发挥着越来越重要的作用（王慧，2000）。农村合作组织的服务对象和服务内容与农村经纪组织基本一致，但只有那些只提供技术、信息和经营性中介经纪服务，不从事增加农产品价值的业务的合作社和农村专业技术协会，才能够算得上经纪组织，但它只是一种较为松散的农村经纪组织形式，其他的就不属于农村经纪组织。

由于农村中介组织及只提供中介服务的合作社与农村经纪组织的服务对象和服务内容基本一致，按照产业经济学的第三层次分类：大致以经济活动的阶段为根据，对国民经济划分后所形成的产业来说，它们属于农村经纪产业。

另外，本书在以后分析中国农村经纪产业的垄断、竞争态势时，使用“产业”的划分，往往是依据服从分析目的的“现实可用性”原则进行，并且，这里的“产业”等同于“行业”，也就是说本书的“行业”和“产业”是一个概念。

1.2.5 农村经纪产业主体

农村经纪业的主体既包括正式注册的中介公司、经纪公司等法人主体和单位，只提供中介服务的专业合作社、专业协会、供销社、其他组织，也包括隶属于企事业单位的经纪人、委托人、代理人等，还包括一些利用偶然机会为他人牵线搭桥提供信息的个人。它们分布在各个行业和服务领域，如种植业、养殖业、加工运输业，可以在第一产业，也可以在二三产业，从事流通、运销、科技、信息、储藏加工等多种业务。

1.3 国内外文献综述

1.3.1 国外文献综述

Larryreaux 和 Sokoloff (2002) 采用实证数据对中介组织在技术市场中的作用进行了分析，得出技术中介是推动技术市场发展的重要因素。国外学者更多研究的是符合他们国家市场环境下的农业经济问题以及产业组织问题，如贝恩 (1959) 强调市场结构在产业组织分析中的突出地位。理查德·卡弗斯 (2002) 认为“市场结构之所以重要，是因为市场结构决定了该产业厂商的市场行为，这种行为又决定了市场绩效的好坏。”同时，他们的研究重点并不集中于农村经纪业，更多的在于为农产品买卖双方提供了交易的场所和方式的各类市场、经纪人及其中介组织。美国市场学家菲利浦·特奥拉 (2002) 认为：“经纪人系指提供廉价代理服务的各种中间人的总称，他们与客商之间无连续性关系”，投资者也只是间接地从经纪商那里获取这种服务。他们对农村经纪市场进行的具体分析实际上并不多，从农村经纪产业的角度进行分析的更少。

1.3.2 国内文献综述

1.3.2.1 从史学角度对经纪业的研究

1. 20 世纪初—20 世纪 40 年代：新中国成立前的经纪业进入研究视野

20 世纪初期，随着学者对市场、市集的考察，农村经纪业逐渐进入了研究者的视野。张铁铮 (1934) 指出：农产品交易市场中，粮食、花生、棉花、生猪等农产品的交易多半以经纪业或牙行为中心，且交易的撮合担保也都由它们负责。加藤繁（1937）考察了清代村镇定期市，发现了牙行大量存在，并指出："每一种营业每一种商品都可设牙行，而交易相当大商品，如绸缎、药材、米粮、牲口、酒、茶等尤有设牙行之必要，较热闹的集市有牙行之设更不消说。"这一阶段，对经纪业的研究数量并不多，多注重于现象的考察，对经纪业的从业性质与作用未作深入探讨，只揭示了经纪业在中国传统市场中大量存在的社会现实。从研究对象来看，此时的研究可以说是对农村经纪市场研究较多的一个时期。

2. 20世纪50—70年代：对经纪业的研究逐渐深化

学者们不仅考察纯经纪业现象，也开始关注、评价农村经纪业作用。由于受到时代限制，国内学者更多把目光投向了经纪业的市场消极作用。1957年，刘重日、左石鹏第一次从"牙行"角度，较详细地对牙人及牙行组织的演变作了考察分析，但他认为"寄生"于交换之中的牙人，在市场中的无赖行为一定程度上伤害了商业的发展；傅衣凌（1964）也认为牙行带来的巨额利润使商人疏远了生产投资和技术改良，阻碍了真正的手工业发展；只有由根幸夫（1978）较全面地考察了华北经纪业，较客观地评价了牙行的作用。施坚雅（1964）从地理区位的角度，将市场范围按照中心地、中间集镇和基层市场上进行划分，指出经纪人是不可忽略的群体，将经纪人的研究方法和角度进一步拓宽。

3. 20世纪80年代以来，对中国古代经纪业研究进入快速发展时期

中国改革开放政策的实行，市场经济体制的逐步确立，农村经纪业开始快速发展，引起学者对经纪业发展的历史反思。

从市镇、商业及商品经济的角度对经纪业的作用进行了系统分析。刘秀生（1986）指出牙行从最初充当采购代理人到私开牙店，专门从事采购批发业务，标志着产生包买主的条件已经成熟，认为牙行持政府颁发的“牙贴”在市场上中介买卖，平衡物价，校定度量衡，兼有管理市场的功能。蒋兆成（1988）指出明清杭嘉湖地区的蚕桑丝织业中，牙商大多数是本地人，垄断着当地的丝或丝织品交易，他们对市镇经济发展的促进作用赶不上丝绸贩运商；韩大成（1991）、郭蕴静（1994）、樊树志（1990）和陈学文（2000）等对古代牙行在税收、市场管理及简单商品交易活动中的中介作用作了较详细的考察。汪敬虞（1998）、丁日初（1997）和庄维民（2000）等就近代全国或某一较大区域内经纪业发展的共性进行论述，分析了经纪业的发展过程和市场功能，强调了近代经纪业经营方式的转变和功能演变。

吴绍珉（1997）、孟繁治（1996）、叶世昌（1995）详细介绍了经纪人及其行业的产生、发展、变化，经纪业活动范围的扩大以及古代政府对经纪业的管理等一系列内容；陈明光和毛雷（1998）对中国古代交易中介人主要称谓演变进行了细致考察，专门探讨了中国历史上从事人口买卖中介的牙人合法存在的政治、经济和社会习俗等方面的原因，分析了他们的行业特性、行业习俗和基本特征，并详细阐述了唐宋以来，牙人从事田宅买卖中介的行业习俗以及由此反映出的社会经济关系。

4. 20世纪80年代后，史学家按照中国的时间格局对经纪业进行了较深入的研究

这些研究多集中于宋代和明清时期，他们认为这三个阶段是牙行发展的鼎盛时期。

宋朝时期经纪业：宫泽知之等人对宋代经纪业进行了专门的深入考察。宫泽知之（1982）、龙登高（1990）和任仲书、于海生（2003）探讨了宋代牙人在国家经济中的作用，在市场上的沟通信息的职能，以及促进商品流通和商品经济发展中的积极作用。李达三（1991）分析了宋代牙人变异的起因、取向及影响等问题。

明清时段经纪业：吴奇衍（1985）、陈中平（1987）分别对清代前期和明清时期牙行内容、职能和作用等问题进行详尽叙述。王廷元（1993）、龚关（2001）和郑晓文（2005）对于明清时期徽人经营牙行的普遍现象、民国时期牙行制度和税收制度的变化，以及牙行在商业资本与借贷资本、产业资本二者融合渗透中的作用进行了研究。

近代经纪业：潘君祥（1993）、单强（1997）和刘爱新（2003）分别以上海、江南以及广西为对象，对牙行的产生发展演变、经纪人的形态、组织与网络、市场功能以及发展历程和角色进行了阐述。总体上对近代经纪业的研究不够全面和深入，这主要是鸦片战争后，牙行由于自身的封建落后性，导致实力减弱，难以在新式商业中获得生存发展。其实，近代经纪业在古代牙行的基础上，为适应新的商业发展要求，在行业组织形式与从业方式上做出新的调整，不仅没有削弱，反而更强大了。

5. 20 世纪 80 年代后，经济学家从行业分类视角对经纪业进行了研究

许谨良（1989）、吴建斌（1996）、曲晖（2002）、赖海峰（2002）、应丽君（1998）、李文东（1996）分别对房地产、期货、保险、证券、体育、木材、技术经纪业从不同方面进行了

简单的研究；陶岩平（1994）研究中国个体经纪业发展的制约因素，朱辛华（1994）强调国有商业要大力发展经纪业，孟宪玲（1994）认为扶持科技经纪业是知识分子工作的重要课题；张丽静（1998）对经纪业合法化与规范化问题进行论述，赵杰（1996）认为发展经纪业和经纪人是完善市场体系的重要环节，徐志祥（2001）和余启华、王志福（2003）考察了浙江和南京经纪业发展状况；陆广陵（2001）强调营造经纪业良好环境的重要性。

总体而言，国内对经纪业的研究，最先从对市镇、市场结构的考察入手，随后从牙行与市场管理、牙行与市场税收制度、牙行与长途贸易等各种关系，进行较为细密的探究，形成了以市镇、市场分析为基础的经纪业研究体系。研究视野多在于对古代牙人、牙行组织演变历程的考略；研究地区多集中在华北和江南等商品经济相对发达地区。第二，对经纪业的研究时段多为旧社会传统商品经济下的情况，自中国社会主义市场经济体制建立以来，农村经纪业获得了长足发展，其作用和意义越来越为社会各界认可和重视。但是，对现代农村经纪业的研究比较少。第三，这些“经纪业”的提法，更多的是从行业的角度，与本书所论述的从产业角度的“经纪业”有些微差别，需要在研究范式和理论方法上有更大突破。同时他们更多的是针对城市常见的一些经纪行业如房地产、期货、保险、证券、体育、木材、技术经纪业，从不同方面进行了分析研究。虽然对农村经纪产业主体分开，进行单个研究的比较多，但从产业分析视角对农村经纪业的系统分析尚显不足。第四，经纪业研究理论方法比较单一，多局限于传统史学框架内，更加注重经纪业行业历时性发展及行业内部的考察，通过新的理论方法透视经纪业与其他相关行业或整个区域经济发展的研究较少。

1.3.2.2 从产业角度对农村经纪产业主体的分类研究

1. 从交易费用分析角度的研究

就农村中介组织而言，在组织改进上，已经有很多的研究对策，他们通过交易费用的研究角度，进行了大量的分析。如朱学新（2004）用新制度经济学的"交易费用"的基本理论研究了降低农产品交易费用的制度选择问题，通过比较以中间商为中介、单个农户直接交易以及形成中介组织后这三种方式的市场交易成本，得出：中介组织是农产品流通中交易费用最低的一种制度安排，而农村经纪人制度则是目前比较理想的一种农产品流通组织，徐田强（2005）也以交易费用为主要研究方法，对现代商品流通网络下的农村经纪人发展机理进行了研究。

但是他们只是针对现有的流通组织形式进行了分析，在预测未来发展模式上，并没有一个科学合理的论述。为了从根本上解决这一问题，本书准备利用交易费用理论，根据三个最基本的交易特性因素：交易频率、资产专用性和信息不确定，一一分析农村经纪产业产生和发展的原因、动力及条件。

2. 从产业市场结构和市场行为的分析视角

贝恩（1959）强调市场结构在产业组织分析中的突出地位。理查德·卡弗斯（2002）认为"市场结构之所以重要，是因为市场结构决定了该产业厂商的市场行为，这种行为又决定了市场绩效的好坏。"李强（2005）从产业内涵入手，运用市场结构制约经济绩效这一产业组织理论的基本原理，分析中国农业类产业的进入和退出障碍及其对中国农业发展的制约。胡继连（2000）等利用产业组织学理论，分析了中国小型农田水利产业的组织结构、经营者行为和产业绩效，根据小型农田水利产业组织中存在的问题，提出了相应的产业组织政策。龚基云（2003）通过分析中国农业的市场条件、市场集中度、进入壁垒等因素，认为中国农业市场结构已由近似完全竞争结构趋向垄断竞争结构，认为中国农业改革，必须从市场结构入手，才能提高农业的市场绩效。

利用产业组织理论，确实对好多行业和经济管理现象的分析有独到的作用，如孙亚锋（2005）对中国期货经纪行业用产业组织理论进行了分析；沈燕燕（2007）运用 SCP 分析框架，从理论上研究了农业产业组织的市场结构、市场行为与市场绩效，同时以江苏雨润食品集团这一成功的农业产业化龙头企业为例，实证分析了其组织架构、行为特征与运行绩效，相应提出了其他企业进行农业产业化经营的基本路径。

3. SCP 范式分析农村经纪产业的可行性

迈克尔·波特认为，一国的特定产业能否成功有 4 个关键因素（关键成功因素），对于农村经纪产业而言，按照波特先生的观点，农村经纪业比较生产率也有 4 个关键因素：生产要素条件、需求条件、相关产业和支持产业和经营主体状况，后两者的作用在于政府行为和机遇。

农产品的品种、时空、季节差异性，使得农村经纪产业存在服务差别和进入壁垒（郭庆海，2007）。这两种因素，加上市场本身的条件及变化是市场集中度的影响因素，由此可以判断农村经纪产业的市场结构变动趋势。农村经纪产业伴随着生产力提高，促使农产品商品化率上升，农村市场化进程加快，中国农产品市场从短缺卖方市场转变为阶段性供给过剩的买方市场，进一步导致中国农业市场供求结构的变化，促进农业市场结构的变迁。买方市场出现，市场结构变化，竞争在生产者之间展开。生产者为寻求生存和发展，必然要通过各种形式进行纵向或横向联合，走规模经济之路，农业市场的供给结构也相应发生变化，从而加强了农业市场结构的垄断程度。同时，农业市场条件的改变，也会引起农业市场需求结构的变化——从数量需求型转向质量需求型，使得对农产品的市场需求因消费者偏好的不同而趋于分散，而卖方为争夺有效的市场需求份额，会进一步竞争，在此过程中，对农村经纪产业需求也进一步加强。SCP 范式分析，尤其是分析现有经纪产业的市场行为和市场结构，并由此分析农村经纪产业的演变是可行的。

1.4 研究内容与研究目标

中国农业市场经济的逐步发展，农村市场的容量和风险不断扩大，从事居间、行纪或者代理获得一定佣金的农村经纪产业，通过整合不同农业生产活动之间的交易环节，降低市场信息的不确定性，促成农村商品交易，优化农业经济活动，推进农村经济的发展。农村经纪产业的发展研究，成为农业经济研究领域的新问题。

本研究通过对中国历史回顾，结合经纪交易行为的理论阐述，分析农村经纪产业产生、发展的条件，结合中国农村经纪产业现实的经纪服务市场需求和供给，确定中国农村经纪产业的发展对策。本书共计 7 章，分为五个部分。

第一部分　主要讲述农村经纪产业的研究意义和基本理论

规范。为第一章和第二章。主要评介农村经纪产业研究的国内外现状以及本书的研究对象、研究方法和研究内容；从农村经纪产业的概念内涵、主体分类及各自行为特征等方面，概述农村经纪产业的基本情况和所需要的基础理论，解决研究基本工具问题。

第二部分　从理论的视角，根据农村经纪产业内涵和交易特征，以资产专用性、信息不确定、交易频率三个独特交易属性角度，得出：降低市场信息的不确定性和整合交易环节、降低农村商品交易频率，是产业生存动力所在，必需的专用性经纪资产投资是产业持续发展的必要条件，并分别提出相应的发展建议。这是本书的重心和创新所在。

第三部分　从历史的视角分析中国农村经纪产业的产生与发展。即第 4 章。主要从农村经纪产业的产生的背景入手，探讨中国农村经纪产业的阶段性特征以及产业主体和产业业务的历史演化情况，得出：农村市场经济是中国农村经纪产业的必要前提。

第四部分　从现实的角度，研究农村经纪产业主体以及产业环境内不同主体的竞争行为特征和市场需求，得出：中国农村经纪市场发展潜力和市场空间广大，总体处于发展阶段。结合中国农村经纪市场，大规模的专业市场行为还未能出现的产业现实，明确指出：中国农村经纪产业处于向成熟阶段过渡的关键时期。这一部分由第 6 章构成。

第五部分　讲述农村经纪产业的发展对策。即第 7 章。农村经纪产业能否顺利进入成熟阶段，实现产业发展质的飞跃，除了政府扶持，还需要从行业规范和政府管制的角度，对产业内部加强自身管理和约束。

1.5 研究方法与技术路线

1.5.1 研究方法

（1）实证分析与规范分析相结合。实证分析与规范分析是经济分析的基本方法。所谓实证分析，即只对事实作客观描述，而不对行为结果作价值判断，主要回答“是什么”，评价经济行为“应该”是怎样的。事实上，这两种方法往往是联系在一起的。实证分析中往往包含一些价值判断，而规范分析又是建立在对实际运行过程了解的基础上的。本项研究试图从两种方法联系的角度入手，通过对现实中国经纪产业问题的具体研究，在回答“是什么”的基础上，提出“该怎样”的对策建议，本书运用大量的实证分析方法分析了农村经纪市场的各种市场行为，并得出一些有价值的结论。

（2）比较分析与逻辑归纳相结合。比较分析主要指历史比较分析。本研究对中国农村经纪业发展的过程及体制变迁的历程、中国农村经纪业组织的现状特点，从历史发展和逻辑推断的角度进行考察和研究，并且对不同时期中国农村经纪业的主要组织形式进行比较分析，希望从中能有所借鉴。通过纵向的动态对比和横向的比较分析，试图探索农村经纪业组织的优化途径。

（3）定性分析与定量分析相结合。农业市场化的合理经纪组织形式或最为有效的“具体制度安排”是什么，既要从定性的角度作出判断，更要注重定量分析的结论，要有“量”的依据。这是因为经纪组织的功能差异是资源配置的效率或绩效，而效率或绩效显然仅从定性角度是说不清楚的。所以，农业市场化应实行怎样的体制，只有从定性与定量分析相结合的角度进行研究，才能得到答案。

1.5.2 技术路线

采用资料收集—实证分析—构建目标—发现问题—解决问题的技术路线，见图1-1。

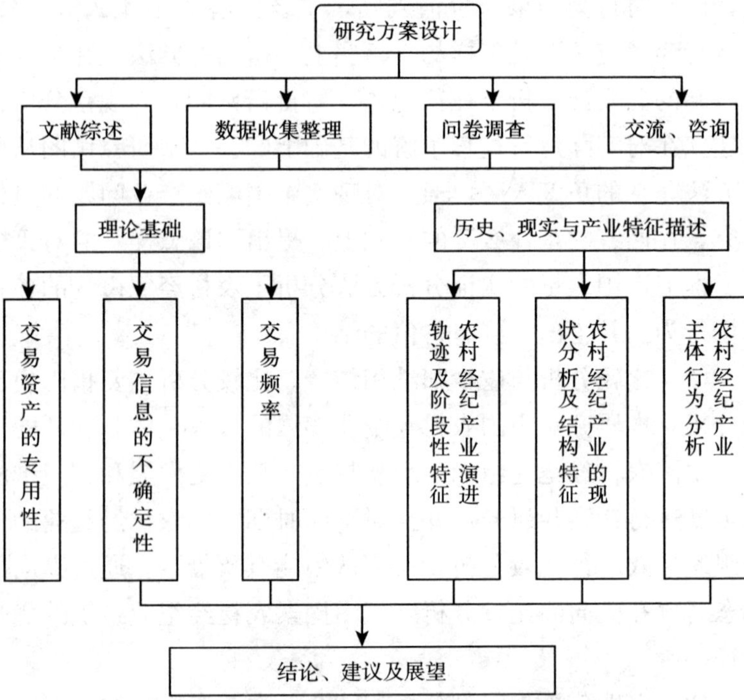

图1-1 技术路线

（1）资料收集。着重于采集国内农村经纪业的组织形式、规模大小、管理体制及该行业的市场结构、行为、绩效以及政策等方面的文献、数据、做法、经验、问题等，然后整理、分类、选择并分析其内在逻辑关系。

(2) 实证分析。利用实际调查、统计年鉴、中国农业信息网、行业协会获取的数据资料，对中国农村经纪业市场结构、市场行为及市场绩效等进行分析。

(3) 构建目标。通过实证分析并与国际上发达国家农村经纪业的成功案例进行比较，构建中国农村经纪产业组织优化目标。

(4) 发现问题。通过比较，找出中国农村经纪产业发展与规范方面存在的问题。

(5) 解决问题。对研究结果进行定性分析，精心提炼，从宏观的角度就中国农村经纪产业组织政策的制定提出一些建议。

1.6 创新之处

(1) 根据农村经纪产业内涵和交易客体的行为特征，从理论上，以资产专用性、信息不确定、交易频率三个角度，分别阐述和系统研究中国农村经纪产业的基本原理、生存动力和产业持续发展的必要保障。

(2) 农村经纪产业结构和市场行为受到市场不确定性、不对称信息和交易成本的影响。因此，笔者结合农村经纪业的交易实际，提出适合农村经纪产业的、新的五力竞争模型：经纪业务上游需求者、下游需求者、行业内竞争者、潜在竞争者和替代品。

(3) 尝试性地采用三种理论：交易费用理论、制度经济学理论和产业组织理论，分别从理论的、历史的和现实的视角，全面分析农村经纪产业存在和发展所需的条件和影响因素，确认产业的发展阶段，得出一些有价值的结论。

（4）根据产业组织理论，结合农村经纪产业的特点和中国农村经纪产业发展现状，构建中国农村经纪产业组织培育和规范发展的优化模式。

1.7 需要进一步研究的问题

（1）运用产业组织理论、信息理论和交易成本理论分析农村经纪业，存在结合不够紧密的问题。

（2）由于受资料的限制，某些结论可能不具有普遍性，还需要深入研究。

（3）农村经纪市场有效竞争的 SCP 测度有待进一步量化研究。由于资料获取困难，市场绩效没有真正设计出一套切实可行的衡量指标。

2 农村经纪产业概述

中国农村经纪产业是帮助农村市场供应者和需求者顺利对接的一种产业，其产业主体，由农村经纪人和各种经纪组织：以经纪业务为主的合作社、农村专业技术协会以及农村经纪公司构成。它们或者作为中介人，或者作为委托人，或者作为代理人，利用各种信息，与农村经纪产业中的各种参与主体：农民、农产品需求者、政府部门、科研技术法律等工作人员，发生各种经纪交易，签订并执行各种契约，完成相关的经纪业务。因此，了解农村经纪产业的基本情况，并对产业成长和产业生命周期理论、交易费用理论和信息经济理论的研究就成为本书一个必不可少的部分。

2.1 农村经纪业产业的概述

2.1.1 概念内涵

产业是具有某种同类属性的企业经济活动的集合，是具有某种同一属性的企业经济活动的总和。而这些同类的属性或特征：从需求角度来说，是具有同类或相互密切竞争关系和替代关系的产品和服务；从供应角度来说，是指具有类似生产技术、生产过程、生产工艺等特征的物质生产活动或类似经济性质的服务活动（苏东水，2000）。

如果说农村经纪人是在农业经济活动中为促成农产品流通，通过居间、行纪或者代理等形式，为广大农产品的供求双方搭建桥梁，收取佣金的公民、法人和其他经济组织，那么，根据产业特点，由此所形成的产业就是农村经纪产业。

具体而言，农业经纪产业是指在农村经济活动中，以收取佣金为目的，为促成农业生物与其产前产后工商业，以及在此基础上建立的管理体系与科教体系的交易，而从事居间、行纪或者代理业务的中介服务业。农业经纪产业是社会商品经济发展的产物，有商品交换，就有农业经纪服务业。

农业经纪业不是物质生产行业，是为实现“商品价值从商品体跳跃到金体上去”（马克思语）这个惊险的跳跃服务的中介行业；农业经纪业也不是消费行业，是为消费者实现消费提供服务，为其“牵线搭桥”、“穿针引线”的服务业。所以，农业经纪业源于农业商品经济的发展，又促进了农业商品经济发展的中介服务业。

2.1.2　农村经纪人类型

（1）技术经纪人。它是指专门从事农村科学技术交易而收取佣金的中间商。这类经纪人组建科技服务站（所），向农民传授有关种植、养殖等方面的技术，进行科技示范指导，提供科技咨询，使科技商品化、技术价值化，既服务了生产，又增加了收入。

（2）物流经纪人。它是指专门从事农产品物流交易、收取佣金的中间商。各种各样农副产品上市，急需掌握各地行情、开拓市场的经纪人，把农副产品运向最需要的市场和企业，获得较好经济效益。

（3）信息经纪人。它是指通过开办各种信息中心，有偿提供经济、技术、信息、政策、法律等各项服务，专门从事信息交易而收取佣金的中间商。虽然，电子商务暂时不能在农村普及，但这类经纪人具有很好的市场前景。

（4）农民工经纪人。它指专门在劳务市场上帮助农村劳动力供求双方交易而收取佣金的中间商。帮助和引导农村剩余劳动力转移到非农产业就业，所提供的中介服务，既能够减少农民工的就业成本，又能维护农民工的权利，成为农民目前需要的经纪人。

（5）国际贸易经纪人。它是指专门从事农产品国际交易而收取佣金的中间商。他们掌握国际市场信息；了解他国家或者地区的商业习惯；掌握丰富的商务和管理知识，如国际货物运输及保险知识、国际贸易的货款收付、合同签订知识，具有高超的营销技巧，了解他国的文化、风俗和语言。

2.1.3　农村经纪活动内容

经纪活动，中国西汉时期虽然就出现业务萌芽，唐代出现农村经纪人行会组织——牙纪或牙行；明清官府开展一些“掮客”经纪业务：“协调买卖、引导交换需求，专司中介人的职能”；在中国计划经济体制时期，生产营销活动统一计划、统收统支，市场和营销观念淡薄，经纪业务从体制上被杜绝；1978年改革开放以来，掮客性质的农村经纪业得以复苏和发展。因此经纪行业作为一个独立的行业，在中国真正形成的时间并不长。

作为收集、处理、传输信息的一个重要的中介服务行业，农村经纪产业在商品交易中起着不可或缺的媒介作用，经纪业收集买卖双方的信息，以卖出信息作为盈利的方式，为交易双方提供居间代理服务，从给一般农产品的贸易如生产资料的贸易，提供适时的供需信息，扩展到生产资料、农村科研技术成果、保险业提供相应信息咨询等。在农村商品市场中，农村经纪产业的具体经纪活动内容包括：

（1）信息知识传递。①信息咨询。这是经纪主体的基本职能。经纪主体接受商品供给者或需求方委托，寻找市场信息，根据区域内主要农产品的生产和上市情况，对农户的生产项目、生产规模及时予以指导，为农业生产者决定生产经营方向、生产规模、投资方法提供信息依据。引导农户按市场需求进行专业化、商品化生产。同时，开展一系列的产中服务，帮助农民进行土壤改良、引进新品种、发展商品基地，实行适度规模经营；对各种农作物的栽培、管理、化肥、农药的施用方法，家禽家畜的饲养等进行技术指导；协助农技推广部门传授、推广本地和外地的先进经验，促进单位面积产品产量和质量的提高。根据科技部门的预测情况，将本年度气候预计变化情况、病虫害情况、主要生产资料的新品种，采用广告形式，向农户广泛宣传[①]。②商品知识咨询。咨询各种农产品生产、技术、市场、商品、政策法规等方面的知识，比如新技术的效能、商品的性能、质量、产地、包装、运输、市场有关的规定。③专家咨询。中草药材土特产品的生产销售、特殊种养、项目开发以及新技术的引进等特殊经济活动，难以用社会化生产中的专业标准检验，经纪主体通过丰富的社会经验和商品知识以及特殊的技能技巧，能对交易对象进行鉴定，为交易双方提供专业的咨询，保证交易的公平公正。④政策法规咨询。农

① 林仁惠．现代农村经纪人［M］．北京：中国农业科技出版社，2005.

村经纪主体要熟知农产品以及其他商品流通方面的法律、法规和政策，可以为农民和有关委托人提供相应的法律法规方面的咨询，提高他们在购销领域的法律意识，帮助委托人依法交易，避免委托人在交易中触犯法律。

（2）代表一方谈判。交易双方在交易时，有可能在条件上出现较大的分歧，此时，经过委托人的授权，经纪主体可以代表委托人与交易方在授权范围以内进行谈判，并及时将谈判进程告之委托人，如果超越授权范围，经纪主体应该事先征求委托人的意见。

（3）交易咨询。在交易者不大熟悉商务、法律等事宜时，经纪主体可以提供咨询，并协助办理有关交易手续。例如：为委托方制定的价格提供反馈，协助企业搞市场调查、分析和预测等工作。

（4）为交易活动草拟文件。经纪主体可以根据委托方的意思表示进行经纪活动中有关文件的草拟工作。交易文件具有法律效力，涉及双方当事人的经济利益。因此，交易文件虽由经纪主体代为草拟，但必须通过协商而最终确定，并由当事人签名盖章。

（5）为交易提供保证。经纪主体的活动和职能，是交易安全的一种保障，起着经济担保的作用。这种担保不是负连带赔偿责任的担保，而是以信誉条件保证交易能够完成的契约。如由经纪组织出面，收集汇总农户所需农机具、饲料、化肥、农药的品名、规格、数量、需要时间，确定本年度各个品种的进货数量，以较低的价格向入社农户供应农业生产资料；对农户生产的农副产品实行无条件委托销售，不附加任何条件，农产品实际销售的等级和价格，均以市场成交情况为准。销售过程中的运费、包装费、手续费由农户承担，以此保证交易的顺利完成。

2.1.4 农村经纪业务的主要领域

经纪活动与市场经济的运行是相依相随的。目前，农村经纪业务主要有：

（1）农村现货物流商品经纪业务。它主要是经纪主体为现存的商品卖方寻求买方，为买方寻求卖方，经纪主体通过自己的信息量，牵线搭桥，促成商品供求双方买卖成交，帮助商品生产者实现使用价值转化为价值。这是现代农村最基本、最大量的经纪活动。

（2）农业技术经纪业务。它是指在技术市场中、以促进科技成果转化为目的、促成他人技术交易而从事中介居间、行纪或代理，并取得合理佣金的经纪活动。中国农业科研成果转化率低，许多农村为找不到适合自己的技术成果而困扰，而一些科研单位开发出的技术成果为找不到买方而苦恼。这种科研与农村生产脱节，需要技术经纪人为双方牵线搭桥，促使科技成果转化为生产力。

（3）劳动力转移经纪业务。随着中国农村经济结构调整的深入进行，农村富余劳动力越来越多地流向市场，转向非农产业，但农村劳动力要到非农产业就业，到大城市打工，流向哪个地区城市、适合哪个行业、哪个工种，会遇到各种选择和很多困难，需要有人专门帮助和引导。为农村剩余劳动力转移提供中介服务、并收取合理佣金或服务费的经纪活动，就非常受欢迎。

（4）信息经纪业务。广大农民渴求信息，但是受到经济技术的限制，不能及时得到适用的信息，农村经纪主体利用自己的优势，根据实际需要和可能，搜集、整合、传播、交流各种信息，为农民提供各种信息经纪活动，提供信息服务。

（5）保险经纪业务。农业生产始终面临自然风险和社会风险的困扰。保险作为经济保险制度，在农村有较大的市场。承保技术很复杂，帮助农民选择合适的保险公司、洽谈保险合同条款，代办保险手续，同时帮助保险公司拓展保险业务，需要有发挥代理作用的、相关的保险中介人。

2.1.5　农村经纪活动的主要特征

（1）农村经纪活动的分散性。中国农村生产中，单个农户包揽了农业生产产前、产中和产后的供应和营销事务，这些农业生产最基本的特点，就是生产的生物性、地域的分散性和规模的不均匀性（黄祖辉，2000），同时农业生产品种杂、商品量小、生产分散，随着市场经济的发展和交换范围的扩大，农户继续包揽所有这些事务交易成本过高，力不从心，如何通过各种渠道，尽快把分散的、量小的农村商品集聚起来，输送到市场和消费者的手里，解决农产品销售和需求的难题，就成为农村经纪活动的重要任务。

（2）农村经纪活动的广泛性。经纪活动属于市场经济范畴，是市场经济的伴生物。由于农村市场经济活动复杂多样，各类商品名目繁多，其供给与需求随着时空的变化而变化，差别性很大，同时供求双方追求目的的差异与矛盾的变化，要求各种各样为市场和需求双方提供中介服务的经纪活动存在。这就为经纪活动提供了广泛的活动空间。可以说，市场上有多少种商品和服务，就可能会存在多少经纪活动，以便在供求双方之间建立起联系。因此，经纪活动要与市场范围大体适应。从事经纪活动的主体即农村经纪人也是相当广泛的，可以是自然人，可以是合伙关系，也可以是法人，只要能为市场供给和需求双方提供中介服务，都可以成为农村经纪人。

(3) 农村经纪活动的服务性。各种经纪活动，其存在的前提是在经纪活动中发现了有利的市场机会，自己向市场和需求双方提供中介服务，来获取费用。一般，经纪主体只提供服务，农村经纪人不占有商品，不拥有货币，他对买方或卖方的货币和商品没有留用权、抵押权，也不拥有所有权、使用权。不直接从事经营，如购买或者销售，否则性质就会发生改变，变经纪服务为经营性行为，因此，经纪活动并不包括实物性交易。即使在股票市场、期货市场上允许自营买卖，也要严格遵守代理买卖优先的原则。因此，经纪活动一般并不需要多少固定资产和流动奖金，个人或合伙就能解决注册资金的最低额，所以从事经纪活动的多是个体或合伙经济组织。

(4) 农村经纪活动的隐蔽性和非连续性。在经纪活动过程中，农村经纪人往往不把他的委托人告诉对方，直到交易成功，签订了经济合同，进行了交易为止。如果在签订合同时，还没有告诉对方委托人是谁，那么农村经纪人则负有履行合同的义务。在一般情况下，农村经纪人与对方接触时，应声明自己是农村经纪人。在交易谈成时，应告之委托人是谁。如果农村经纪人没有声明，往往会使对方误认为农村经纪人就是合同当事人，实际上有欺骗的性质，在《合同法》中，此种现象称为不真实。另外，一些地下经纪活动因没有登记、领取营业执照，属于无照经纪，这是不允许的。因为这种经纪活动没有签订经纪合同，没有任何经纪记录和账目发票，一般多采取收取现金作为佣金，难以查明。经纪活动还具有非连续性的特点。经纪活动往往是就某一特定业务提供服务，农村经纪人与委托人之间并无长期的、固定的合作关系，该项业务完成，委托关系即终止。地下经纪活动的这一特点更是明显，农村经纪人没有固定场所，没有对外公开使用的名称，有利即上，无利则休，经常是“流动式作战”。

（5）农村经纪活动的低成本高效益。经纪人既不是商品生产者，也不是商品经营者，经纪产业不直接从事实物性交易，若非必要，无须垫支大笔资金或者购置大量机器设备直接进行商品生产或销售，而主要是凭借自己所掌握的知识、技术、市场信息、公关能力以及分析判断能力，为买卖双方的交易活动充当媒介，所需的流动资产和固定资金相对就比较少，个人或者合伙就能够解决注册资金的需要的最低额。同时，这些经纪人大部分都是社会上擅长经营活动和农业生产的专家里手，一般具有较为丰富的业务知识和实践经验，熟悉流通渠道的产销信息，有较强的公关能力和社会信誉，在商品交换过程中促成购销双方成交的业务率较高。大多数经纪活动能够取得比较高的经济效益。

（6）农村经纪活动报酬的特殊性。农村经纪活动报酬是一种特殊的服务费，农村经纪主体通过自己特殊的交易活动为供求双方提供经纪活动，使供求双方节省了商品交易的劳动付出和其他必要的交易费用，因而有一定的使用价值和价值，是一种特殊的商品。因此，提供此种服务的农村经纪人应该向享受此种服务的供求双方索取一定的报酬，这种报酬在经纪活动中通常被称为佣金。佣金经纪活动是农村经纪人从事经纪活动的基本动力，如果没有佣金经纪活动是很难存在和发展下去的。因此，必须承认经纪佣金的合法性和激励性。

（7）农村经纪主体的多样性。农村商品经济发达的地区，商品生产和交换比例较大，农村经纪主体以各种组织为主，农村商品经济欠发达的地区，商品生产和交换比例较小，农村经纪主体以个体为主。

2.2 农村经纪产业主体的概念和类型

2.2.1 农村经纪产业主体及特征

农村经纪产业主体包括从事咨询、中介、代理、行纪以及产品运销等经营服务的自然人、法人或其他经济组织。具体分为个体和组织团体两类。其中个体主要是经纪人，还有代理人、行纪人、居间人，组织团体主要是专业经纪公司、中介公司、专业合作社及协会。经纪人与代理人、行纪人、居间人，他们所从事的业务有所区别。

（1）经纪人与代理人。代理人是指在代理权限内以被代理人的名义从事民事活动。代理人的种类很多，有媒介代理人、总代理人、普通代理人、上级代理人等。

与代理人相比，经纪人具备如下特点：①经纪人是以自己的名义从事经纪活动，其法律后果必须由当事人自己承担，而代理人以委托人名义从事代理活动，代理行为的法律后果由委托人承担；②经纪人服务范围广泛，可以为任何人从事中介活动，而且农村经纪人与当事人之间没有固定联系，大多是一次性的，而代理人则只能为一定的委托人进行媒介活动，其服务范围较窄，与当事人之间往往是一种较固定的、连续性的关系；③经纪人从事经纪活动，并不受时空条件限制，代理人则要受商号委托，在一定范围内以商号名义从事某些市场活动；④经纪人需要对供求双方负有诚实媒介等方面的对等义务，代理人则按委托人需求从事代理业务，他对第三人不承担任何义务，只对委托人一方尽其义务；⑤经纪人从事经纪活动是为了获取一定报酬，收益是经纪活动的重要特征；而代理可以是有偿的，也可以是无偿的；⑥经纪人既不占有商品，也不拥有货币，只是提供服务，不从事直接经营；而大多数代理人要直接经手商品，代办一些业务，例如，代办货物运输等；⑦经纪人没有任何代理权，不能代理委托人进行任何活动；代理人即使是媒介代理人，也或多或少在控制价格、销售条件等方面有一定的代理权。

（2）经纪人与行纪人。行纪人是指以自己的名义但却是从委托人的角度考虑，进行动产的买卖或其他商业交易，然后接受报酬的一种营业人。经纪人与行纪人的主要不同之处在于：①经纪人主要从自己最大化报酬的角度来考虑是否进行交易，以及为谁进行媒介，尽管有时也可接受他人的委托；而行纪人则需要完全为委托书人考虑做出是否交易的决策；②经纪人一般不与交易中的任何一方进行直接交易，只是从中撮合，提供信息和服务，使委托人和第三方之间达成买卖行为；行纪人与第三方进行交易时，要成为直接的买主或卖主，交易后行纪人将该交易行为的效果转移给委托人，权利义务及法律后果由行纪人承担。

（3）经纪人与居间人。根据居间人与当事人约定一方为另一方订约的媒介，另一方交付给酬金的契约，“一方”就是居间人，“另一方”就是委托人。居间人的范围比农村经纪人要广，除包括农村经纪人外，还包括代理人和信托人。经销商是以自己名义向出卖人买进特定的商品，而后再以自己的名义将该商品转卖给第三者的人，拥有商品的所有权，要自行承担经营后果及其风险，与出卖人之间经常有固定的联系，同时，经销商与商品卖方之间以及经销商与第三人之间的合同关系都是个别的买卖合同，互不干涉，因此在农村进行商品买卖的经销商，就不能够算是农村经纪产业主体。

为了便于分析，本书将在农村工作的所有促成农村商品交易的个体经纪主体，统一界定为农村经纪人，它包括上述的经纪人、代理人、居间人和行纪人。经纪组织团体主要有专业经纪公司、中介公司和以经纪服务为主的合作社及协会。

2.2.2 农村经纪产业主体的分类

2.2.2.1 个体农村经纪产业主体的分类

（1）按经纪主体从事的行业划分。①商品交易农村经纪人，包括日用商品农村经纪人（如家电、药品、糖酒等）、生产资料农村经纪人（如钢材、木材、水泥、种子等）、农副产品农村经纪人（如畜禽、水产、蔬菜瓜果等）、土特产农村经纪人等。目前，后三种比较多，统一称它为农产品经纪人。②技术农村经纪人，包括技术转让经纪人、技术咨询农村经纪人、科技开发农村经纪人、专利农村经纪人等。③金融市场农村经纪人，包括证券农村经纪人、外汇农村经纪人、投资农村经纪人、税收农村经纪人、保险农村经纪人等，目前这种经纪人比较少。④期货市场农村经纪人，包括粮食期货农村经纪人、金属期货农村经纪人等，目前这种经纪人也比较少。

（2）按经纪主体服务地域划分。①乡镇农村经纪人，是以县镇乡为依托，主要从事农、林、牧、副、渔中介活动的农村经纪人。在党的十一届三中全会以后、农村兴起的改革浪潮中，他们是推动农村商品经济发展的先导者，是中国农村经济改革的重要方量。②城市农村经纪人，是以大城市为依托，主要从事工业品生产资料和生产要素中介的经纪公司和农村经纪人。他们首先活跃并发迹于沿海经济开放地区，继而向内地辐射。③边贸农村经纪人，是以中国边界线为依托的边贸农村经纪人，他们大都是当地居民，与周边国家居民有着长期的交往和接触，知道对方的习俗、语言和需要。随着中国对外开放的深入，他们的活动从小宗的易货交易、边境集贸活动向两国间的经贸合作等大项目发展，成为中国与周边国家贸易和合作的中介。④跨国农村经纪人，也称国际农村经纪人，是指伴随着国际贸易、投资以及跨国文教体育活动的增加，一批熟悉国际经济规则和掌握大量国际经济信息并且充分了解各国环境的人，他们充分利用这些资源，专门从事国与国之间的经贸、文化、体育等方面的沟通和中介活动。随着中国经济全球化进程的加快，中国需要大量的跨国农村经纪人，这将有利于加快中国经济的国际化。

（3）按经纪主体的职业特征角度划分。①专职农村经纪人，是指那些没有其他职业，以经纪活动所得佣金作为其收入基本来源的人，他们往往在经纪公司执业或自己独立的、合法经营范围内介绍业务。这类农村经纪人在管理上比较方便，打破了以往农村经纪人单独操作，接触面狭窄的旧模式，增强了实践过程中的操作性，加速了商品经济信息的流通量。②兼职农村经纪人，是指在某一单位工作或学习的人员，他们往往以其他人或以自己的名义从事经纪活动，其来源较复杂，也不便管理。而且他们在流通领域从事中介业务时，缺乏必要的指导，因此在其操作过程中行为也不够规范，容易发生法律纠纷，当事各方的合法权益很难得到保证。

（4）按经纪主体的专业水平划分。①一般农村经纪人，即从事经纪工作的、有一般农村经纪人知识和技能的农村经纪人。②专家型农村经纪人，则指在某类产品或服务上，具有专门知识的农村经纪人。他们过去多在某种经济岗位上从事专门技术、管理工作，他们参加农村经纪人行列，对提高农村经纪人素质起到重要作用。③自由农村经纪人，是指一般从事商品物资中介业务的农村经纪人，其在实践操作中有较大的主观灵活性。比如，他们可以根据双方客户供求关系和要求，通过协调，定出双方都能接受的价格和服务，同时也能根据客户“委托深度”以及供需双方的价格差，有弹性地索取合法报酬。很显然，自由农村经纪人在经纪活动中有很大自主权和创造性，这当然要受供需客户指令约束。

（5）按经纪主体的组织形式划分。①个体农村经纪人，是指掌握一定业务知识技能、熟悉市场行情、具有经纪活动能力、进行经纪活动的个人（郑春成，1994）。他们在取得工商行政管理机关的合法资格后，以个体经纪人的身份为农民和各种不同层次的企业和个人的购销活动提供经纪服务，并获取佣金收入。个体农村经纪人可以是专职的，也可以是“兼职”的。②合伙农村经纪人，指两个或两个以上的个人联合从事经纪活动的合伙组织。按照中国《民法通则》的规定，合伙组织可以有字号，可以在银行开立账户，合伙人之间对合伙债务负连带清偿责任。③法人企业农村经纪人，指具有一定资金、人员、设备和活动场所，经工商行政管理机关登记注册，取得从事经纪活动法人资格的各种中介机构，如经纪公司、专业协会等。一般说来，农村经纪人法人企业规模较大、人员较多、凝聚力强，并有很强的影响力和知名度。

（6）按经纪主体与卖方或买方接触的程度划分。①直接农村经纪人，是指同时与买卖双方接触，也就是在接受卖方或买方的委托后，直接寻找买方或卖方，中间无任何其他中间环节的农村经纪人。②间接农村经纪人，是指不与买卖双方同时接触，或者干脆不与买卖双方接触的农村经纪人，即农村经纪人的农村经纪人。

通常，直接农村经纪人的成功概率比较高，如果买卖复杂，中间环节较多，直接农村经纪人往往就会力不从心，在这种情况下，间接农村经纪人有较强的优势。农村经纪人之间通力协作，互相配合，共同把交易完成。对市场供求双方来说，农村经纪人应以一个整体出现，农村经纪人之间应明确各自的权利和义务关系。

2.2.2.2 农村经纪产业组织的分类

农村经纪组织，以其完备的运行机构、承担民事责任的能力、中转结算的信用、合法灵活的手段在调解纠纷、促成交易成功等方面发挥整体功能作用。它主要包括：

（1）农村经纪公司。农村经纪公司是农村经纪人自发组成的一种企业，具有企业法人的法律地位，它们的主要业务就是为农户和需求商人提供经纪中介服务。目前，比较正规的农村经纪公司，主要有农民工经纪公司和农产品经纪公司，只不过不同地区的叫法有所不同而已。

（2）以经纪服务为主的合作社。合作社是以农民自愿联合为前提、专门为社员提供经纪服务为纽带的一种特殊农民合作团体。它们大多数在工商管理部门登记为企业法人，主要围绕某一产业或产品提供经纪服务。它们的管理比较规范，与社员联系比较紧密，农民入社退社自由，自我服务、民主管理、自主经营、自负盈亏。农民入社需要交纳股金，合作社除按股付息外，主要按照购销数量向社员返还利润，是目前农村经纪产业中组织层次较高的一种。这种合作社在东部地区较多，中部地区次之，西部较少。

需要强调的是，除非特别说明，本书以后所讲述的合作社，都以行经、居间、代理等经纪业务为主要活动内容，是隶属于农村经纪产业的合作社，至于以经营为主要业务活动的合作社，不是本书所探讨的范围。

（3）农村专业技术协会。它们是一种较为松散的农村经纪产业组织形式，多在相关部门登记，挂靠当地科协和农科站而注册的社团组织。具体包括农业服务协会和专业协会。农业服务协会一般围绕当地的某几种农产品，为农户提供综合性系列化服务，专业协会主要为专项农产品生产、销售、加工的农民提供服务。它们为广大农户提供相关市场、产品和技术等相关经纪服务，能规避单干独闯产生的市场风险，是对农业社会化服务体系的有益补充和完善。一般，内部比较松散，不具有实体性质。它们着重为会员无偿或者低偿提供信息、技术、政策、法规等经纪服务。大多数专业协会不直接销售产品，没有销售收入，主要依靠佣金来获得收入。

农村经纪人是专业化的农产品经纪主体，从业人员多是农村的“能人”，既有丰富的交易经验和经验技巧，又熟悉市场行情，能够有效解决农产品交易的盲目性，帮助农户规避市场风险；同时，农村经纪人通过接受不同农户的交易委托，实现了交易的规模化，降低农产品的交易成本，有利于增加农户收入。因此，它是目前农村经纪产业中一种比较常见的经纪主体。一些地方政府已经制定和出台相应的政策措施，引导和扶持农村经纪人的健康发展。

2.3 农村经纪产业主体的行为特征

从事农产品代理购销、信息咨询以及其他中介服务的农业经纪人，目前社会功能还不明确。所从事的具体业务有自营业务和经纪业务，自营业务不受任何人的委托，以自己经营为目的而从事业务；经纪业务以接受委托、代理为前提。农业经纪人在自营业务中，是农业合同的一方当事人；而在经纪业务中，农业经纪人为其他企业代理业务。在这种“农户＋经纪人＋公司”的经营模式中，如果是间接代理，那么农业经纪人是订单农业合同的当事人，但是农业经纪人享有披露权，农户享有选择权，而公司则享有介入权。农村经纪产业的主体不同，它们的行为特征也不同，具体内容如下：

（1）经纪人行为特征。从事经纪活动是为了获取报酬，收益性是经纪活动的重要特征，对供求双方负有诚实媒介等方面的对等义务，不占有商品，不从事直接经营也不拥有货币，只是从中撮合，提供信息和服务，没有任何代理权，不能代理委托人进行任何活动；与当事人之间没有固定联系，大多是一次性的，法律后果由当事人自己承担，经纪行为灵活、周期短、省时、活动范围广。

（2）代理人行为特征。代理人按委托人的需求、在代理权限内以被代理人的名义，受企业委托，在一定时空范围内从事市场交易活动。可以直接经手商品，代办一些业务，或多或少在控制价格、销售条件等方面有一定的代理权。代理可以是有偿的，也可以是无偿的，对第三人不享有任何权利，也不承担任何义务，只对委托人一方尽其义务。其代理行为的法律后果由委托人承担，代理人与当事人关系较固定，服务范围较窄。一般注重信誉度，佣金较高。

（3）行纪人行为特征。以自己名义，直接与第三方进行商业交易，要成为直接买主或卖主，交易后行纪人将该交易行为的效果转移给委托人，然后接受报酬，其权利义务及法律后果由行纪人承担；交易时要完全为委托人考虑做出是否交易的决策。委托人与第三方不发生直接法律关系。

（4）居间人行为特征。居间人需要与当事人签订居间合同，确立权利和义务：约定方为另一方订约媒介，另一方交付酬金，“一方”是居间人，“另一方”是委托人。具体可以提存商品，了解并通过自己所掌握的这些样品的信息和资料，举办商品展示、展销活动、新产品新技术鉴定会，为委托人介绍和展卖产品，帮其寻找合适的买方，为商品交易双方穿针引线，促成商品的交易。

2.4 农村经纪产业对交易效率的作用机理

2.4.1 经纪人的作用

Yavas（1994）检验了在双向搜索房地产市场中、房地产中介的作用，表明中介缩小了买卖双方的搜索范围，买卖双方通过中介直接交易，均衡搜索强度得以降低。Spulber（1999）认为中介通过提供集中交易场所减少了搜寻成本，通过标准化合同和谈判程序，减少讨价还价成本；通过提供市场信息、产品保证和价格发现机制，降低逆向选择成本；通过提供监督服务，降低风险成本；通过建立交易保证人声誉，降低合同套牢的可能。张旭昆表明追求交易费用最小化是经纪人出现的根本原因。刘圣欢以交易成本理论为依据，通过比较“有经纪人参与”和“无经纪人参与”时交易成本形态的变化，得出房屋经纪职能可以降低房屋交易成本，交易成本的节约值是经纪人的“产品”的结论。

综合上述，经纪人分辨真假信息的功能，可以起到监督市场、促使交易双方建立信誉和保证市场信息的真实性，间接降低市场整体交易费用，节约了社会的总成本；经纪人的活动使交易由一次性博弈变成重复性质的博弈，提高自身收益，信用得到增级，降低了整个市场的交易成本，提高了交易效率，促使经纪人自身得以存在。

2.4.2　农村经纪人对市场交易效率的影响机理

1. 农村经纪人缺失条件下市场交易活动的社会福利损失分析

农村经纪人存在的理由是否也是如此呢？为此，我们先来看看农村经纪人不存在的情况下，市场供求曲线及交易双方成本和市场整体交易费用变动的情况，参见图2-1。

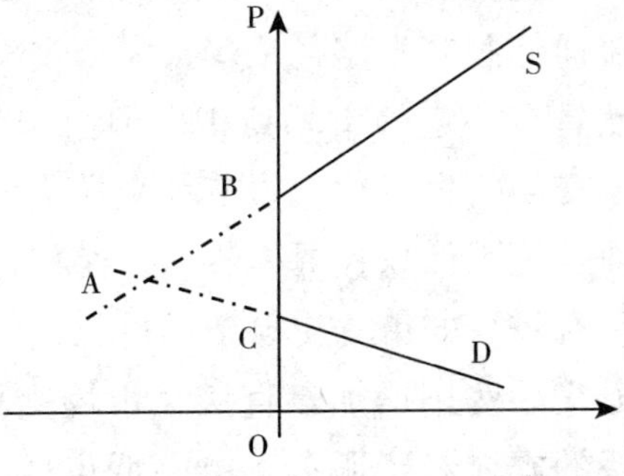

图2-1　无经纪人的市场供给需求曲线

无论有无农村经纪人，农产品（或农民工）的需求曲线 D 和供给曲线 S 都是存在的。可是如果没有经纪人，农产品（或农民工）的市场需求曲线 D 和供给曲线 S 就有可能无法相交。如果强行满足所需要的农产品（或农民工）的需求和供给，需求农产品（或农民工）的购买者需要花费大量的交易费用，销售农产品的个体为更好地卖出农产品，也需要花费高额的交易成本。由此，造成大量的交易费用的浪费，造成负的社会福利。表现在图中就是供给曲线 S 和需求曲线 D，无法在第一象限进行正常的正向相交。如果强行交易，只能够使供给曲线和需求曲线在第二象限的反常反向相交，出现负的生产剩余，造成社会福利的损失，损失的大小表现在图中就是三角形 ABC 的面积。

2. 农村经纪人对市场交易效率的帕累托改进作用

随着农产品市场的发展，农业生产交易的频繁、市场经营规模的扩大和交易活动的日益复杂，交易参与人相应增加，信息不完全或不对称，欺诈、违约、偷窃等行为又不可避免，使得市场的交易费用增加。

以家庭联产承包责任制为主要形式的个体农户，有的由于对传统农产品流通体制产生路径依赖，完全丧失了走向市场的功能；有的虽然具有一定的市场意识，但由于其经营规模小，市场信息不畅，交易的盲目性大，市场交易费用高；而需要农产品的下游企业，也因信息找寻、签约、谈判、合同保证等方面的成本，而具有较高的市场交易费用。

为避免双方交易费用增加，直接在市场交易就不合时宜。为双方牵线搭桥的农村经纪服务，能降低市场上因不确定性、有限理性、机会主义、资产专用性等因素的实际影响，具有更低的市场交易成本，解决农产品市场双方的买卖需求，而发展起来。

当经纪人这种劳动分工日益发展，成为社会分工时，出现大量的专门组织，声誉作为市场经济约束信号，确保经纪组织能够作为信用的载体①，以自身专用性资产的加总作为信用担保，为市场交易双方穿针引线，向目标客户显示产品为合格品的信息，减少了最终产品交易的信息成本，一定程度上避免了由于信息不对称所引致的逆向选择，降低农村经纪业务上下游双方的交易成本和市场风险。

交易双方因为经纪服务被节约的精力和财力，就可用于收益更大的生产项目上，获得更多的回报，出现机会成本的收益。同时，还可以省下规模大的公司和农场主所付出的额外管理成本，增加了社会福利，对农村市场进行了帕累托改进，参见图 2-2。

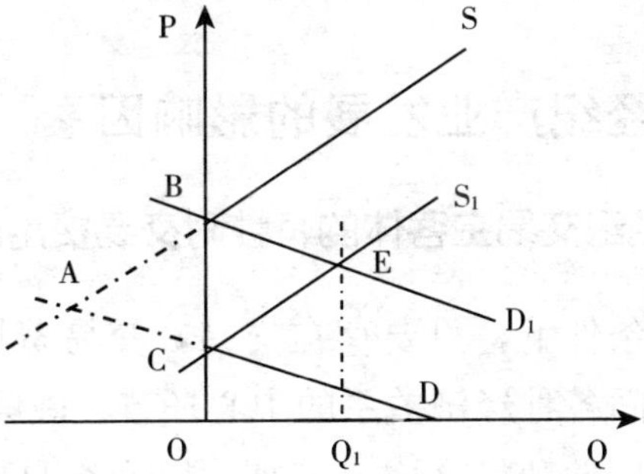

图 2-2　有经纪人的市场供给需求曲线

① 毛蕴诗．资产专用性与交易成本节约——论企业是信用的载体［J］．经济经纬，2007（3）．

农村经纪组织的存在，促使经纪业务的市场需求曲线向上移动，同时市场供给曲线向下移动，从而使得经纪业务的市场供给曲线和需求曲线就能够合理正向相交，既解决了买卖双方的销售和购买，又为他们节约了大量的交易费用，形成正的社会福利。表现在图中就是，供给曲线 S 下移到了供给曲线 S_1，需求曲线 D 上移移向了 D_1，二者相交 E，经纪业务的供给需求产量为 Q_1，出现正的生产剩余，社会福利增加。增加的社会福利表现在图中就是三角形 BCE 的面积。只要供给曲线和需求曲线相交于纵轴上的任何一点，只要△BCE>0，就意味着农村经纪人产业的存在是有意义的，就能够获得正的生产剩余，社会福利增加。

综上所述，农村经纪人降低原本高昂的市场交易谋划成本、运行成本和监控成本，减少了经纪业务上下游双方的交易费用和时间精力的花费，化解了可能存在的市场风险，提高了相关交易的效率，增加了社会福利，是对市场经济下农村市场的帕累托改进，有极强的社会存在合理性。

2.5 农村经纪产业发展的影响因素

2.5.1 农村经纪交易主客体的特性对交易费用的影响

在分工的条件下，只要存在交易，交易费用就必不可缺，交易是人们之间各种经济关系的中心环节。威廉姆森认为，交易主体的有限理性和机会主义特征，以及交易客体的不确定、交易频率、资产专用性的特征，共同决定了交易特性（即交易）的维度。

1. 交易主体特性对交易费用的影响

交易主体的有限理性和机会主义行为对交易费用的高低有

明显的影响。所谓有限理性，是指人们的动机是“意欲合理，但只能有限达到”。经济活动中，交易主体的感知和认识能力有限，人们在收集和加工处理大量相关市场信息方面，受到自身很多局限。威廉姆森说：“理性的有限性是一个不可避免的现实问题，需要我们正视为此付出的各种成本，包括计划成本、适应成本、监督成本”。所谓机会主义，就是指人天然地追求自身利益的利己行为，而且是通过不正当手段完成的。机会主义者会在可能增加自己利益时违背任何信条。威廉姆森说：“我说的投机……既包括主动去骗人，也包括不得已去骗人，还有事前及事后骗人”。正是由于人的理性有限，才使得有的交易者利用信息不对称环境，或某种有利的地位欺诈对方。机会主义假设扩展了传统理论中人的自利动机，为经济人在自利的引导下寻求策略性行为留下了空间，也因此增加了交易费用。

2. 交易客体特性对交易费用的影响

交易客体特性主要包括资产专用性、交易频率和不确定性。当一项耐久性投资被用于支持某些特定的交易时，所投入的资产即具有专用性。威廉姆森（1985）将资产按专用性分成了地点资产、物质资产、人力资本资产和特殊资产四种，其中地点资产具有永久性，这类资产被一方占有后，要想重新分配这种资源的成本将是巨大的，其所有者在交易中处于有利地位；物质资产专用性，是专门用于某些特殊物品的生产或使用的资产，具有流动性，交易双方可以通过讨价还价的方式来决定该类资产的取舍；人力资本的专用性，有利于就业合同的形成，不会花费过多的交易成本。它们的共同特征是，交易双方具有很强的依赖性，一方违约将使另一方产生巨大的交易风险，因为交易资产将全部或部分地因无法改作他用而存在较大的风险。

交易频率是指同类交易重复发生的次数，如果有较高设立维护费用的规制结构，在必须设立的情况下，因为交易频率够大，交易够频繁的情况下，能够经常性重复发生，这种设立维护成本就能够得到很好的补偿，建立专门规制结构就有效，具有较强的经济性。例如，高校人人去调课，就会影响效率，需要计划教务处进行课程调动的全盘安排，满足要求。世界的不确定性是本质的、常态的，确定性是非常态的①，与交易特性有关的各种内外部条件的不确定性质（罗必良，2005），被称为交易的不确定性，它一方面来自交易主体的不确定性，另一方面是交易环境的不确定性。

不管怎么样，交易双方进行决策所面临的交易信息，存在以下两种情况：第一，交易双方都知道的信息，它包括共同知识（common knowledge）和非对称信息；第二，交易双方都不知道的信息。前者是市场常见的信息不对称，后者则是信息缺失现象。

2.5.2 农村经纪产业的影响因素

农村经纪组织专门为交易双方牵线搭桥，在双方交易活动完成后，才能获取报酬，是市场经济中不可缺少的环节。他们的业务活动就是降低双方交易费用的经纪交易。为弄清目前中国农村经纪产业的实际发展情况，本书同样从最基本的经纪交易特性入手，分析影响交易主体、客体和环境等因素，试图找

① 刘怀德．不确定性经济学研究［M］．上海：上海财经大学出版社，2001：4.

出影响农村经纪业发展的因素。

农村经纪交易主体的影响因素是有限理性和机会主义。对于农村经纪交易主体的有限理性，是因为事物的属性状态的不稳定和不可确知，这就决定了农村经纪交易主体所掌握的信息不完全，交易主体不可能具有完全的认知能力、行为能力以及行为本身的执行能力，不可能看清所有的信息以及签约后所有可能的风险，无法很快地完成谈判和签约，也无法事先对合约条件作周到缜密的安排，并指定出所有情况下的补救措施等。农村经纪交易主体机会主义的行为倾向与有限理性紧密关联，它也是鉴于信息不对称而出现的经济结果，它是为了阐述交易费用产生的依据，强调激励约束制度的必要性。

有限理性和机会主义的行为倾向与资产专用性、交易频率、信息缺失、信息不对称等交易特性，处于你中有我、我中有你的交织状态。为了保证从交易特性角度阐述的完整性，本书就不再单独分析有限理性和机会主义的行为倾向对农村经纪产业的影响。

影响农村经纪交易客体的影响因素有资产专用性、交易频率、不确定性三种。

2.5.3 资产专用性

1. 资产专用性

资产专用性描述资产的可调配性，是指在不牺牲其生产经营价值的条件下，某项资产能够重新配置于其他替代用途或是被其他使用者重新调配使用的程度（威廉姆森，1975、1979），即当某种资产在某种用途上的价值大大高于在任何其他用途上的价值时，那么该资产在该种用途上就是具有专用性的。

Kasper 和 W. E. Streit 认为：用于交易的资本、知识和其他资源的所有者常常因技术上的原因，被迫不可逆转地、长期地使他们的资源固着于一种特定形态上，而形成了资产专用性。

专用性资产是相对于特定交易、协约关系或者特定的企业，为完成一项交易所一般需要进行投资，并形成的资产（罗必良，2005）。Wernerfelt（2002）、Barney（1986）、Besanko（1999）认为专用性资产是异质性资源、“黏着性”资源和稀缺性资源的综合体。所谓异质性，是指这些资源的物质资本、人力资本和组织资本是不同质的；黏着性，强调独特专用性资产拥有的异质性资源天赋，具有的难以增加又难以被抛弃的特点；稀缺性，强调专用性资产在要素市场上是不完备的。

由此，威廉姆森（1975，1980，1991）把资产专用性分为场地专用性、物质资产专用性、人力资产专用性、专项资产、品牌资本、临时专用性，及特定时间使用的时间专用性资产。除此之外，威廉姆森进一步指出资产专用性是资产交易的专用性，不同的交易具有不同的属性，特质交易不仅要求专一性，还要求交易专用方面的专一性。从这一点来说，专用性资产是交易专用性的资产，即关系专用性资产。

2. 专用性资产的基本特征

一般而言，专用性资产具有两方面的特征：高效率性和低适应性。

所谓的高效率性是指由于专用性资产按照生产经营的特殊要求设计的，并且经过了长期的适应和磨合，可以实现可重复的高效率和高质量，满足专业生产要求。例如精密专用仪器和模具，对高度标准化零配件的大规模批量生产，具有高效率。然而资产的专用性通常也会导致资产狭窄的使用面。专用性资产是为某种交易而进行的耐久性投资，它一旦形成，投资于某一领域，就会锁定在一种特定形态上，若改变用途，其价值就会贬值，如同黏土烧制成器皿后固定在不变的形态上一样（柯武刚、史漫飞，2000）。

资产专用性程度高，专用性资产在移作他用时通常表现为较低的价值，拥有专用性资产的一方在退出交易时越困难，由此，给交易者带来巨大的交易成本。例如，在企业的技术创新中，专用资产就往往因不能适应而严重贬值，如产品改型必然导致原模具的失效，过于专用化的设备资产的报废，增加企业的工艺成本，出现极低的设备适应性。

以资源为基础的战略学派认为专用性资产的投资是竞争性的、排他性的，专用性资产的投资有助于构建企业的核心能力。专用性资产越多，退出当前市场移做他用的损失就越大，组织维护自己声誉的积极性越高，它越有积极性放弃机会主义行为，提供合格的产品和服务。现货市场上理性购买者考虑到上述两点，就会认为规模越大、效益越好的组织，越有可能提供合格的产品或者服务。由此，企业将所拥有的专利、商标、品牌、声誉、企业文化和拥有企业专用技术或诀窍的工人等专用性资产，看成获得竞争优势的关键，而倍加关注。

3. 资产专用性准租

合作双方中资产专用性强的一方，为避免对方违约，造成高额交易成本的沉没，被迫答应另一方的条件，造成自己损失。由此，只对特定的使用人有价值的专用性资产，在一定程度上锁定了当事人之间的关系，因此，当交易的一方进行了专用性投资之后，就会产生可占用的专用性准租（克莱因、克劳福德和阿尔钦，1978）。准租的大小等于承租人最优使用的价值与另一承租人次优使用价值的差额，资产的专用性程度越大，可占用性准租也就越大①。

现实准租，就像一块“馅饼”，交易双方都想尽可能地占有，很显然，当没有次优使用者加入竞价时，最优使用者有强烈的机会主义动机来侵占专用性资产所有者的利益，通过出次高价来获得某项资产的使用权②。例如，以声称生产成本上升要求重新谈判提高价格或者退出交易相威胁来获取这些准租（威廉姆森，1975），从而剥削专用性资产强的所有者一方。

由此，交易对象资产专用性越强，其所有者对保护性治理结构需求越大，专用资产所有者就被捆绑在相联系的业务上，被“套牢”的效应就越强，退出损失也越大。为此，专用资产的所有者对交易对象的保护性治理结构的需求就越发强烈。

2.5.4 信息不确定性

市场能够交易，是因为买卖双方之间“信息”桥梁通畅，能够较准确、直接获取交易对象的信息。交易实质上就是信息的买进和卖出。拥有信息资源越多，信息的买进和卖出越多，成功交易的可能性越大，随之带来的盈利就越多。由此，信息也就成为交易中，必不可少的经营资源。

---

① 文启湘．农产品交易困境与对策：资产专用性维度的分析［J］．中国农村经济，2001（9）．

② 高元新．基于资产专用性和不完全契约理论的纵向一体化研究［J］．黑龙江对外经贸，2008（8）．

1. 信息分类及特征

信息是一种有价值的经济资源①，是一切有关的、可以搜集获得的知识。信息资源具有协调各生产要素，保证经济活动正常进行的功能。信息资源的开发和利用，可以引导社会、组织或个人的资源配置及资源流向，能够辅助决策、优化其选择与决策行为，减少决策失误，提高管理效率，实现预期目标。可以说，没有信息就无任何选择和决策可言；没有信息的反馈，选择和决策就无优化可言。信息所带来的经济效益，让越来越多的人开始专注于相关信息的搜集和使用。既作为一种服务又作为生产要素的信息，由此得到蓬勃发展。以至于美国信息业成为除工农服务业外的第四产业（波拉特，1977），1967年信息产业的产值占到生产总值的46%②。

（1）信息分类。对于市场交易双方，信息存在以下两种情况：交易双方都知道的信息和都不知道的信息。交易双方都知道的信息包括共同知识（common-knowledge）和非对称信息，其中，共同知识是指关于某一方面的知识，所有的参与者都知道，不需要说明，也不需要考虑别人知道不知道；而交易双方都不知道的信息，有可能是哈耶克口中的非科学知识或者理论知识，也有可能是另外一类知识——在失控的特定情况下、双方都不知道的一些事件的知识。

博弈中的信息分布有两种分类方法。第1种分类方法，按照参与者对他人知识的了解分类，分为完美信息和不完美信息。参与者知道其他人可能采取的行为的范围，但不一定知道

① 瓦尔特．尼科尔森．微观经济理论［M］．朱宝宪译．北京：中国经济出版社，1999：257.

② 乌家培，等．信息经济学［M］．北京：高等教育出版社，2002.

其他人已经采取的行为，称参与者有完美信息，否则为不完美信息；第2种分类方法，按照参与者对给定集体行为中所有参与者的收益的了解分类，分为完全信息和不完全信息。参与者知道所有参与者给定集体行为中的收益，则参与者具有“完全信息”，否则为不完全信息。如商店“因停业，大洗货”，参与者之一——买者认为是完全信息，实质上并非如此，因为参与者之二——商店对消费主体购物者以及其消费效用不清楚。

按照信息获得的难易程度，可以分为显性信息和隐性信息。显性信息是显而易见的信息，不需搜集、加工就能够被发现、并直接用于决策的信息。隐性信息是那些不显而易见的信息，需要被关注、发现、搜集、加工才能形成有价值的、直接用于决策的信息。

（2）信息的特征。信息一般具有以下一些特征：①信息数量的难以确定性。从不同的行动中获得的信息的数量，是不好确定的。②信息的非同质性。获得了什么信息在其用户之间也不是同质的。③信息的非竞争性。信息本身的某些技术性质、许多耐用的信息，因为其他人可以以零交易费用来使用这种信息，所以信息是非竞争的。④信息的非排他性。没有哪个人能够阻止其他人使用信息，所以，信息也是非排他的。这意味着为提供信息和获取信息而配置资源方面，市场机制通常运作的并不完善[①]。⑤信息的绝对滞后性，获得的信息大多都是发生过的、或提前议定好的一种经济资源，因此信息具有绝对的滞后性。⑥信息的非对称性。市场交易是由人这一市场主体所形

① 瓦尔特．尼科尔森．微观经济理论［M］．朱宝宪译．北京：中国经济出版社，1999：257.

成的，而人们时间的有限性，使所从事的经济活动或其他活动在时间上具有竞争性和排斥性的，造成经济关系中一方知情，拥有私有信息，占据信息优势，而另一方不知情，处于信息劣势。

2. 农村信息商品的特点

（1）消费的再创造性。农村信息商品本身是复杂脑力劳动的产物，附加值高，需要各种要素投入，如储存信息的特殊设备：大脑或文献资料，需要他们熟悉文献以及查阅方法，有搜集信息资料的能力。消费者主动消费方式的差异，会影响信息商品潜在的使用价值和价值的发挥程度，信息商品使用后的实际效果和最终效果，除依赖销售方本身的素质和努力程度外，还取决于使用者的素质和拥有的条件①。

（2）消费的时效性。农村信息商品的使用价值由内在内容对人的有用性所承担，尤其是一次性信息商品。每个人掌握的信息的差异，如经验、内部信息等的不同，对信息商品的使用时机的选择有所不同。有时候消费者顺便听来的、无意看到的一个信息，在某个特定的时刻下，才能转化为具有商品性的使用价值，而这个特定时刻、地点的出现，很难，因此，信息商品消费的时效性很强。

（3）生产的不确定性。农村信息商品生产是对一切有关的、可以搜集获得的信息，再加工和创造的过程，是知识密集的、专业性强的脑力劳动，是具有探索性和创造性的复杂劳动。创新中不可避免地带有风险，与物质商品比价，信息商品

---

①　瓦尔特．尼科尔森．微观经济理论［M］．朱宝宪译．北京：中国经济出版社，1999：33.

的生产具有很大的不确定性[1]。农村信息商品开发者和使用者的差异性、多元性、复杂性，如信息商品开发者不总是理性的，一再犯错误的情况是经常的，造成经济主体行为的不确定性；时间的绵延和瞬息万变，市场上价格、质量、品种、交易伙伴以及供求双方可能的搭配方面的信息均难以准确预见，这些未经去伪存真的加工就流入市场的虚假信息泛滥，而农民缺乏鉴别信息真伪及其价值大小的有效手段，不仅无法科学利用信息致富，反为信息所误，造成生产损失。因此，农村信息生产和交易环境的不确定性，强化了农村信息商品开发使用的不确定性。

（4）开发的成本投入性。某一特定的经济活动行为者，在既定的时间、空间及其他条件约束下，因人力、物力、财力的限制，其信息资源拥有量总是有限的。隐性信息效率的处理和提高，需要系列工作程序：搜集、处理，使用信息等的分工机制引入。目前，虽然存在着大量的农村信息，但所获得的信息的用途和针对性不明确，相关的消费者要想从日常信息渠道中定期地、有选择地获取农产品信息，需要专门的机构进行信息的识别和鉴定。市场经济条件下，信息成本效益客观存在，无偿的信息服务很少。因此，农村信息资源的开发使用需要相应时间和金钱的花费和投入。

（5）消费方向上的可选择性。人与人之间对风险的态度不同、时间观念不一致的，导致信息资源拥有专业领域和方向甚至范围是有差别的。大量信息的不明显和难以分辨，信息商品开发和使用必须花费的投入，都限制了人们的思维认识活动。为保证信息商品的开发效率和最大获利，信息资源开发一开始

① 刘怀德．不确定性经济学研究［M］．上海：上海财经大学出版社，2001.

就决定了使用方向，从而忽视了专门信息。

（6）农村信息商品的使用价值和价值的对立性和排他性。农村信息商品的使用价值由其内在的信息内容对人的有用性所承担，信息商品的生产者在让渡其使用价值后，还可以转手卖给其他人，获得相应价值，使用者也可以将买来的信息产品转手再卖，获取价值，信息商品的使用价值在销售后，使用者并没有失去它，这需要由法律和人为约定来保证，这是其商品化过程中必须要解决的问题。

2.5.5 交易频率

1. 交易频率与交易成本概述

（1）交易频率。交易频率指交易发生的次数，是指某一时期内同类交易的重复发生的次数。它是一个相对的维度，衡量交易是偶然发生的，还是反复出现的。它是从交易重复发生的角度，来衡量交易行为密集度的一个指标。交易频率意味着交易中的经济规模，交易频率的高低能够衡量交易频率的特性。因此交易频率越高，某段时期内的同类交易次数越多；交易频率越低，某段时期内的同类交易次数越少。较高交易频率下，交易费用被分摊到连续的交易阶段之中，交易主体的投机主体行为变得困难。

（2）交易成本。某些商品的交易过程属于专属性，或因为异质性，信息与资源无法沟通，使得交易对象减少，造成市场被少数人把持的市场运作，出现较高的交易成本。事实上，交易成本无论在微观经济还是宏观经济中所占的比例都很大。

在瓦利斯和诺斯（Wallis and North，1988）所作的一个研究中，他们估计美国经济整体的交易成本在 1970 年占到 GNP 的 46.66%～54.71%，其中，这些估计值还没有考虑到政府增加到 GNP 中的价值是 100%的交易成本！瓦利斯和诺斯还估计了交易成本在经济发展中的变化情况，发现交易成本占 GNP 的比重从 1870 年到 1970 年上升了 1 倍，即从占 GNP 的 26.09%上升到 54.71%，这个结果令人惊异。具体产品推销中交易成本所占比例还要更大。理论上得知：交易成本＝最终消费者支付的价格－生产成本－运输成本。德国 1959 年数据表明，对于 116 种非食品类商品组来说，平均推销成本是 49%，其中要扣除 3.7%运输成本，7%平均流转税，最后市场交易成本是最终消费价格的 38.3%。

（3）交易频率与交易成本。产品销售需要经过多个渠道，渠道成员之间、与顾客之间的交易频率会直接影响产品在市场上的最终销售价格，每一次的交易都会产生交易成本。交易频率越高，所产生的交易成本越高，单独进行交易时产生的机会成本和寻找成本，甚至交易风险也越多。因此，如果只有一次交易，一般交易费用和交易次数成正比。如果一段时间内，双方经常进行交易，交易次数较多，交易频率较高，而且在重复交易中，交易成本随交易频率的增加而递减，但仍旧存在，不能无限地减少、趋近于零。交易频率虽不会影响交易成本的绝对值，但却影响各种交易方式的相对成本。

交易频率越高，交易双方合作交往次数越多，相互之间的信用度逐渐提高，相对的管理成本与议价成本升高，不适应所引发的治理成本在总成本中所占的比重也就越大，双方就会强烈要求，将该交易的经济活动内部化，以减低交易成本，降低交易风险。例如按照双方约定的品种、价格等条件，采取先汇部分预付款、验货后再全部付清款额的方式进行交易，或者建立一个对双方都有利的治理结构；如果一段时间内，双方交易很少发生，交易频率比较低，那就不需要也不容易建立这样的治理结构，但这种交易成本却要高得多。

2. 降低交易频率能够降低交易成本的实证："交易通"

"交易通"是为用户大规模发布商业供求信息的一种智能化网络服务系统，用户只需交纳低廉的费用，就能将买家/卖家型企业或个人用户的商业信息一次性同时发布在国内近200家电子商务交易网站上。它的存在改变了传统操作方式的低效率。就电话销售而言，每笔交易成本在30～50美元（见表2-1），如果用户在一家网站上发布信息，从登录网站、填写各项分类表格内容、最后实现发布成功，整个流程需要至少5分钟左右的时间。而全国目前共有近200余家像"阿里巴巴"这样的知名商务交易网站，为了达到全方位的商业宣传效果，就必须全部投放信息，那么就需要16个小时左右，按照现行的电信资费标准，1小时的网费加电话费共计4元，完成整个信息发布行为就需要64元左右的上网费用。而且这样的业务宣传行为肯定是长期不断的，日积月累，就是一笔不菲的运营成本。如果利用新网"交易通"的话，仅用相当于传统方式六分之一的花费（10元），5分钟之内就可在200家网站上完成信息发布工作！

表2-1　按渠道分类的交易成本

渠道类型	每笔交易成本
区域代表	500美元
商业伙伴	200～300美元
电话销售	30～50美元
因特网	0.10美元

注：①工业品：2 000～5 000美元的销售额；②据1996年制造业、化工和造纸业数据整理而来。

资料来源：牛津协会。

这种降低交易次数和交易频率的新网：ChinaDNS（www.chinaDNS.com）"交易通"，仅一小时就节约了交易成本54元，即64－10＝54元。还节省了交易时间，从原来至少要花16小时减少到5分钟，提高了交易效率和工作的准确性，为用户节省了日常高额的上网费用，在各个市场中捕捉瞬间即逝的交易机会，并在很短的时间内完成交易，使得复杂的交易变得简单易行，满足经济生活对商业信息交换日益增长的迫切需求。

3. 交易频率与治理结构选择

（1）治理结构的基本范式。任何规制机构的确立和运行都是有成本的，这些成本在多大程度上能被带来的利益所补偿，要取决于这种治理结构中所发生的交易频率。如果交易频率较高，交易经常重复，且资产专用性程度不高，这时发生的应当为关系性契约；如果资产是混合的，那相应的治理机制应为当事人双方参与的治理，即双边治理；如果资产是专用性的，相应治理机制应为一方当事人统一治理的机制，即一体化治理（见表2-2）。

表2-2 资产专用性、交易频率与治理结构选择的关系

		资产专用性		
		非专用	中等专用	高度专用
交易频率	偶然的	标准的市场治理	三方治理	三方治理或者统一治理
	经常的	标准的市场治理	三方治理	统一治理

资料来源：威廉姆森．资本主义制度［M］北京：商务印书馆，2002：105.

从表2-2中看出，当资产是非专用型时，偶尔和重复发生的交易行为，均采用市场治理方式；当投资特征是混合型和部分专用型时，偶尔交易行为，一般采用三边治理的新古典契约方式；重复交易行为，一般采用双边治理或一体化治理的关系性契约。

（2）不同交易频率下的治理形式选择。

——低交易频率下的治理形式。对于生产中不常发生的交易，交易次数少，交易频率低下，可以采用市场治理的方式解决，也就是直接到市场进行交易，解决问题。

——高交易频率下的治理形式。对于经常发生的交易或者多次发生的交易，交易次数多，交易频率高，因为反复签订合同，导致较高的收集信息、签约文本和解决争端的交易成本，人们倾向选择一种制度安排来处理交易双方的特定关系。这种制度安排因为交易频率够大，交易频繁，能够经常性重复发生，其设立维护成本比一次性发生的交易能得到更好的补偿，变得有效，有较强的经济性。据经济学结论，这种制度安排可以采用网络治理方式和科层治理的方式进行（见表 2-3）。

表 2-3　交易频率与经济治理形式

维度	市场治理	网络治理	科层治理
交易频率	低	较高	高
交易的不确定性	低	较高	高

资料来源：威廉姆森．资本主义制度［M］．北京：商务印书馆，2002：105.

（3）现实治理形式。网络治理通过合同联结交易双方，科层治理通过纵向一体化形式，将频率高的交易内化在企业内，具体分析见表 2-4。现实中，“龙头公司＋农户”是以合同交易为主的经济形式，合作社则是纵向一体化形式的具体表现。对于等级制治理所导致的内部官僚成本来说，平均到每次交易中微乎其微，于是生产者与购买者之间的市场关系就会被更紧密的合作关系取代。

表 2-4　交易频率与资产专用性

<table>
<tr><td rowspan="2">交易频率</td><td colspan="3">资产专用性</td></tr>
<tr><td>非专用</td><td>混合性</td><td>专用性</td></tr>
<tr><td>偶然的</td><td>以古典合约的形式外包
市场可在生产成本上获得规模经济</td><td colspan="2">以新古典合约的形式外包
合约确认所有可预计的情况，第三方仲裁解决委托一代理争端
将不可预计到情况的影响减到最小</td></tr>
<tr><td>经常的</td><td>以供应商的担保合约减轻其机会主义行为的威胁</td><td>以关系合约的形式外包
原理：市场在生产成本上有规模经济，双方有维持关系的激励</td><td>内部生产
原理：级层关系能达到规模经济，外包谈判比内部生产成本高</td></tr>
</table>

资料来源：威廉姆森．资本主义制度［M］．北京：商务印书馆，2002：105-108.

例如，杨树种植户因为杨树生长周期相对较长，交易频率较低，采取网络治理和科层治理形式，所产生的规制成本较大，无法被降低的交易成本完全补偿，所以，他们即使面临不确定性，也愿意采用市场交易形式；对于林场、造林公司和大规模木材加工厂来说，重复交易频率较高，市场交易的方式，增加了交易成本和交易风险，而采用合同和纵向一体化形式所产生的规制成本，能够被降低的交易成本补偿。

综上所述，降低交易频率，集中整合交易环节，就成为农村市场交易的根本原则。

2.6　小结

本章通过分析农村经纪人类型、农村经纪业务内容、农村主要经纪活动和特点，弄清农村经纪产业的主体的分类及他们各自的行为特征，分析了农村经纪产生的作用机理，对农村经纪产业进行了基本的分析。随后从交易特性的角度，初步找寻影响农村经纪产业发展的可能因素，以期能够对农村经纪产业的发展做出贡献。

3 农村经纪产业产生与发展的理论基础

处于发展阶段的中国农村市场，需要经纪交易的农村商品种类繁多，交易频率高，中国农村市场信息匮乏，信息不对称情况严重，发现交易伙伴、维持合同关系成本高，强化了交易资产专用性。交易频率、专用性经纪资产和信息不确定如何影响经纪产业的产生和发展，成为本章的主要研究内容。

3.1 交易资产的专用性与农村经纪产业发展

3.1.1 影响农村经纪交易的资产专用性因素

需求双方能够实现交易愿望，完全是由于经纪人能够将双方资产专用性极强的交易内容，成功地对接在一起，由此，经纪交易的主体、客体及经纪手段的专用性资产，直接影响经纪交易成功与否，以及农村经纪产业的产生和发展。

（1）经纪主体的专用性资产。经纪个体和组织——经纪主体，他们的专业经纪水平直接影响经纪人的市场需求。影响个体经纪人的专用经纪资产的因素，主要是知识素质、技能、信息来源渠道等，而经纪组织的专用资产，多属于品牌方面的专用性资产。经纪主体专用经纪资产的高低，需要考虑所在地区、行业内环境和市场环境情况。

（2）经纪客体的专用性资产。经纪客体指需要进行经纪交易的对象、内容和方式。其中，经纪交易内容的资产，主要在人力、技术、物流和市场信息资产等方面，不同经纪交易方式，如行纪、居间和代理，它们的资产专用性有所不同；经纪交易对象的资产，是所要交易的农村商品的资产专用性。这些经纪交易客体的专用性资产投资，必然影响整个经纪交易的进行。

3.1.2 农村经纪产业的资产专用性分析

3.1.2.1 农村经纪交易对象的资产专用性

农产品的资产专用性与生长周期、体积呈正向变动关系，即农产品的生长周期越长、体积越大，其专用性程度越高；农产品的资产专用性与销售半径和销售时间呈反向变动关系，即农产品的销售半径越小、销售时间越短，其专用性程度越高。同时，农产品的市场属性包括了市场用途和市场需求等，农产品用途越特定，市场需求越小，其专用性越大①。由此，农村市场中可能的专用性投资主要有以下几方面：

（1）特殊农产品的技术资产。特定经济动物如水獭、鹿的养殖，特种农产品如蓝莓的种植，在不同生产阶段需要不同技术，使用专用饲料、专用农药，花费大量精力和时间通过专门学习，如农技培训、阅读报刊等，学会合理设计圈舍和使用水域，获得无法言传的直觉知识和经验，使动植物能够更快更好地生长发育。这些都是特殊农产品的技术资产，如果农户改换

① 俞雅乖．农业产业化契约类型及稳定性分析——基于资产专用性视角［J］．贵州社会科学，2008（2）．

养殖和种植品种，这些专用性很强的核心技术，基本无用。

（2）特定用途农产品的设施资产。农业市场化进程的加快，先进的农业生产、加工及相关技术、工具、设备、设施等，得到越来越广泛的应用。不同农产品需要不同的专用工具，如脱壳既干净又不损伤形状的稻米脱壳设备，专门用于果品生产、分级、包装流水设备，专业生产蛆蝇、花虫作为动物饲料的专用投资，只能用于切割青饲料的切割机等。这些具有特定用途的加工设备，专业性太强，很难与非农产品混合使用，缺乏流动性，若再改用他途，必须承受部分或全部的沉没成本。这些设备，只在农产品生产的某个极短的时间中需要，在农产品品种、利用时间上具有较高的专用性。由此，形成了经纪物质资产的专用性特征①。

事实上，现今农户的专用性实物资产的投入总体水平越来越高。从1986年到2001年，山西“十村千户”的固定资产净值总体呈现绝对递增。2006年中国机耕、机播和机收面积比1996年分别提高17.8%、16.4%和12.9%，农业生产设备资产专用性逐年增加。

（3）农产品加工企业的产地分厂资产。首先，农产品加工企业对产后贮藏、加工和流通设备的投资形成差异明显的专用性资产；其次，农产品加工企业对加工原料质量的严格要求提高了其资产专用性。棉花物理特点造成原料运输费用高，棉纺企业在原料产地兴建加工厂，生产成本要低，由此，棉产地和棉纺业形成地理位置上的专用资产。

① 江波、吴秀敏．农产品供应链垂直协作方式的选择——基于资产专用性维度的分析［J］．农村经济，2008（3）．

3.1.2.2 农村经纪交易主体的资产专用性

农村经纪交易主体的专用资产，具体表现为个体的人力资产和组织的品牌信誉资产。

（1）人力资产专用性。专用人力资产是经纪人长期交往中积累的知识与技能，提高沟通效率，提升产品质量，及对市场的反应速度（Asanuma & Dyer，2005）。受千差万别的自然环境和瞬息万变的市场环境影响，种类繁多的商品，所需经纪服务，复杂多样。

农村经纪主体为达成经纪服务需求，提供及时有效的经纪服务，必须长年储备相关经纪知识，如当地土地的经济用途，农产品的生产管理过程，农业劳动力资源以及农产品市场行情等，掌握相关专业信息，了解农产品的瞬时资产专用性。通过强化商业资信的收集与管理能力，准确及时地发现选择目标，及时地牵线搭桥，应用良好的谈判和行纪公关技巧，与经纪业务供应方和需求方进行密切协调，提高经纪成功率。解决经纪业务双方在农村商品的品种选择、生产时间、种养殖技巧、上市安排以及资金等方面的中介需求。这些为完成特定经纪任务，在经纪交易对象具有 Know-how 的独特性（Shi，Ho & Siu，2001），而进行的不可转移的专用性资产投资，由于农业资源的地区过多，地理区位专用性差异过大，无法在其他地区和其他行业开展经纪业务，由此表现出很强的经纪人力资本的专用性。这种专用性较强的人力资本，除了直接转移到农业企业外，只能够用在农业合作社等经纪组织上，否则就会降低农村经纪人力资本的价格。

（2）品牌信誉专用性。经纪服务是一种具体服务，是一种后验商品，服务的质量、美誉度等无形资产，只有在消费者亲自体验和感受后，才能够观察出它的质量好坏，可标准化程度强弱。成长为市场主体的经纪组织为保持与农户、农业企业的长期交易关系，为展示其形象和确保其经纪服务的专用性品牌，就成为经纪交易主体的主要专用资产。通过注重人员服务态度、质量、设备和场所，服务系统中前后台的一致性、经纪业务服务方式的便利性和速度等方面的投资，增强经纪服务知名度、美誉度和忠诚度，就需彰显经纪组织较高的品牌资产专用性特征。

3.1.2.3　农村经纪交易方式的资产专用性

农村经纪交易方式有居间、行纪和佣金代理三种[①]，它们的专用性资产有所不同。

（1）居间。居间是经纪人受委托人的委托，以自己名义为委托人报告订立合同机会，或者提供交易媒介，促成双方交易。居间服务有3种可能：①没有完成经纪业务。没有找到委托人需要订立合同的对象，未能够完成经纪业务，所花费的搜寻成本，成为沉没成本，影响经纪人的行业声誉。②完成了经纪业务，却没签订居间合同。委托方的给付义务不确定，佣金收入不能获得，居间业务成本成为沉没成本，影响经纪人的行业声誉。③完成了经纪业务，签订居间合同，获得了委托人按照约定支付的报酬。

前两种情况因为人力经纪资产不强，居间业务完成情况和完满程度差，弱化经纪人的行业声誉，未能获得居间收入。因此，居间要想成功，就要求居间人必须具有专业性较强的人力

---

① 林仁惠．现代农村经纪人［M］．北京：中国农业科技出版社，2005：125－143.

资产。但要想获得居间的机会，前提是在行业内至少要有一定的声誉和威望，能够得到上下游居间业务需求双方的信任和信赖，敢于进行居间业务的委托。

（2）行纪。经过批准的经营性、行纪业务的行纪人，受委托人的委托，以行纪人自己的名义与第三方进行交易，从事贸易活动，收取报酬，并承担相应的法律责任。面对易腐易变质、有质量问题的委托物，需要经过委托人同意，合理处理委托物，否则承担违约责任，此时，农村经纪人尤其是现货交易的经纪人，必须了解所经手的农产品的物理化学特性和保鲜期，需要较强的专业知识。

情况紧急又联系不上委托人时，行纪人利用专业性很强的人力资产和信息资产，分析委托物是否该及时出手。如果委托物价格利于委托人，行纪人自行处理，利益属于委托人，则皆大欢喜；但价格不利于委托人，又需及时出手，事后委托人不认账时，经纪人须自行补偿差额。为避免这种情况，行纪人专业性信息和人力资产，非常重要；第三，倘若经纪业务没完成，某环节上出了问题，不仅没有佣金，垫付的资本有可能难以回收，不仅影响了经纪人的行业声誉，更主要的是还要承担相应的法律责任。

由此可见，这种成功能获得佣金，失败就要损失搜寻交易成本的经纪业务，要求经纪人调动全部经纪人力资产来完成任务。因此，行纪对农村经纪人专用的个人资产要求很高。当然，交易双方为确保任务完成，注重农村经纪人的声名，谨慎选择。经纪人在行业中的声誉，就是经纪人的专用性品牌资产，也成为行纪的重要专用性资产。

（3）佣金代理。佣金代理是指农村经纪人受委托人委托，通过自己的推介，按照约定的委托价格，促成交易，并以委托人的名义与第三方进行交易签订买卖合约，在代理期限内完成相关任务，获取委托代理费作为佣金报酬。

佣金代理人在委托人的同意下，将委托任务转托给他人，作为复代理，代理业务时间相对较长，权利和义务比一般经纪人宽，所接受委托方的代理任务是一次性完成，与客户无连续关系，更多地为委托人服务。由此，代理人除了严格执行生产商的定价，除自理销售过程中发生的费用（不包括委托人促销费用）外，不用对所代理销售或者采购的商品进行业务之外的活动，如加工、包装、贮存和拆散，所承担的市场风险较小[①]，因此，佣金代理人在经纪业务方面的人力专用资产较弱，品牌信誉资产专用性较强。不同交易方式的经纪人专用资产特点见表 3-1。

表 3-1　不同交易方式的经纪人专用资产特点

交易方式	经纪人的专用资产
居间	人力资产、品牌信誉资产均强
行纪	人力资产更强
佣金代理	品牌信誉资产更强

3.1.2.4　农村经纪交易内容的资产专用性

根据交易内容，目前中国有劳动力经纪人、技术经纪人、信息经纪人和现货经纪人。

1. 农村劳动力经纪人

(1) 农村劳动力经纪人的专用资产。目前，常见的农村劳

① 林仁惠．现代农村经纪人［M］．北京：中国农业科技出版社，2005：184.

动力经纪人有农民工经纪、媒婆、婚姻介绍所几种。市场需求最大的，是为渴望外出的农民和需要用人的企业提供中介服务的农民工经纪。这些经纪人的专用人力资产，主要表现为以下几个方面：

一是建立相关人际关系网络，保证充足的劳动力需求和供给来源。农村劳动力经纪人通过在用工方和农民之间，建立联系通道和人际关系网络，帮助用工方找到适合的农民，确保充足的劳动力需求和供给来源，帮助农民找寻合适的工作。

二是具有识人技巧。农村劳动力经纪人通过长年练就的识人技巧，巧妙观察劳动者，测评其劳动能力，培养求职方所需的劳动技能；面对求职者的消极疑惑情绪和职业偏见，有针对性地予以疏导和矫治，让劳动力需求双方合作愉快，提升经纪业务的质量。

三是敏锐的市场观察力。农村劳动力经纪人了解劳动力市场状况、劳动制度和社会保障政策的现状和发展趋势，收集、积累、分析处理有关劳动力市场与就业信息，通过正确的劳动力市场需求预测，为求职者和用人单位提供可信可行的咨询意见和建议。

四是熟练掌握经纪业务操作，明确招募程序和文件合同。农民工经纪必须熟练掌握经纪业务操作，分清个体招募和集体招募的应用情况，明确招募所需文件合同和招募程序。

（2）不同形式的农村劳动力经纪人资产专用性的表现形式。

一是职业介绍所。它的组织品牌资产专用性较强。作为正式的劳动力经纪组织，职介所因地制宜，提高劳务附加值，稳定和扩大劳动力转移渠道，形成了黑龙江的“龙哥龙妹”、四川“川妹子”和陕西“米脂家政”等知名劳务输出品牌。黑龙江职介所内外互动的培训转移服务网络[①]，在劳动力经纪服务组织信誉和信息资产上有较强的专用性。

二是工头。个人信誉资产专用性较强。工头是农民工“自组织”的权威，企业主管理农民工的代理。他们获得老乡信任支持，口碑要好，表现出很强的信誉资产专用性。

三是农民工经纪。人力资产专用性较强。工头摆脱具体的工作，专门从事劳动力经纪业务，成为专职的农民工经纪，为满足企业用工要求和农民求职意愿，具有识人技巧，同时明确企业的相关用人情况，表现出很强的人力资本的专用性。

2. 农村技术经纪人专用人力资产

农村技术经纪人帮助技术供需双方达成交易，完成经纪任务，需要拥有的人力资产：

一是较全面丰富的知识素质。了解特定科技领域内的技术商品的研究、试验、性能、生产应用效果、质量标准、设施条件和管理状况；了解技术商品贸易相关知识，掌握技术商品供求动态和发展趋势，具有运用法律、撰写合同、技术谈判能力。

二是较强的业务能力。注意技术成果的权属问题、辨别技术成果的合法性，了解技术成果的开发价值，签订有效的技术经纪委托书，确定技术商品价格和新增利润，清楚具体的社会需求、了解同类技术或者可替代技术的竞争情况以及价格区域。

---

① 中国统计局．中国农业统计年鉴，2007：83.

3. 农村信息经纪人

农村信息经纪人指在农村信息市场上，专门从事中介仲裁服务，促成信息买卖双方达成交易，确保信息拥有方收益不受损，避免获得方无偿受益。例如，同一时段，甲地商人A空车从乙地回，乙地商人B需车去甲地送货，如果有信息经纪人，A不用空车返回，B不用花更高费用，请他人帮忙。农村信息经纪人的具体的专用性人力资产如下：

一是较强的人力资产。信息处理应用能力强，知识广博，精通经纪业务，懂得交易技巧和操作方法，掌握各类客户所需信息，提供科学的交易方案，从而在人力资产上，表现出较强的专用性。

二是信息收集和管理设备的科学使用和选择能力强。农业信息多样、独特、复杂，经纪人正确利用先进工具，如互联网、智能软件，异地经纪业务的即时执行，信息联系和共享在时间空间方面不受限制；统一数据的智能管理，最新农村经济信息的及时汇总，不重复地反映在网络的显示器上，强化了信息分析和甄选能力，及时引导客户步入市场，提高经纪效率，节省开支。

4. 农村物流经纪人的专用资产

一是较强的人力资产。物流经纪人为完成农产品经纪任务所需要的专业知识和能力，表现出极强的人力资产专用性。农产品现货集采与运销中，需要了解中国300余项农业国家标准、1 500项农业地方标准，从原料、感官、理化、微生物学及外观、营养和卫生品质要求，查验农产品质量等级，做好生产中的成熟度与市场需求度的对接和保管工作。同时，判断市场行情走势，确定农产品购销价格、现货和贮存数量等。

二是科学使用先进技术设备的能力较强。农产品品种越少见，农产品品质及规格要求越特殊，技术要求越严格，就需购买专项的冷藏冷冻、运输设施，及时完成客户委托的物流经纪业务，表现出较强的品牌资产和人力资产。

3.1.3 资产专用性对农村经纪产业发展的影响机理分析

3.1.3.1 无需经纪业务的农村商品交易，其专用性资产弱

无需经纪的现货买卖，如果能够交易成功，交易双方的资产专用性实际情况如何?

1. 花极少成本，直接交易成功——该农产品专用性投资较低

上游农户要买进农业生产资料或卖出农产品，而农产品下游加工商想要购买这种产品，两个人都花费一定的交易成本，找着非常合适的交易双方。

这种情况下的农产品应具备以下特征：农产品品种常见、单次交易数量较少、质量标准要求低以及交易活动发生空间相对集中（如附近50千米内有农产品批发集贸市场）。

品种常见的农产品，人们对其保鲜运输技术容易了解，投资不大，即便卖不出去，农户家庭也能自我消费；即便不常见，只要农产品销量小，规模不大，意味着这种农产品的生产性专用设备和技术投资可以租用，不需要太多的专用性投资；农产品质量标准低，意味着农产品生产过程和农用生产资料的特殊投资少。

附近50千米内有农产品批发或集贸市场，意味着农户和下游农产品加工厂商可以直接到产地市场进行收购和交易，或者直接在产地设立加工车间，就近就便，不需要农户在农产品的储藏、运输方面进行专门的设备、设施的投资。由此可以看

出，农产品销售和找寻的上下游双方能够在市场上实现自我交易，却花费不多，原因在于交易的农产品所需要的专用性资产投资较低，不需要经纪人。因此，这些地区的经纪组织发展较慢。

推论：不需要中介、花极少成本交易成功的双方中，农产品生产专用性投资较低。

2. 花极高成本，直接交易成功——该农产品专用性生产投资较高

上游的农户买入或卖出与农业生产相关的物资，农产品下游加工商想要购买这种产品，二者都花费大量的交易费用，找着了，不合适、也不划算，市场上直接交易成功的可能性较小。此种情况下的农产品应具备以下几个特征：此类农产品品种不常见、单次交易数量较大、质量标准要求较高以及附近50千米内没有合适农产品批发或集贸市场。

品种不常见的农产品对地点专用性投资要求高，若卖不出去，农户无法全部自我消费；农产品销量大，规模大，意味着这种农产品的生产技术专用设备只能买，不能租，专用性投资较大；农产品质量好，对生产过程和农用生产资料专用投资大；附近50千米内没有农产品批发集贸市场，意味着农产品加工企业直接收购成本高，农户需要对专门储藏、运输设备投资。由此，这些农产品所需要的专用性资产投资较高。

推论：花极高成本、直接交易成功的农产品，专用生产投资高，农户兴趣不大。

3. 实际案例——质量很好的安全农产品的生产困境

在信息沟通渠道缺乏，农产品安全威胁论的情况下，找到所需产品，很难，无法正常交易。现实中，有需要购买该产品

的高端客户，也有该产品的农户，该产品市场需求曲线 D 和供给曲线 S 均存在（如图 3－1）。安全农产品的生产者（购买者），为证实（确保）农产品的真实性，需要付出过高的鉴别成本。双方若强行交易成功，需要付出很大的代价。安全农产品供需曲线 S 和 D，无法在第一象限正常相交，只能在第二象限的反向相交，出现负的生产剩余，造成社会福利的损失，表现在图中就是三角形 ABC 的面积。

安全农产品生产可能出现逆向选择行为，农户缺乏生产积极性，降低专用生产投资，造成市场上高质量、安全农产品的缺乏，造成相关市场交易的大幅度萎缩。除非此市场潜力和利润巨大，消费需求者不得已自己增加专用性投资一体化战略，来自行解决。

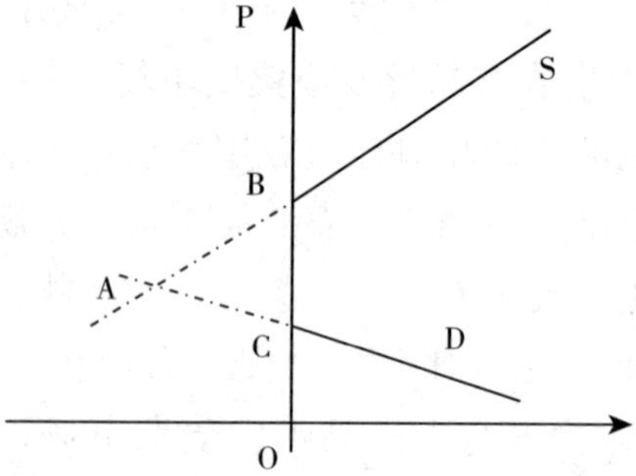

图 3－1　强行交易的供给需求曲线

3.1.3.2　专用性资产越强，农村经纪业务的市场需求越大

中国农业生产的非规模化和非标准化，农产品个性化生产要求高，如白腹锦鸡舍圈设计、何时添加高蛋白饲料、如何自由配对，提高产蛋率和孵化率等。经纪人需投入很多的资源获取信息，根据农户的实际需要，提供个性化的设备、技术、生

产资料等，农村专用经纪资产投资较高。若能持续为相同农户服务，每次交易承担的固定费用减少，利润增加；反之，农村专用经纪资产的利用率降低，增加了农村经纪组织的退出成本。

经纪服务生产和消费不确定性较高。农户对农村经纪服务成本和质量，只有完成交易后才能掌握；若花费金钱、时间后，选择到合适的经纪人，继续接受他的服务，每次服务承担的这部分成本减少，给农户带来的效用增加。但退出交易，这部分成本就无法收回；为获得满意的服务，同样成本需再支付一次，还存在所找经纪人是否合适的问题。

交易中，农村经纪人可提供优质和劣质服务，农户可支付高价或低价；仅交易一次，博弈时，二者从各自利益出发，选择非最优方案：经纪人提供劣质服务而农户支付高价，农村经纪组织得 10，农户得 0，若农户支付低价则各得 5。如果农村经纪人提供优质服务而农户支付高价，双方各得 6，若农户支付低价则农村经纪组织得 0，而农户得 10。无论农户支付低价还是支付高价，经纪人提供劣质服务都有利；对于农户而言，无论农村经纪组织提供何种服务，低价都有利；因此，仅交易一次，（劣质，低价）是该博弈的唯一纳什均衡，此时经纪服务组织和农户收益为（5，5），双方无法获得专用资产投资的长期收益，资源配置扭曲。显然（优质，高价）组合对双方更有利，此时双方收益为（6，6）（表 3－2）。

表 3－2　不同资产专用性下农户与经纪组织博弈矩阵

		农户	
		支付低价	支付高价
经纪组织	劣质服务	（5，5）	（10，0）
	优质服务	（0，10）	（6，6）

从（劣质，低价）到（优质，高价）是帕累托改进，但农村经纪组织和农户到底选择（劣质，低价）还是（优质，高价），需要看双方资产专用性情况，此时，出现以下四种情况。

第1种：如果双方资产专用性都比较弱，均可轻易将资产转做他用。经纪人放弃经纪业务，农户选择自我消化农产品，双方选择规避风险的可能性较大，（劣质，低价）就成为合适选择；由于无法给交易双方带来利益，造成资源配置扭曲，社会福利受损。

第2种：如果双方的资产专用性都强，资产被锁定，转移他用成本过高，双方很注重长期合作而非一次交易，都试图表现自身的最大诚意，期望双方能够继续合作，（优质，高价）就成为合适的选择，这时能够带来社会福利的最优交易结果。

第3种：若农村经纪组织专用性资产较大，经纪人策略以保持声誉为目的，即便冒着农户支付低价的风险，仍旧选择优质服务，避免因为劣质服务影响自己的声誉，丧失获得未来长期受益的机会，此时就会同时出现（优质，高价）和（优质，低价）两种均衡。

对农户而言，保持一个使自己满意的农村经纪服务组织的忠诚是降低交易风险的手段之一，符合自身利益的。因此，多次交易下，农户对待风险和策略选择也逐渐转变，在足够长的交易预期下，就会选择树立一个有价值的农户形象，而支付高价。如此（优质，低价）的选择会越来越少，而（优质，高价）选择就越来越多。

第4种：如果农户资产专用性强，农村经纪组织的专用性资产低，农村经纪组织的风险策略选择成为关键决定因素。农户为表现诚意，选择高价的可能性强。农村经纪组织想壮大，会提供优质服务，（优质，高价）是合适的选择；农村经纪组织如果不在意组织的发展，劣质服务则成为其选择，从而可能出现新的均衡，即（劣质，高价）。但这种选择的结果就是，农业大户在上了几次当后，有可能以后弃用经纪组织，自己充当经纪人，将其一体化、内部化，事实上这种现象在农村较多，（劣质，高价）的均衡越来越少。

克瑞普斯和罗伯茨的声誉模型证明，只要农村经纪组织与农户博弈重复的次数多，农村经纪组织愿提供优质服务，农户愿意支付高价，（优质，高价）的最优均衡就会出现。非最优均衡的次数，与经纪人冒险选择优质服务及农户选择支付高价的概率有关。这两个概率一定的情况下，交易次数越多，（优质，高价）均衡出现的越多，双方得利越多。

因此，无论农村经纪资产专用性强弱与否，只要农户资产专用性高，提供高价的可能性大，反之，提供低价可能性大；另外，无论农户资产专用性强弱与否，只要经纪组织资产专用性高，优质服务可能性大，反之，劣质服务可能性大；农户资产专用性较强，农户宁愿提供高价，也要一个使自己满意的农村经纪组织的帮助，来降低交易风险。

郭红东（2004）发现经营面积超过 10 亩[①]的农户中，87%的认为有必要加入合作社；经营面积 2 亩以下的，只有57%认为有必要加入合作社。说明经营面积规模越大、资产专用性强的农户，对经纪组织的需求大，农民经纪组织发展势头良好[②]。

---

① 亩为非法定计量单位，1 亩＝1/15 公顷。

② 黄祖辉，徐旭初，冯冠胜．农民专业合作组织发展的影响因素分析［J］．中国农村经济，2002（3）．

由此，农户资产专用性越强，农村经纪业务的市场需求越大。

3.1.4 资产专用性影响农村经纪产业发展的实践证明

3.1.4.1 实证1：交易内容的专用性资产越高，经纪业务领域发展越快

1. 农产品技术设施资产专用性越强，相应农产品经纪组织越易发展

农产品生产技术越简单，所包含的资产专用性就越弱。如香蕉生产技术简单，所需投资少，只要水肥充足，产量预期基本稳定，容易出现地域品牌。农户自行到产地市场附近销售，交易成本不大，不需经纪人。此时，农村经纪产业发展较慢。

农产品技术越复杂，所包含的资产专用性就越强。这种农产品生产过程的技术操作没有明显阶段性特征，相关知识不易被掌握，行业进入门槛较高，对投资规模的要求也高。单个农户害怕惨遭市场的“柠檬效应”，被逆向选择，无法保证投入成本的回收和应得利益的获得，不愿意生产该产品。因此，这些高档商品以及稀有商品，只有在市场销路有保证的前提下，在信任的经纪人组织的提倡下，才有可能进行。

技术信息方面的经纪资产专用性强，相对场地、工具等经纪资产而言，对第三方中介需要很强烈，普通人进入较难。所以，相关的合作社或者经纪人组织发展较早、较快，所占的比重也较大（见表3-3）。孙亚范（2002）对江苏农户的调查中发现，105户农户中有92户农户明确表示他们在市场信息辨别方面需要求助。所以，农民合作组织发展较好的西欧等国，市场交易型合作组织不仅优先发展，而且只负责农产品流通的

合作社效率，要高于生产型合作社（农产品生产加工等一体化）[1]。

农户所需的农机具，耗费投资较大，农户个体购买使用率不高，投资收益不成比例，农业生产的专用性强，成为仅次于农业生产信息和技术方面的专用资产，因此，以加工为主的合作社发展也较早，所占比重在 2002 年就达到 11.5%（见表 3-3），发展潜力较强，发展速度也较快，2005 年，农机服务业和其他行业的合作社所占百分比就达到 22.6%。

表 3-3 浙江省农民专业经济合作组织的服务内容（2002 年）

	总数	以技术和信息为主	以加工为主	以购销为主	其他
数量（个）	2 667	1 740	307	299	321
比例（%）	100	65.2	11.5	11.2	12.0

资料来源：黄祖辉，等．农业与农村发展的制度透视：理论与分析［M］．北京：中国农业出版社，2002.

由此，我们可以看出，农产品专用性资产越强，相应农产品经纪产业发展越快。

2. 农产品瞬时资产专用性越强，农产品经纪组织越易发展

易腐、鲜活性强的农产品，不容易储存、保鲜，消费者对农产品鲜活度要求高，它们的瞬时专用性强，例如叶类蔬菜、不易保鲜的水果、奶制品以及屠宰后的肉类。它们市场交易的时空弹性小，农产品短期内难以转移到可替代的市场，农民容易受到交易对手机会主义行为的干扰，收入受损的可能性加大。

经纪组织一次性经手的产品数量多，强化了农产品的瞬时

① 陶伟军．农业资产专用性与农民合作组织的效率［J］．南方经济，2004（1）.

专用性。为满足消费者对瞬时资产专用性强的农产品的鲜活度要求，提高产品在消费者心中的声誉，经纪组织需要配备专门的分销、配送和保鲜设施系统，增加分销配送的经营效率。由此，经纪人资产专用性强，经纪人专业化经营行为容易出现，经纪人发展情况好。

如果生产方与经纪人资产专用性都高，双方依赖性很强，荣辱一体的利益联结，双方会主动示好，农产品分销配送系统与生产系统更容易协调，效率提高，保证农产品的新鲜度，提高收益，避免市场风险。在专业化程度较强的地区，双方更是注重避免各种不良行为，以免发生区域性风险，而蒙受重大的沉没成本；强化了经纪组织的专业化，进一步增强了其改变生产结构、改变产品瞬时专用性以适应市场的灵活性的能力，降低了市场价格波动下，农产品可能遭受的市场风险和经济损失。

容易储存、保鲜，消费者对农产品鲜活度要求不高的农产品，瞬时资产专用性弱，如可暴晒、风干等初加工的稻谷、麦类、棉花。这些瞬时资产专用性低的农产品，对经纪技术设施要求低，经纪人资产专用性弱，经纪人专业化经营行为不容易出现，经纪人发展情况不好。例如，一般苹果品种的农户和经纪人，他们双方资产专用程度都低，经纪人发展情况就不好，这是一个明显的例证。另外，如果经纪人的专用性资产投资较高，经纪人对农户的依赖很大，强化了经纪风险，一般不会贸然增加经纪专用性资产。

由此，农产品瞬时资产专用性越强，专业化程度越高，经纪专用资产投资增强，农产品经纪产业发展的越好、越早。20世纪初，美国加州柑橘合作社就是一个典型的例子。

3. 农产品品牌专用性与农产品经纪产业的发展

罗必良（2008）认为，农产品建立地域品牌有强的正外部性，单个农户无力创建名牌以扭转市场交易中的不利地位，只能作为市场价格接受者，承担更多的市场风险。

农产品同质性较强，质量难以鉴别。如果农产品技术含量及附加值都较低时，农产品的可替代性很强，其品牌专用性会很弱，有心有力的经纪人，通过购销各种利益关系专用性投资，以及较高的经纪业务交易频率，淡化了竞争的激烈程度，降低了市场风险水平，部分获得声誉垄断租金；如果农产品的技术含量及附加值都较高时，经纪人通过自己的信誉，担保和证实种植技术符合无公害或绿色食品质量认定标准，延伸了农产品生产链，不仅深入到流通领域的分类、冷冻与冷藏，甚至有专业化的物流方参与农产品初加工、分拣配送，促进市场信息传递，深化分工，可增加农产品附加值。

经纪人通过强化产地品牌，保证技术含量低的农产品声誉垄断价值。同时，通过自身销售品牌声誉，确保技术含量高的农产品得到投资收益。目前，各类农民专业合作社已经拥有注册商标 26 000 多个①，其中，相当部分已经成为区域性乃至全国重要品牌。由此，农产品附加值高低成为经纪人进行品牌专用性投资程度的衡量标志。其大小直接影响了农村经纪人进行专业性资产投资的力度。农产品附加值越大，进行专业性经纪资产投资的力度就越大，经纪人在该领域出现就越早，反之，农产品附加值越小，进行专业性经纪资产投资的力度就越小，经纪人在该领域出现就越晚。

① 孙政才．农业农村改革发展 30 年［M］．北京：中国农业出版社，2008.

事实上，大路货产地品牌的声誉价值，在时间流逝和农产品加工商的产地分厂的设置，及其他因素的共同作用下，农产品附加值小，很难给经纪人和农户带来垄断价值，因此经纪人在该领域出现就晚。前两年，粮食合作社才崭露头角，就是很好的验证。

只有那些稀有品种，因为专用性地理、人力、实物、设备资产较强，未能达到加工商设立分厂规模的农产品，而市场又存在一定规模的分散的需求，农产品的附加值得以提升，有可能给经纪人和农户带来垄断价值，因此，经纪人在该领域出现就较早。这也是稀有动植物合作社或者协会成立较早的原因。

生产操作技术严格、监控成本过高，人们需要供不应求的农产品，合作社通过经纪组织的品牌声誉，获取农产品附加价值，必需的前提是该组织已经通过经营一定规模、积累一定资产后，取得相关声誉，而这需要实践验证和时间的积累，同时，中国对无公害、有机、绿色农产品的需求较晚，也决定经纪人在此类领域出现较晚。

因此，相对于通过产地价值生存的经纪人，通过品牌价值生存的经纪组织，出现可能较晚。但前者要想发扬光大产地品牌，提升产地声誉，必须通力合作，维护和完善行业规范，这要求所有的经纪人有共同的认识，能够以大局为重，由此所需要的努力和工作量较大。这种情况下出现的经纪组织虽然出现较早，但是，能否长期生存，快速发展，还难定论。但后者，依存品牌价值生存的经纪人，只要有一次不慎，就有可能被市场抛弃，因此，它们虽然出现晚，却管理严格，规范性强，很有发展前途。

由此，得出结论：市场交易内容的专用性资产越强，经纪业务领域的发展越快。

3.1.4.2 实证2：交易对象专用性资产越强，相应经纪业务领域发展越快

前面得出：农产品的资产专用性越大，对经纪组织需求越大，经纪人优先在该领域萌发并发展，有利于农民规避市场风险，降低交易成本，是经济理性的农民的必然选择。为此，下面从经纪组织在农业内部的发展顺序和发展程度，来一一证实。

1. 农村经纪组织在种植业内部的发展顺序

（1）一般作物。目前农产品一般有粮食作物、油料作物、经济作物、蔬菜、果树、养殖业产品等，这些农产品生产的专用性资产不同，农户进行的专用性投资大小也不同。

粮食作物的种子含水较少，比蔬菜或水果耐贮存，栽培历史悠久，品牌资产专用性和瞬时资产专用性都较弱，所需要的专用性人力资产、技术资产等方面的投资较少。

油料作物产量高、油质好、投资少、收效大、用途大、不占用耕地，瞬时资产专用性较弱，几乎没有品牌资产专用性，不容易销售，对专用性的人力技术资产要求较高。

经济作物具有特定经济用途的农作物，地域性强、品牌资产和瞬时资产专用性较强，经济价值高、技术要求高，对自然条件要求严，生产集约化和商品化程度较高，综合利用潜力大，受专用性地点资产影响较大，要求农户投入较高的专用性人力和技术投资。

由此，我们可以看出，一般作物的专用性资产的投资不是很大，在一般作物内的投资顺序是：经济作物＞油料作物＞粮

食作物。

（2）蔬菜类。蔬菜当年种、当年收，需要优越的土壤条件，根据不同的自然条件选择合适的蔬菜品种。同时，蔬菜整体质量易受影响，不宜储藏、运销和保鲜，瞬时资产专用性较强，需要生产基础设施建设，受专用性地点、人力、技术和设施资产的影响较大。

蔬菜又细分为三类。一般蔬菜，只要求农户投入较高的专用性人力资产，人力资产投资较大；设施蔬菜对日光温室需求大，要求农户投入较高的专用性设施、人力和技术资产投资，品牌资产专用性较强；精特菜、深冬菜等种植技术要求较高，要求农户投入较高的技术和人力资产投资，品牌资产专用性较强；无公害蔬菜生产，需要选定专用的生产基地，做好蔬菜产前、产中、产后各环节的产品质量检验，特别是土地、化肥和农药残留，以免影响蔬菜的质量标准，控制重金属砷、铅、汞、镉的含量，防止土壤对蔬菜产生物理化学和放射性污染，确保施用合格肥料，加强农药使用监控，严格田间管理，确保运输、加工、贮藏全过程的无公害操作，为此，需要农药残留速测机构等专用设施，要求农户投入较高的专用性设施、人力和技术资产投资，品牌资产专用性强。

由此，我们可以看出，蔬菜业的专用性资产的投资顺序是：无公害蔬菜＞精特菜、深冬菜＞设施蔬菜＞一般蔬菜。

（3）果品类。果树多年生、生命周期长、年龄时期明显，树体高大，单株占有土地面积大、栽培品种杂合性强，果品栽培和生产很专业。自然条件下生长的果品生产的产前、产中、产后环节与大田作物类似，瞬时资产专用性相对蔬菜较强，只是在具体的生产资料、技术和设施方面有所不同，例如特殊栽培技术：砧木接穗嫁接、提早幼树结果、克服大小年的果树修剪、环剥、环割、疏花、疏果等，以及专门生产资料：生长调节剂、化肥、病虫害防治、贮藏加工设施、冷藏库和气调库等。祖祖辈辈种植农作物的农民，改种果树，如果没有较高人力专用资产，即便引入新品种，不了解新技术，结果是大多数种植失败，高投入换来了高风险而不是高收益，验证了“隔行不取利”的老话。

果树受专用性人力资产及技术资产影响大。果品市场准入，对专用人力资产要求更高；设施果树如草莓、葡萄的发展前景，技术设施专用性投资影响大，品牌资产专用性强。由此得出，果树业的专用性资产的投资顺序是：设施果树业＞一般果树业。

蔬菜瞬时资产专用性强，需较高人力、技术资产，所需专用资产总体高于粮食作物。

表 3-4 中国种植业合作经济组织分布（2005）

作物名称	粮食	蔬菜	水果和特产等
所占百分比	30%	60%	10%

资料来源：农业部统计资料，2006。

2005 年中国种植业合作经济组织分布中（表 3-4），与种植面积占据 15 亿亩的粮食生产合作社相比，蔬菜生产合作社所占比例居多，达到 60%，是粮食合作社的 3 倍。中国目前蔬菜类农产品对经纪组织的需求，远大于粮食行业对经纪组织的需求。粮食作物内部，小品种、专用品种、特色产品的合作社先发展，所占比重较大。中国目前农村经纪组织的先后顺序，事实上是：蔬菜＞果树＞经济作物＞油料作物＞一般粮食作物。

由此，验证结论：资产专用性越大，农产品成立经纪组织的实际需求大。

2. 农村经纪组织在养殖业内部的发展比重及先后顺序

养殖业要求的自然条件即光、热、水、土，要适合牧草和牲畜的生长发育，草场面积较大，质量较好；广大农民具有从事养殖业生产的经验和技能等，如保持合理的公畜、母畜、仔畜、幼畜的比例结构。养殖业产品不便于运输且易于腐坏，要求收购、加工、贮藏、运输等方面密切配合，有一定的物质基础。由此，养殖业受地点性、技术、人力资产和资金四种专用性投资的影响较大。但具体细分，又有所不同：

——以舍饲为主的农区养殖业，饲料费用占畜牧费的65%以上，经营管理较为细致，资金资产、人力资产和技术资产专用性投资较强，品牌资产专用性较强。

——在草原和荒漠地区，以放牧为主的牧区养殖业，经营管理粗放，饲草供应季节性波动大，易受灾害性天气的威胁，受到地点资产专用性和人力资产专用性的影响，需要合理利用保护、建设现有的天然草场；重点进行草原建设，如开发水源，贮草备料，改善牧业生产条件，专用性人力资产和设施资产投资较强。

——利用草地直接放牧，将草地作为饲草刈割地以饲养牲畜的草地养殖业，这些地区草地资源退化，自然条件较差，更需要先进经营方式，受人力资产专用性和地点资产专用性的影响更大，需要改良草地、扩大人工种草、建设牲畜棚圈、加强服务体系建设，专用性设施、技术资产和人力资产投资较强，有一定的品牌资产专用性。

由此可以看出，养殖业的专用性资产的投资不小，在养殖业内部的顺序是：农区养殖业＞草地养殖业＞牧区养殖业。

事实上，2005年，中国畜牧业的合作经济组织所占比例高达24.7%，表面上赶不上种植业的经纪组织的47.6%的比例（见表3-5），但从就业人数上讲，不足3.9%的从业人员，所组建合作社占24.7%的比例，而占农业就业人员的96.1%的种植业生产人员，所组建的合作社只有47.6%，这个比例意味着畜牧业以较少的从业人员占据了经纪组织较高的份额，由此，按照就业人数计算畜牧业的经纪组织，它在数量上占据绝对优势。

表3-5　中国农民合作经济组织的产业分布特征（2005）

产业名称	种植业	畜牧业	渔业	农机服务业	其他行业
所占百分比	47.6%	24.7%	5.1%	4.1%	18.5%

资料来源：农业部统计资料，2006。

按照人均占有量分析，2000年中国粮食高达406千克，而肉类仅为47.5千克[①]，中国人均对粮食的需求是对肉类需求的8.6倍，如果不考虑专用性资产投资，粮食类的经纪人个数也应该是畜牧业经纪人个数的8.6倍。但实际上，却只有1.9倍，不足2倍。

因此，养殖业经纪组织实际上发展较快，所占比例更大，是农村合作组织发展最快的行业。究其原因，就在于前面所说的畜牧业如猪、牛、禽类的专用性资产高于种植业。

由此，再次证实结论：市场交易对象的专用性资产越强，

① http：//www.sannong.gov.cn/njlt/gnwz/200503300587.htm.

经纪业务需求越大。

3.1.5 资产专用性与农村经纪产业主体的产生及效率分析

3.1.5.1 农村经纪产业主体的资产专用性

1. 个体经纪组织——农村经纪人

农村经纪人多数以个人的单打独斗为主，经营规模较小，由于束缚他们的经纪人资格认证制度，对物质资产和其他资产要求比较低，管理规范性比较差，相比较农村经纪组织，经纪人的人力资产专用性较弱，物质资产专用性较弱，缺乏组织资产专用性。

但就其个人经纪资产比例而言，经纪人在技术和营销等专用性资产的投入十分有限，而劳动力投入比重却较大，这种基于经验累积型的经纪专用的人力资产，所占的比重较大，成为农村经纪人在农产品营销中的关键性资源。上述特征反过来又强化了农户经营的低资产专用性、超稳定性及其在生产经营环节上的同构性，弱化他们的经纪效率（表 3－6）。

表 3－6 四川、河北、山东农产品流通组织形式发展情况比较（2001）

	农业专业合作经济组织	农村经纪人	其他
四川	4％	60％	36％
河北	15％	62％	23％
山东	16％	70％	14％

资料来源：黄祖辉，等．农业与农村发展的制度透视：理论与分析［M］．北京：中国农业出版社，2002.

2. 农民协会和技术协会——只对农业链的某个生产环节进行专用资产投资

农民协会是由农民自己组织和管理，为会员服务的一种经纪人组织。它们专门针对农户广泛需要的、单个农户无法承担的专用资产投资，对农产品生产链的某个生产阶段、生产环节或者某种生产技术、生产设备进行专用资产投资，如提供专门资金和市场信息、专门设备、技术指导、生产劳动、贮藏、运输、销售等专项经纪服务。

生产中的技术指导，农民用心学，易学会，但对所需技术的搜寻，需要经纪人帮忙。农业生产的产前产后的经纪资产，因为准确收集分析信息以及销售所需资产的专用性强，农民也不容易掌握。由此，农民技术协会在人力和技术设施资产方面的专用性较强。协会管理相对松散，其组织资产相对个体农村经纪人较强，但相对经纪组织较弱。

协会的出现，意味着需要这些经纪服务的农产品生产规模大，农产品种植、养殖技术相似，有专业化生产区域的特点。专业协会在初步形成专业化生产的地区，普遍存在。同时，专业协会不需要以龙头企业的存在为先决条件，因而在非农产业欠发达的地区具有更为广泛的适应性和生命力。如 2003 年，中国农村各类农民合作经济组织有近 14 万家，其中，农民专业协会约占 85%，专业合作社约占 10%，股份合作社约占 5%。

3. 合作经济组织——对某种农产品的全程生产销售进行专用资产投资

合作社突破地域限制，组织不同地区农户，生产某几种农产品，为这些农产品的产前、产中到产后全程，提供需要的所有相关技术、信息、营销等服务，有利于规模购销，降低平均成本，同时合作社内部成员享有共同信息而产生信任资本，提高了交易效率和农产品的竞争力。以经纪组织的方式生存，其专用的经纪资产高，退出壁垒高，作为市场经济主体的合作社，以信誉和品牌价值赢得农户的信任，而得以更好地发展生存。

合作社按牵头主体分：农户自发成立的合作社和政府牵头的合作社。前者合作社中，经纪方面的人力资产和物质资产专用性都较强，但组织资产较弱。政府牵头的合作社和技术协会，经纪方面的物质资产专用性比人力资产专用性稍强，但组织资产较弱。

发展合作经济组织，不仅农户之间形成了横向约束关系，降低了产销间的衔接成本，而且实力增强的合作经济组织，能够根据其经营需要进行部分环节的前向一体化。日本农协的经验就是一个很好的例证。日本农协为挽回农户在家庭小规模、分散经营下，因谈判地位不对等而造成损失，把农户组织起来，向包装厂、预冷库、冷藏库、运输中心，及批发市场、超级市场、连锁商店等产销环节延伸参与，实现产销的有效衔接。

3.1.5.2 资产专用性、治理成本、农村经纪组织形式及其发展方向

经常发生交易的农村商品，它们的资产专用性、治理成本与农村经纪组织形式及其发展方向有怎样的关系呢?

1. 资产专用性、治理成本与组织形式

威廉姆森（1975，1979，1980）认为资产专用性是决定交易费用的重要因素，从而是决定企业和市场的不同制度结构的核心变量。资产专用性越强，进行市场交易的费用越高。市场交易费用应是一条随着资产专用性强度的增加而较快上升的一条曲线。如图 3-2 所示。治理成本主要分为市场交易下的组

织治理成本和企业治理成本。其中，市场交易下的可能组织治理成本，主要包括讨价还价与机会主义行为可能造成的损失两部分，它的产生主要是由于企业的激励强度弱于市场，而且科层之间的官僚性扭曲行为会降低生产效率①。

资产专用性都为零时，市场较企业可以更好地实现规模经济和范围经济，交易所需要的组织治理成本最低。而混合方式因为资产规模一般大于垂直一体化的资产规模，因而资产专用性都为零时，交易所需要的组织治理成本更高。假设 M（K）代表市场治理成本，S（K）代表垂直一体化的治理成本，X（K）代表混合方式的成本，下面分析一下资产专用性与不同情况下的治理成本之间的关系（图 3-2）。

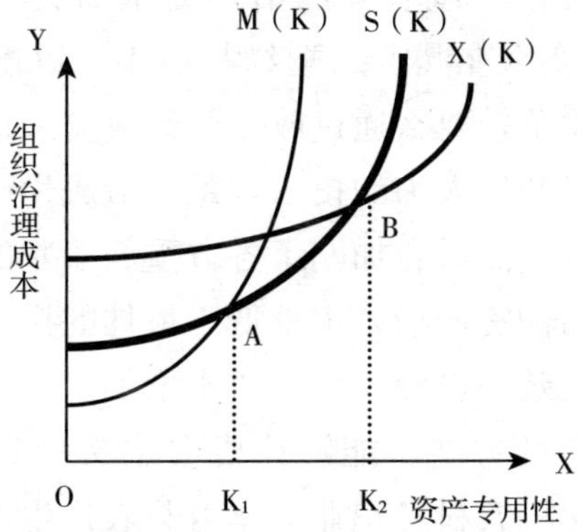

图 3-2　组织形式与资产专用性的关系

若双方资产专用性较小，即 $K<K_1$ 时，适合采用现货交易方式，则治理成本最低；加工厂商与经纪组织相比，或者经

① Fudenberg D., Tirole J. Capital as a commitment: strategic investment to determobility [J]. Journal of Economic Theory, 1983, 31 (2): 227-256.

纪组织与农户相比，资产专用性较大，即 $K_1<K<K_2$ 时，内部组织有优势，宜采用 S（K）方式，即通过企业制度的方式，进行垂直一体化的交易方式，治理成本最低；当加工厂商与经纪组织相比，或者经纪组织与农户相比，资产专用性大很多，$K>K_2$ 时，采用 X（K）方式，即混合方式的成本，治理成本最低①。

2. 纵向一体化：经纪组织的发展方向

市场合约天生的不完备性，使得合约的谈判、签订和执行很困难。例如，现实农户和企业间的合同履行不好，广西部分地区兑现率仅为 30%，江苏泰州地区情况较好，其订单履约率也仅占 60%，未来预期影响合同签约行为和履约行为②。如果采取传统现货市场或者契约治理的市场交易方式，克莱因（1992）认为，要么在既定的契约收益中，以削减投入、扩大可占用准租的比重，要么通过改变契约收益来达到寻求更多准租的目的。前者产生人为的投入不足，造成生产效率损失，生产成本随之上升；而后者加剧了各方重新谈判的交易成本。同时，为预防专用性资产投入水平低于最佳的投资水平，出现相对非专用性，低效率也导致生产成本增加。

纵向一体化的方式，能够让机会主义受到组织权威的督察。公司一体化将农村经纪业务本身与农户生产，或者农产品加工，纳入到一个统一的企业组织内，实行统一核算经营，通过企业权威关系的内部治理机制降低了交易双方的信息不对称程度，使无限次重复博弈替代有限次博弈，有利于双方合作；

① 江波，吴秀敏．农产品供应链垂直协作方式的选择——基于资产专用性维度的分析［J］．农村经济，2008（3）．

② 钟世和．改善履约率，进一步发展订单农业［J］．金融参考，2006（12）．

同时，受同一组织文化和管理制度等因素的约束，能够避免交易机会主义行为，保障高度专用资产，节约交易成本。

由此，纵向一体化是农村经纪组织的发展方向。具体一体化中，是经纪组织将农户一体化，还是企业将经纪组织一体化，下面逐一分析。

3. 农业大户牵头的合作社：与上游需求者间的纵向一体化

当农户与经纪组织都投入较多的专用性资产时，为避免沉淀成本，防止专用性强的资产准租消散，选择具有长期性质的合同方式或战略联盟方式，减少不确定性引起的专用资产损失的风险，最大程度地节约交易成本。如图 3－2 所示，当双方在资产专用性较强，即 $K_1<K<K_2$ 时，经纪组织就会积极引导农户采用合同方式或战略联盟方式，所费治理成本最小。

农产品安全的需要使得经纪组织加大对农户的投入，以致专用性资产增加。经纪组织通过与农户特别是规模种养户，签订农产品种养及收购协议后，为农户提供生产原料、技术服务、培训、选址及人力资本，避免了专用经纪资产的沉淀，社员不必担心销售和生产回报。双方专用关系的投资，保证了长期协作关系，使经纪组织和农户相互“绑定”。

资产专用性小的农户，对市场风险厌恶程度不同，采用的农产品交易方式也就有所差别。厌恶市场风险的农户，愿意接受一体化方式交易，但具体方式也有所区别。进入退出和业务运作方式或严格、或较自由灵活的、类似垂直一体化的各种经纪组织，就成为选择。现实常见的是合作社合资建设种养基地，农户以土地入社或劳力作为雇佣劳动力或股东入社，以此将合作社和农户的利益共同联结在一起。这样任何一方退出都会导致双方专用性资产的沉没，减少交易的不确定性和专用资产被“套牢”（hold-up）的风险。

资产专用性小的农户中，聪明自信，喜欢市场风险的那一部分人，厌恶一体化的权威命令，起初更愿意进行现货市场交易。随着这些农户资产专用性增加、交易更频繁，现货市场交易的缺点日益显现出来，农户费心费力，收益并没有想象中高时，就会反思、怀疑个体抵抗市场风险能力，加入合作社、旱涝保收的普通农户的轻松经历，开始吸引他们。抱团联合对抗风险的想法，促使他们建立或加入合作社和经纪组织，就成为必然。

农业大户为防止专用性强的资产准租消散，牵头成立合作社，是最好的证明。耕地面积越大，农业生产经营规模越大，越有利于农业生产性投资发挥规模效应，越需要增加农业生产性投资。刘荣茂（2006）等通过计量模型证明了家庭耕地面积每增加1亩，农户进行投资的可能性会增加25%。同时，农户的固定资产存量也与农户的现期生产性投资呈正相关。这些都证实了随着农户生产经营规模的扩大，农业生产性投资增加，扩大了的固定资产存量又会引导农户进一步加大投资力度；而专业化生产，对农用机械、化肥、农药等农业物质资产的使用，是针对特定农产品或一个生产环节设计的，几乎没有改做其他用途的可能，有较高专用性，从而进一步加强农业大户的资产专用性。

为防止专用性较强的资产准租消散，保证产品销售和正确的市场信息，农户自我销售积极性加强，顺便带动周边农户的生产和销售，将资产的专用性弱的一方整合在一起，通过采用组织内部的权威命令代替市场交易，既降低争夺准租金的机会主义行为的可能性，又减少双方合同条款内容的反复修改的缔约成本，由此牵头成立合作社，进入农村经纪业。例如，山东省有8.7%的合作组织完全是由农民自发兴办的[①]。

4. 厂商牵头的合作社：与下游需求者间的纵向一体化

经纪组织强调保鲜业务，无奈或有专门需求订单，才可能增加设备和人力资产等方面的经纪投资，与农业企业相比，生产投资专用性不强，不易被“套牢”，调配其他用途时，生产价值损失不大。

某类农产品加工的厂商，所需要的农产品一年生产一季到两季，交易时间集中性强，规模较大，经营主体较少，相对于农户而言，资产专用性很强，有很高的进入和退出壁垒；相对于个体经纪人而言，资产专用性较强，有较大的进入和退出壁垒；相对于经纪组织而言，资产专用性稍强，二者进入和退出壁垒差不了太多。

直接与数量很多的农户交易，交易频率高，不确定性大，签订合同后，谈判、签约、监督等成本较高，加工商专用性资产的“锁定”特质太强，阻碍了资产专用性准租的消散，造成与农户直接交易成本太高，不大适合采用现货交易；直接找寻个体经纪人，采用中介交易，加工商专用性资产的“锁定”特质较强，不利于资产专用性准租的消散，与个体经纪人交易的成本仍然较高；找寻经纪组织进行中介交易，因为社会上与加工商具有同等或更大规模的经纪组织并不多，加工商专用性资产的“锁定”特质虽然不明显，但厂商的资产专用性准租，尽

① 文启湘．农产品交易困境与对策：资产专用性维度的分析［J］．中国农村经济，2001（9）．

管不大，但仍旧存在。

如何避免和完全消散厂商的资产专用性准租，为企业集团代言，找寻和提供所需要的农产品，公司可以通过各种协议、或自己成立经纪组织或者其他方式，与经纪组织结盟内化在同一个企业集团，结成优势相长、风险共担的合作竞争组织，其实质就是采用企业一体化的战略联盟协作方式。由此，厂商牵头组建合作社，进入经纪产业。

5. 经纪组织：个体经纪人横向一体化

经纪人受个人经营领域、资产专用性投资规模的限制，无法扩大经纪规模，进入全新的行业领域。随着科技水平的发展，农村经纪市场范围的日益扩大，被信任的某个行业的经纪人，容易得到经纪交易双方，在其他相关行业的经纪业务需求，由此，就会产生在交叉行业的经纪业务，面对日益增加的重复经纪交易，个体经纪人会对未来交易产生长期预期。在专业领域、个人经纪资产无法及时提高的情况下，越来越多的农村经纪人因为交叉行业的经纪资产专用性程度较高，主体间存在较强的依赖关系，相互合作愿望和要求强烈，由此，不同的、但相关行业的农村经纪人，为加大同一种农产品、或者同一农业生产阶段双方经纪业务联系的紧密程度，使经纪业务做大做强，农村经纪人选择横向一体化，成立经纪组织如经纪公司，从而减少农村经纪运行成本，增加公司利润，促使农村经纪组织得以发展。

3.1.5.3　农村经纪产业主体的效率比较

农村经纪产业主体，形式各异，拥有和使用的专用经纪资产也有所区别，由此导致不同的组织效率。其中，农业专业合作经济组织，难于管理，就少；农村经纪人，规模虽小，自我管理容易，就多；其他经纪人组织容易发生转化。下面就直接列表 3－7 得出结论。

表 3－7　农村经纪组织形态及其效率比较

组织形式	农村经纪人		专业协会	合作社、经纪公司
	非法农村经纪人	合法农村经纪人为主		
时期	1992 年之前	1992—1998 年	1998—2005 年	2005 年之后
核心资产	经纪人力资产	经纪人力、物质资产	经纪物质、组织资产	经纪人力、组织、物质资产
凝聚方式	佣金	佣金　身份	佣金、协会契约	会员制度 入会费
业务能力	很小	小	较小	中等
信用程度	差	不高	一般	高
抵御风险能力	较低	低	一般	较高
资产专用性	极小	小	较大	大
专用资产投资领域	不固定	熟悉的农产品	某个生产环节、阶段	某种农产品整个生产经营链条

当前，中国的农村经纪还是多种主体并存的格局。个体经纪人灵活性强，诚信差，不易管理，专用性经纪资产投资少，自我保护专用性准租金不被侵蚀的意识和能力较强。协会以及中小型的农村经纪公司数量众多，其经纪资产更多地集中在某个生产环节或者生产阶段，具有地域优势，与当前的国情相适应。事实上，据中国科协 2002 年的调查统计，农村各类专业技术协会达 9.2 万余家，拥有会员约 660 万人。其中县级农村专业技术协会有 8.2 万家，占协会总量的近 90%，拥有会员 595 万人，占会员总量的 90%以上。

经纪专用资产投入的增加，合作社以“农户集体”的身份采用“一体化企业组织替代市场组织形式”的合作社，时刻关注、发现和解决链条内的问题，分担链条内风险和安排剩余索取权，通过保护价收购、利润分成以及不同的契约期限等方式，降低链条内农产品交易频率、减少农产品交易环节和交易成本，化解农户直接进入市场的风险，高效率地协调了农产品加工企业与诸多分散农户之间的交易合作关系，加强交易关系的约束力，确保农产品加工企业与农户之间关系稳定，由此结成的长期稳定的合作伙伴关系，促进了合作绩效的激励效果，使得农业供应链的利益设计更加有效，协作作用更强。

合作社投资一般针对几种农产品的整个生产经营链进行，经营体系完善。经纪专用性资产本身是很多人力专用性资本的加总和设施专用性资产及品牌资产的加总，无论在范围还是数量上都比个人专属的人力专用性资本大得多，其专用性资产转移的高成本，使其在产品市场中必须遵从重复博弈①，自我限制机会主义行为，由此组织诚信度高，抵御风险的能力强，是农村经纪组织形态发展的主要方向。合作社等经纪组织，专用性经纪资产投资多，虽然能力机制比个体经纪人强，在具体经纪业务上需要专用性人力资本对农民生产监督，但在专用性准租金不被侵蚀的保护意识方面不如个体经纪人。

农村经纪公司拥有私人企业开放式治理及以此为基础的信誉机制。在市场上即便与农产品需求者针锋相对，造成合同签订前的不确定及签订后令人吃惊的结果，出现战略不确定，只要农村经纪公司不破产，农户不会由此受到太大的影响，而农村经纪公司反而由此学到一次教训，为其更好的发展成长、为市场效率的大幅度提高，打下基础。

---

① 牛德生．资产专用性理论分析［J］．经济经纬，2004（3）．

3.2　交易信息的不确定性与农村经纪产业发展

3.2.1　农村交易市场的信息特点

1. 农村市场信息的复杂多样性

农村市场信息既涉及宏观政策方面的内容，如与农业发展有关的自然信息资源，也有与国家经济发展有关的经济信息资源，还包括具体的农村商品信息，信息复杂多样。

2. 农产品信息的多维性

农产品信息有价格、质量、安全等方面的属性。每种属性的信息，又有真实的、对外发布的、顾客搜索到的及顾客真实消费的四个范畴的信息，农产品信息呈现多维性。

例如质量信息，土质、水分、日照时间不同，同种农产品，如水果口味、大小、色泽、安全性有差别；出售者在掌握真实信息的基础上，有针对性地放大或缩小，吸引新顾客的初次消费及老顾客的重复消费，造成消费者对农产品质量识别存在人为的差别。

3. 存在大量的隐性信息

市场发展的不断深入，可选择和可获得的信息量更大，内容更加丰富多样，信息选择迷茫性增加，单一信息无法成为直接决策的信号指示，如果要做出正确的信息判断，必须要突破决策工作中人们的认识、思维和关注的限制，全面整合内外部信息、历史现实和未来趋势信息，由此，隐性信息大大增加。农村市场隐性信息更多，以致于农村劳动力转移就业不力而闲置，需要的农业技术没有，推广的农业技术又不需要。

4. 农产品的瞬时资产专用性，强化了信息掌握的有限性

农产品鲜活易腐，具有强烈的瞬时资产专用性，限制了农

产品跨区域和跨季节的及时调节，农户不能及时准确地收集和传输农业信息，用以指导生产，导致农产品供应具有更多的风险。同时，农业信息的收集成本，并不会因为农户购买数量的多少而变化。农产品品种分散、数量一般较少，每次购买所需要的金额不高，会出现收集信息的边际收益不大于甚至小于边际成本，农户收集信息就显得得不偿失。因而，收集信息的积极性就不高，对农产品的购买涉入度不高，只能掌握有限的农产品信息。

5. 农业信息总体需求较高

信息有利于交易完成。为成功实现交易，农户对信息需求总体很高。

本书以泰安市良庄镇陈宣洛村、粥店办事处后陡山村、西张村 3 个村为样本，随机抽样调查农户对待信息的需求种类和使用情况，发放问卷 231 份，回收有效样本 223 份。调查显示：农户信息需求宽泛，其中，惠农政策、病虫害防治、务工、农村供求、特色种植、市场预测方面的信息，是农户迫切需要的信息。具体情况见图 3－3。

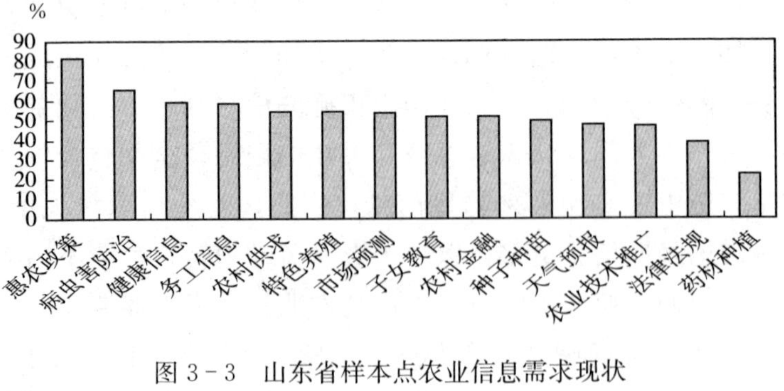

图 3－3　山东省样本点农业信息需求现状

泰安市三个村农民获取信息的途径中，广播电视占82.7%以上；其次是随处张贴刷写的广告及亲友乡邻之间的口传身授，占44.6%；农技推广站和政府机构，占35.7%；农村带头人和合作社占29.7%；科委科协、大学和研究所占16.8%；通过互联网络获取信息的占13.2%；图书报纸占10.1%（见图3-4）。

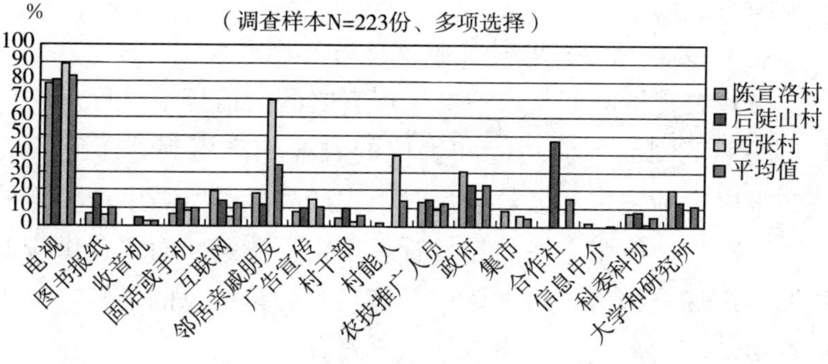

图3-4 山东省样本点农业信息需求的渠道

6. 农户的信息化程度相当低

中国农户生产规模小、经营分散、文化程度低，日常获得的信息以报纸、广播、村支书的宣传等常规方式为主。农户缺乏信息意识和利用信息的自觉性，大多数农民因为网络成本和计算机硬件成本相对较高，很少使用。根据2009年1月第23次中国互联网络发展状况统计调查表明，中国互联网农村用户只有8 460万人，农村的互联网普及率仅为11.6%；同时，中国农业信息采集渠道缺乏整合与规范，采集的信息标准化程度不高，影响信息的准确性、权威性；直观反映的信息较多，为领导服务的信息较多，而真正指导农民生产的适用信息较少。例如泰安后陡山村农户，大部分从合作社里了解科技信息。西张村相对闭塞，外出务工人员较多，亲戚、朋友、邻居是获得信息的主要渠道。

3.2.2 信息不对称成为制约农村市场交易发展的关键因素

中国农村商品生产和流通各环节牵涉到农户、各类农业企业，甚至政府主管部门，所需商品千差万别，农村市场存在大量不确定信息。

1. 信息不对称在农村交易市场的表现形式

（1）农资供应商与农产品生产者之间的信息不对称。农户对市场上不同品牌、功能和价位的农业生产资料，了解不完全，难以正确决定。多数农户对于农产品生产所需生产要素的种类、数量、使用方法及技术管理规定不清楚。而农资供应商长期在市场上销售，对农资市场信息和政策信息的了解，比农户更多，与农户之间，出现信息不对称。

（2）农产品生产者与农产品经营者、消费者之间的信息不对称。农产品除了受自然条件的影响，更受人为因素的影响。如品种的选择、培育、化肥、农药的施洒、种植或饲养的方式、疾病的检测及防治水平等。农户生产行为成为决定农产品质量的关键。市场交易时，农产品经营者和消费者只能通过农产品的外观、颜色、新鲜度等外在特性判断质量，无法了解农户的具体生产行为。农作物化肥、农药施洒、种植饲养方式、对疾病的检测及防治水平等情况不清楚，这些方面也构成了农产品隐藏的内在的质量信息。农产品生产者与经营者、消费者之间，出现信息不对称。

（3）生产经营者与消费者之间的信息不对称。生产经营者与消费者在进行交易时，他们对于农产品质量信息把握是截然不同的。比如，加工企业知道其产品加工过程中的添加剂使用情况，而消费者就不知道；批发市场和零售市场上的商贩知道其产品在储运和销售过程中是否卫生和安全、是否受到二次污染，消费者也不知道。农产品尤其是食用农产品，属于后验性物品，即只有通过使用才能准确地了解产品质量安全，甚至食用后也未必能够精确认定其产品质量安全，造成生产经营者与消费者之间的信息不对称。

（4）政府与农产品流通环节各主体之间的信息不对称。农产品种类繁多、生产分散、缺乏标识，目前检测检验成本，检验高技术相对落后，政府不可能对农产品完全监管。农业部门负责自己的管理内容，多利用互联网或专业报刊向外传递各种农业政策信息。农村信息网络不健全、政府农业信息的传递面窄、实效性差，使得农户很难及时有效、全面了解相关信息，甚至不知道国家农业扶持的优惠政策，存在信息不对称。

（5）劳动力交易市场中的信息不对称。劳动力市场的信息不对称，使企业找不到所需要的劳动力，所招聘的劳动力不合适；剩余劳动力不知道自己适合干什么工作，所干的工作又不适合自己，劳动力市场成为柠檬市场。

2. 信息缺失（信息不完全）在农村交易市场的表现

信息缺失不同于信息不对称，指信息流中缺少某一类信息或没有某一类信息，信息不完整，出现断流，导致信息缺乏。目前在农村存在，特别是西部与外界联系少的偏僻村庄，农户缺乏获取有价值信息的相关设施与途径，信息缺失现象严重。

农村交易市场上，信息缺失主要表现在以下几方面。

——农用物资的信息缺失。科技发展，新型、先进的农用物资随之出现，这些物资市场销售的流通空间扩大，流通时间难以缩短，从而强化了相关信息的缺失。农民无法及时了解这类农资产品，不知道哪种农用物资性价比最好，减少了农民增收的机会。

——农产品市场信息缺失。农民缺乏对市场真实信息的确切了解，无法判定具体的发展致富项目，盲目调整农业生产结构，难以种植具有市场前景的农产品，无法增收。

——农业技术信息缺失。不知道相关的养殖专业知识和技术指导，不了解最先进的物流技术和信息，导致大量适用的技术不能得到使用，不能提高劳动生产率，中国果蔬产品运输损耗率高达25%～30%，是发达国家5倍之多，增加了农产品的储存和流通成本。

——农产品进出口信息缺失。农产品生产者在农产品对外贸易过程中，不了解出口国对有关农产品安全标准及相关信息，出口产品质量不达标，造成产品质量信用缺失，使农产品出口大量受阻，给中国出口农产品造成了极大的损失。

——劳动力信息的缺失，大量的农村剩余劳动力，不了解劳动力市场所需要的人才，无法转移；而中小城镇无法获得所需的农村劳动力，出现“民工荒”。

3. 败德行为：信息不对称导致的经济后果

（1）无法交易——（违约，违约）的纳什均衡。交易中均存在信息不确定现象。市场中拥有信息的授信主体，通过欺骗能带来收益，有道德风险的动力；信息不足的受信主体，为争取赢利机会，耗费人力财力全面调查信息真实性，增加签约前确定交易对象的费用；签约后授信方为保证受信方恪守约定，花费监督考核费用，同时为防止假冒伪劣产品，对商品标签、广告、品质的详细考核费用，及违约纠纷中受损方追缴利益花费的诉讼成本，成为信息不确定所造成的正常的交易成本和交易风险。更严重的是，信息不确定会导致交易者因惧怕高额交易费用而放弃交易，具体请看支付矩阵（见表3-8）

表3-8 信息不确定下交易博弈矩阵

		乙	
		守约	违约
甲	守约	(10, 10)	(−10, 20)
	违约	(20, −10)	(0, 0)

从表中看出，一方面假定对方守约、自己违约，收益就会最大；另一方面，由于交易双方不了解对方的信用品质，一般都倾向于认为对方可能违约，于是都可能作出“宁叫我负人，不让人负我”的选择，交易博弈就会出现一个（违约，违约）的纳什均衡。

信息商品价值的不确定性和随机性，使得在最难的交易——现场信息交易中，买卖双方对交易价格常有争议，授信方希望先拿到报酬再说信息，受信方则希望授信方先告诉信息再决定给报酬与否，但受信方担心付出报酬后，所买到的信息对自己没用或者信息不完全，不值这个价格，授信方同样担心信息告知后拿不到报酬怎么办？在这种情况下，交易双方无法获得可观察和可证明的信息，无法达成交易。

（2）劣货驱逐良货。如果真货与假货、优品与次品不容易被消费者辨清，出现信息不对称。相对于假货和次品，真货、优品的生产成本高，盈利少，处于劣势，真货、优品的生产减少。在外力约束不力、消费者无力辨别真假的情况下，就出现劣货驱逐良货。由于信息的不完全与不对称，交易双方要承担一定额外损失的风险成本的可能。如果交易方选择得好，则风险成本低，而如果交易方选择得不好，则可能会使跟踪服务退、换货等成本升高，因此选择一家信誉高的经纪人或者经纪组织，就可以降低风险成本。

（3）某些农产品供应不足。信息不对称势必造成劣驱逐良，导致消费者拒买或少买的行为选择，必然会使农户担心生产出来的产品没有市场，投入得不到应有的回报，造成这些产品的供应不足或缺乏供应。产品的研制、生产所需投入越多，而被假冒、伪造的可能性越大，农户就越不愿生产这类产品，这类产品也就越可能出现供应不足。

（4）某些农产品需求不足。消费者可能因为信息的缺乏，买到质次价高的假冒产品、劣质产品，也可能因为价格低而把优质产品认为是劣质或假冒产品，不能够正确地确定农产品的质量，为了最大化地获取利益和减少损失，就会拒绝购买所有同类商品，减少交易量。信息不对称的结果，造成一些农产品需求得不到满足。

（5）某些农村市场的发展受阻。交易双方的信息对称是市场公平交易和公平竞争的前提条件之一，如果信息不对称，信息优势方就会利用其信息优势欺诈对方，施行不公平交易行为，损害对方的经济利益。而信息的弱势方则会因信息弱势做出不合理的经济决策，从而降低某些农产品的需求和供给，从而阻碍了这类商品交易市场的发展。如口蹄疫的爆发，消费者对所有的牛肉食品的购买都有所减少，导致肉牛和奶牛业养殖锐减，市场萎缩。如劳动力信息的不对称性，使得珠江三角洲和长江三角洲在 21 世纪初，出现较为严重的“民工荒”，企业急切需要大量的民工，而大量剩余劳动力待在农村。

4. 搜寻鉴别信息困难，容易受到机会主义危害

农村人口居住分散，基础设施落后，信息传递不便，单个农户搜寻信息的成本高，交易风险和不确定性大，效率低。家庭经营加剧了封闭性，农户鉴别能力差，对获得的信息难以从整体上把握，作出理性权衡，难免造成生产购销失误。尤其在销售环节，由于农产品用途的专用性和时间上的不易存储，致使在谈判控制价格方面，农户明显处于劣势地位，被迫成为价格的接受者。

5. 实证研究——安全农产品和农用物资市场

安全农产品和农用物资市场发展缓慢，是信息不对称的结果。与别的农产品不同，安全农产品需要增加生产环节，使用安全高价农资和无污染的土壤，应用安全储藏技术，及产品的检测和认证。由此，安全农产品成本增加，国际市场上绿色食品的售价一般比同类普通食品高30%～100%①。

在实际的农产品交易中，具有信息优势的一方，从事机会主义行为的可能性大。掌握着安全信息的一些农户和农村生产资料供应商，清楚农产品质量和成本，针对目前简单快捷的农产品检测手段的缺乏，在报纸、电视和电台等媒体，发布诱导性广告信息，对只有部分环节达到安全农产品生产标准的农产品和农用物资，进行炒作和误导；安全农产品的消费者，作为信息弱势的一方，无法像购买其他商品那样，在短期内知道农产品中可能存有的激素、抗生素、农兽药残留、病菌含量、化肥使用残留量等商品信息，不能全面、准确地做出质量判断和

① 吴志冲，季学明．经济全球化中的有机农业与经济发达地区农业生产方式的选择［J］．中国农村经济，2001（3）．

识别，以偏高的价格购买那些名不副实的“安全”农产品。同时，绿色、无公害和有机农产品鉴别技术和成本过高，消费者的需求减少，农户为防止损失，没有生产积极性，自动降低高质量、安全农产品的生产，出现“柠檬市场”效应。事实上，许多被国家法律保护的原产地名称产品或著名品牌农产品，往往被假冒，导致产品的声誉受损，成为名牌农产品经营的痛处所在。

6. 结论：信息不确定是制约农村市场发展的关键因素

农村商品涉及的类型和专业领域广泛，农产品的生产过程相当复杂，所用的农用物资太多，农业生产中的许多隐蔽生产、加工工程难以让使用者查看到。政府对农产品安全和质量监控力度有限，农业部、卫生部、质检局、进出境检验检疫局四部门，负责不同环节，衔接性不强，只能做到按季度抽查或必要的应急抽查，无法对农产品全面检验，实际提供的信息少。因此，信息不确定在农村市场交易中普遍存在，成为阻碍农村市场发展的关键因素。

3.2.3 信息不确定性与农村经纪人的市场需求

3.2.3.1 信息不确定性与农村市场交易类型

由信息不确定导致的直接交易，在农村市场上主要有以下三种情况。

第一种情况：信息不确定性较小，市场直接交易顺利成功

上游的农户需要买进农业生产资料或卖出农产品，而农产品下游加工商想要购买这种产品，两个人都花费一定的交易成本，由于信息不确定性较小，市场随处可见这些可解读和可传递的信息，不需要农村经纪人，就可以找着非常合适的交易双

方。事实上，市场信息瞬息万变，找着合适的交易双方，是不大容易的，这种可能性很小。

第二种：信息不确定性较大，市场直接交易花费虽大，但最终成功

农业信息服务的找寻和交易很多，信息不确定性较大。产前购买农业生产资料，产中找寻相关农业机耕、植保、排灌及技术服务，产后鲜活易腐的农产品需求的常年性、普遍性和总需求弹性小等特点，使得农产品交易无处不在，必然导致较高的平均成本和交易费用；同时，中国农村市场发育不平衡，信息较为闭塞，发现交易伙伴、维持合同关系成本极高，限制了市场交易的范围，增加农产品销售和上下游双方直接在市场上交易的难度。农产品供应商找不到合适的销售商，而有农产品需求的销售商也不知道存在这样的供应商，造成农民愁销路，商家忙采购的状况（杜小芳，2004）。

上游的农户买入或卖出与农业生产相关的物资，农业企业要购买这种产品，信息不确定性大，但二者花费大量费用后，找着合适的信息，获得成功，如在产地批发市场、或者全国性的知名农贸市场。事实上，这种市场交易花费了较大的成本，即便交易成功，收益也不高。这种交易一般适合两种情况，一是交易批量很大；二是小批量特殊农产品的需求，没有第二个选择、必须交易。目前这两种情况在农村市场上都不常见。

第三种情况：信息不确定性太大，直接交易失败

信息不确定性太大，农户信息收集手段落后、信息沟通渠道缺乏，信息源少、信息搜寻、处理、传递和利用能力不足，信息拥有量较少，很难找到所需要的农产品，两者无法形成交易，如果强行直接交易成功，上游需要卖出产品的农户和下游

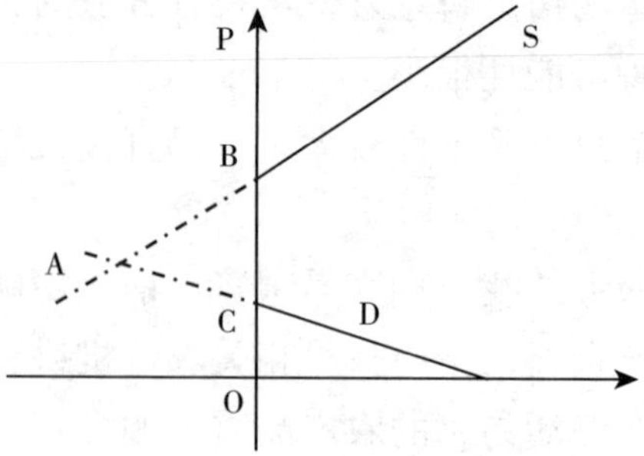

图 3-5　不确定性大、直接交易的供需曲线

需要买进农产品加工商，双方为获得真实信息，需要付出很大代价，交易甚至出现逆向选择行为，极端情况下会导致市场交易的全面萎缩。具体的例子，就是高质量农产品市场的缺乏。

面对所需产品的需求和供给，如果交易信息不确定性太大，直接进行交易，是无法相交的，如果强行交易，农产品的需求者需要花费大量的交易费用。销售农产品的个体为更好地卖出农产品，也需花费高额的交易成本，由此造成大量的交易费用的浪费，造成负的社会福利。表现在图中就是供给曲线和需求曲线，在第二象限内，出现反向相交，由此出现负的生产剩余，造成社会福利的损失，表现在图 3-5，就是三角形 ABC 的面积。

由此得出：信息爆炸的时代，信息不确定性越大，市场直接交易成本越高，直接交易成功就越罕见。要想交易成功，需要改变交易方式，间接交易需求由此增加。

3.2.3.2　第三方专门组织——农村商品间接交易的市场需求

中国目前农村市场系统不完善，农副产品批发市场为主，有 4 862 个，大规模批发市场 2 000 个，大部分农产品交易以传统的直接流通贸易为主。改进农村交易市场信息的不确定性，实现帕累托改进，仅靠事前披露和事后证明的解决方法是不充分的。农村市场的发展，更需要间接交易方式。引入双方都信任的第三方专门组织，就成为必需。

第三方专门组织要有足够的信息传递管道，能够传递并且得到甄别信息，并发出信号，使授信方证明自己的商品质量类型与信息类型，与买者认同的有关于商品类型的信息是一致的，提供受信方需要的信息类型，农村信息的索要价格合理，信息质量高，个人无欺诈行为和不当得利，发掘交易中的私人信息，使之变为公共信息①。具体作用如下：

——具有信息传递和搜寻的专业优势。将信息输送给农户，能克服信息收集过程中的盲目性、随机性，避免农户对分散的农业信息重复搜寻，减少信息搜寻次数，能够降低信息不完全、进行某种交易所应付出的风险成本，如减少与这些声誉较差的企业交易的机会，使其获得进行其他活动的收益，提高信息搜寻效率，节约信息搜寻费用。

——正确引导农村商品的购销流向。根据价格信号协调买卖双方的交易活动，通过高素质的统计和经营决策，从整体上把握市场信息的变化，便于运用对市场的超前性预测去消解农业生产的滞后性，提高交易双方的经营决策质量，减少交易不确定性。

——组织的公正性。第三方组织存在，能独立公正地解读和传递信息，交易成功。若交易双方交流不畅，易导致交易失

① 姚遂，陈卓淳．不对称信息的交易成本分析［J］．石家庄经济学院学报，2007（3）．

败。现实中成果转移失败比例高达 87.5%（胡昌平，2002）。若双方事后诉讼，第三方组织作证，交易信息可观察和可确证，双方利益得以保证。

3.2.3.3 强化第三方组织公正性的信号显示机制

强化第三方组织的公正性，须有明确的信号显示。根据丹尼斯·卡尔顿的《现代产业组织》理论①，这些信号显示表现在以下几个方面：

——担保或者保证。只有通过可信的担保和保证才能向消费者传递信息，让消费者相信，将来能够找到销售者，并让其兑现担保价值。虽然，事实上只有 4.8%和 14.8%的人在购买前仔细研究担保保证（Crocker，1986）。通常，仅当产品寿命不很依赖于消费者的使用方式时，提供担保，避免消费者不小心使用造成的产品短命，出现败德行为。

——标准和证明书。标准是评价某一特定产品质量的等级，保证品牌间的一致性；证明书，是某一特定产品或者超过某一标准的给定水平报告，专业人员执照、药品的有效期限、产品的检验证明以及最低质量标准，行业标准必须有。例如，职业证书能显示劳动力质量和素质的高低。要全面考虑标准效果，以免信息退化，不利于竞争。

——声誉。成本低的交易经常出现在：与同一消费者、厂商常做交易的、市场频率高的市场，此时，声誉容易建立；农产品品种少见，专用性资产强，相对于上边的农产品具有的信息披露少，搜寻、签约和执行合同的成本高，声誉不容易

① 丹尼斯·卡尔顿．现代产业组织（下册）[M]．黄亚均译．上海：上海三联书店，1998：825.

建立。

——专家证明。通过专家的权威身份和行业内的个人声誉，让消费者确信信息的可靠性。劳动力经纪人通过职业介绍所的职业鉴定师的专家身份，给农民进行简单职业方向确定。农产品认证等方面的证明，能够给消费者可靠的信息。

3.2.3.4 经纪人——职业性很强的第三方组织

1. 经纪人——中国农村最适合的间接交易方式

（1）适合中国农村商品交易的现实。采用间接交易的第三方组织，有中间商、批发商和经纪人。中国农村地域广阔，农户居住分散。中间商组织采用传统店面，难以有效地推广产品，连锁店投入过大，商店经营种类受限；批发商多集中在批发市场，很少下基层，多与农业大户交往。农村经纪人作为企业代理，利用个人威信，作为销售终端，能打消当地农民对产品的疑虑，帮助企业完成低成本的营销，缩短推广时间；同时，经纪人代表农民销售农产品，能提高价格，确保农户收益，促使农产品从乡村到城市，以及农村生产生活用品从厂家到农民的双向流动，成为中国农村最适合的间接交易方式。

（2）经纪交易行为，能够降低交易成本。经纪人工作区域相对较小且集中，工作自由且多为兼职，不影响务农。农村经纪人的收入，来源于企业，而非农民，工资成本较低并和销售量挂钩容易量化。农民得到的是放心低价的产品，和省心顺畅的农产品销售渠道。农资和生活用品生产企业，得到的是大宗的采购，和销售成本的大幅度降低。

（3）上门服务的经纪交易特性，提高了间接交易的优势。店面经营是被动地等待上门来购买，农村经纪人优势是主动出击宣传，提高了间接交易的优势。

（4）降低交易合约的不确定性。交易合约中，容易出现较大的不完全性，例如农产品名称不明确，计量单位不准确，质量标准不具体，产品包装不规范，价格不合理，交货时间及地点不确定以及各自应承担的风险、责任等约定不清，为合同履行埋下隐患。合同标的价格以市场价格或者保护价格的形式出现，很难反映价格风险的承担问题。中国农产品价格波动较大，当市场价格高于合同价格时，农户有可能见利忘义，自行销售；当市场价格低于合同价格时，需求方可能不履约或故意压级压价收购。经纪人通过多年专业服务品质和信誉，确保合同运行的效益，增强交易合约的确定性。

2. 经纪人具备降低农村市场信息不确定性的行业需要

（1）积累和掌握市场交易双方信息是经纪人的业务需要。经纪人对专门知识的投入，使自已掌握信息的完备程度远高于交易双方，具有信息优势。即便日常交易合约，农产品名称、计量是否准确，质量标准是否具体，产品包装是否规范，价格是否合理，交货时间及地点是否确定等，经纪人一清二楚，以低成本和高的准确度完成经纪业务。

（2）强化信息准确性是经纪人的职业要求。社会分工的细化，市场竞争加剧，企业专业化的趋势越来越大，企业间信息不对称越来越大。经纪人自身职业发展，既替代企业的某些功能，如收集信息、采购、评估企业等，提供专业化的服务，对信息的收集、评估、传输，使得市场上的信息得以充分交流，使某些虚假信息浮出水面，监督、记录了市场行为，规范了市场，弱化了信息不确定带来的后果。

3. 经纪人——满足农村信息市场需求的第三方组织

农产品经纪人作为中间人，能够从事经纪业务，主要依靠是个人的声誉。经纪人对侥幸败德行为的担心，害怕从业资格被取缔，会影响个人在本地区和周边地区声誉，由此，注重在经纪工作中的公正性。

农村经纪人持证上岗，受所在地区的税务和工商部门的管理，事实上的经营许可证，由此成为由国家进行担保和保证的市场正规组织。而先付押金，交易完成后再支付全额经纪费用的支付程序和佣金的获取，不同的经纪标准是明确确定的，也是交易方和经纪人具体协商而定的，再次强化了行业组织的正规性，能够获得消费者的认可和信任。由此经纪人部分替代了供销社的职能，成为农民信任的第三方组织。

事实上，间接交易中，第三方组织通过获得合作博弈中的收益，攫取信息本身的经济价值，就随着诱致性制度的变迁[①]，逐步发展成熟悉中介业务、具有谈判签约技巧的职业。对于需要农产品的购销双方而言，专门靠行纪、居间和代理的经纪人，能够解读和传递农村市场所需要的信息，满足了农村信息商品的市场需求，成为间接交易中职业性很强的第三方组织。

4. 农村经纪人介入的经济学意义

经纪组织以自身专用性资产的加总作为信用担保，向目标客户显示产品为合格品的信息，减少了最终产品交易的信息成

① 姚遂，陈卓淳．不对称信息的交易成本分析［J］．石家庄经济学院学报，2007（3）．

本，一定程度上避免了由于信息不对称所引致的逆向选择。从而成了信用的载体①。农村经纪组织通过自身业务，为市场交易双方穿针引线，改善农户的谈判地位，降低农产品需求双方的市场风险，增强了农户对农业专用性生产投资的信心，成功解决农产品周期性的瞬时专用性与市场需求持续性之间的矛盾，提高了农产品交易的效率，增加了社会福利，是对市场经济条件下农产品市场的帕累托改进。

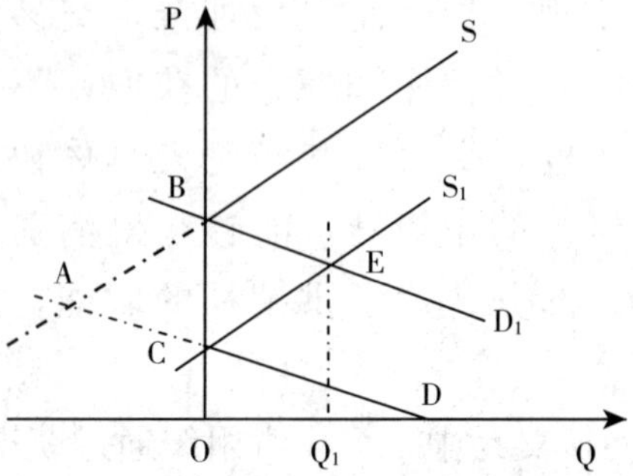

图 3-6　有经纪人的市场供给需求曲线

农村经纪组织的存在，促使农产品市场需求曲线向上移动，同时促使农产品的生产供给曲线向下移动（见图 3-6），由此农产品市场的供给曲线和需求曲线就能正向相交，解决了农产品的销售和购买，又为他们节约大量的交易费用，形成正的社会福利。表现在图中就是，供给曲线 S 下移到供给曲线 S_1，需求曲线 D 上移移向了 D_1，二者相交 E 点，农产品的供给需求产量为 Q_1，出现正的生产剩余，社会福利得以增加，

① 毛蕴诗．资产专用性与交易成本节约——论企业是信用的载体［J］．经济经纬，2007（3）．

增加的社会福利在图中就是三角形 BCE 的面积。只要供给曲线和需求曲线相交于纵轴上的任何一点，只要△BCE＞0，农村经纪人存在就有意义，就能获得正的生产剩余，带来社会福利的增加。

3.2.4 信息不确定性与各类经纪人的产生

3.2.4.1 农村劳动力经纪人

1. 农村劳动力经纪人产生的动因

日益增加的农村剩余劳动力，迫切需要转移。73.21%的农民工，他们外出务工收入成为农民家庭收入的绝大部分[①]，农村剩余劳动力转移的需求，使其成为劳动力主要供给方。不断深入的城镇发展建设和农村二、三产业发展，需要招收大量的廉价劳动力，由此，农村劳动力的需求方和供给方同时出现。

劳动力供给方——农民，受现行户籍制度、城市用工制度及社会保障制度的制约，农民外出务工成本较高。农民适合的那些以使用低技术、廉价劳动力为主的企业，大多经营环境恶劣，工作安全保障性差。外出务工的农民，为确保收入与支出合理，工资不被拖欠、工作安全保障性较好，就需要帮助，找到合适的工作。

劳动力需求方——企业，面对“用工荒”，强化了使用低技术、廉价劳动力需求，但35.16%的企业需要对农民进行职业培训。农民工在城镇务工、户口却在农村，他们的工作生活及住所，随着务工场所的变化而改变，具有较大的流动性，管理起来比较困难。此时，劳动力需求方面临一个问题：如何找

① 张戈．农民工生存状况调查［J］．浙江人大，2005（1）．

到技能合适、管理起来又比较容易的劳动力。

面对农村劳动力市场的特殊性，为富余劳动力转移以及急需合适农民工的用工方，满足劳动力市场供求双方的不同需求，牵线搭桥，提供居间或者代理服务，并收取中介费的农村公民、法人和其他组织机构——农村劳动力经纪产业，就这样产生了。

2. *农村劳动力经纪人的主要职能*

一是为劳动力供求双方牵线搭桥。目前中国每个农村劳动者的劳动量每年不足 80 个劳动日，剩余 200 多个劳动日的闲暇，约有 1.3 亿剩余劳动力长期无业可就，转移需要帮助和指导。农村劳动力经纪人，清楚劳动力市场的供求状况，联系渠道比较广泛，就业门路宽广，能够为劳动力供求双方牵线搭桥，为用工方输入工人，满足城市用工需求，帮助农民找寻到合适的工作，满足其工作的需求。

二是可增加农民收入。农业劳动力的转移，提高了农业劳动生产率，间接推动了农民收入的增长，据专家估计，若能够使农村人口减少 30%，在其他条件不变化的情况下，农村人口平均收入可增加 20%～30%。因此，发展农村经纪人队伍，能帮助农民增加收入。

3. *农村劳动力经纪人的主要表现形式*

（1）职业介绍所。职业介绍所是正式的劳动力经纪组织，提供居间和行纪业务。其职责：①向求职者和用人单位提供劳动力择业、就业、应聘、聘用、管理等，提供咨询服务；②对求职者做好就业指导；③引导招聘，正确确定用人标准；④负责劳动力转移管理、失业管理和就业训练方面的工作联系，督促用人单位办理录用登记备案和社会保险。

职介所规模较大，信息服务的网络化和组织化更强，公正性更强，信息资源来源广泛，拥有政府部门对劳动力供求的确切信息，劳动力经纪服务范围和空间更大，拥有组织优势。目前，中国专业职介所有3万多个，目标顾客多样，既有农村劳动力，也有城市中低层居民，还对妇女、残疾人、少数民族和转业退伍军人提供职业指导服务。

（2）农村劳动力经纪人。农村劳动力经纪人以个体为主，目标顾客单一，主要是农村劳动力，服务范围空间小，信息服务没有形成网络化和组织化，有工头和农民工经纪两种。农民工经纪是专职提供行纪和居间经纪服务，工头是仍在企业兼职的农民工经纪。

中国劳动力市场信息不健全，农民对未知城市不信任，信任那些在外闯荡、能为自己推介工作的、有地缘血缘关系的“工头”（赵树凯等，1990），同时，工头与农民工利益相通，一起共事、未来联系较多，成为农民工“自己人”，主动保障农民工在外的利益。袁岳（1990）发现北京农民工组织中，几乎所有农民工都围绕着工头生活着。工头利用与企业及农民工的信息沟通渠道，成为企业与农民工招工网络的中介（见图3-7）。“民工荒”的深入，强化“工头”专业人力资产，无法兼职，成为专职的农民工经纪。

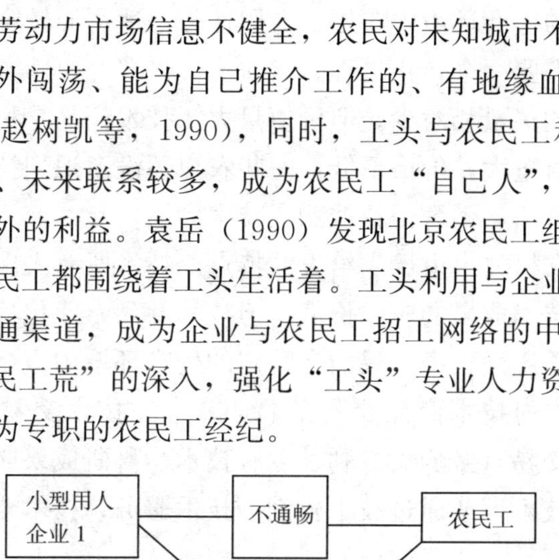

图3-7 企业、农民工经纪和农民工的联系

农民工经纪个体自由，受约束少，基本不收取培训费用，充满了人情味，出外还能够抱成一团，更值得农民工信任，所以较受青睐，发展速度较快。

3.2.4.2 农村技术经纪人

1. 农村技术市场的特征催生了农村技术经纪人

（1）农村技术市场需求方的特点。

——技术潜在需求量大。农村技术商品的应用，效果明显，相对投入而言，科技投入少物质产出大，能为使用者创造大量财富，农户对科学技术商品需求日益增加。

——技术商品需要转化。农业技术是复杂劳动的产物，只能在特定的生产环境中应用，专用性强，适用面较窄，要变为生产力，需要一个转化过程。

——购买量相对少，但价值量大。技术商品是科技研究的结晶，价值量大，价格不低，一些农户还没意识到技术商品的实际应用价值，不舍得花钱购买技术商品。

（2）农村技术市场供给方的特点。技术所有人出让技术商品，实现技术成果的应用价值，但技术商品专业化程度高，专用性强，适用面狭窄，只能在特定的生产环境中应用。

（3）农村技术商品交易的特点。——技术交易的方式较多。技术交易有：购买专利、专有技术、科研成果或购买设施附带赠送技术，或通过技术咨询、技术服务、技术合作、技术入股等，交易方式多样。

——技术商品交易对人员素质的要求高。技术商品种类多，同时，专利技术超前性特点，技术交易时，要求人员素质高：既了解技术，又懂得技术经济的应用价值。

——技术合约履约率低。中国技术合约的履约率低，

1991—1997年，技术开发、转让、咨询和服务合同的最高履约率分别为60.4%、67.1%、72.0%和63.4%（见表3－9）。

表3－9　不同技术合约的履约率

合同类型＼年份	合约履约率（%）						
	1991	1992	1993	1994	1995	1996	1997
技术开发合同	58.4	46.0	54.0	52.1	54.1	58.1	60.4
技术转让合同	50.3	49.3	58.0	61.5	60.8	61.3	67.1
技术咨询合同	72.0	64.9	57.1	59.3	55.8	55.7	64.2
技术服务合同	60.8	56.4	54.8	54.9	60.3	58.1	63.4

资料来源：《中国技术市场统计分析报告》（1991—1996年）；1997年数据来自国家科委网站《1997年全国技术市场统计分析报告》。

——农村技术商品交易供需脱节，农业科研成果履约率和转化率低。许多农户找不到合适的技术成果，一些科研单位又找不到技术成果的买方。同时，发现技术商品合适的交易方式较难，导致中国每年6 000多项农业科技成果，转化率只有30%～40%，较低。

面对农村技术商品的较强的需求和供给，一些素质较高、多年从事农业技术推广、清楚了解各种技术交易方式的工作人员，自动提供农村技术商品方面的经纪服务，让脱节了的农业科研与农业生产技术顺利衔接，由此农村技术经纪人就产生了。

2. 农村技术经纪人的职能

（1）政策引导。合理引导农户按政策使用技术，避免采用不正当的技术进行生产。

（2）集散科技信息、推介技术供求信息、开展咨询服务、寻找需求技术对象。受交易方委托，寻找和选择先进、适用的技术成果和配套资金，寻找和选择有开发能力和经济实力的农户或者企业，购买需要的科技项目，推介技术供求信息，开展咨询服务。

（3）综合评价技术成果，并进行合理的技术交易谈判。为确保农户能够胜任该项技术工作，补充合理的服务条款，如具体的项目设计服务、管理服务、培训服务等。

农村技术经纪人较高的专业素质能力，是农村技术商品市场存在的原因，其专用人力资产比专用信誉资产强。目前，农村技术经纪人发展较慢，主要以个体为主。

3.2.4.3 农村信息经纪人

1. 农村信息经纪人产生的原因

（1）农户对农村信息需求强烈，但有效需求减少。农产品销售和农民工就业，离不开农业信息，农民对信息需求强烈。农户所选择的信息，多是那些明确表达问题、信息服务功利性和操作指导性强、收费不高的信息。这样的信息少，多出现在互动性强的互联网上。但是，农户受时间、财力和文化素质的限制，无法获得所需的直接信息，对找到的信息，又无法甄别其真假，导致信息有效需求减少。

（2）农村信息服务供给较大，但有效供给不足。目前，国家开展“金农”工程，中国农业信息服务建设投资大，信息网络服务范围已达到了2 000多个县、乡、村，农村信息服务供给较大。全国43 000多个乡镇中，仅7 000多个建了信息服务机构，占18%。而且农业技术信息服务整合性差，针对性不强，重复信息多，最新供求信息少，没有贴近乡村，不适用现今的农村，远离农民需求，表现出有效供给不足。

（3）信息传播网络并非是农户信息需求的现实通道。第一，农民对网上销售市场信息漠然无知，制约了互联网信息交流能力，而农业信息单向传播的广播、电视和报纸，无法满足类型多样的农业信息需求，无法将农民信息及时反馈，主动向农民服务。第二，一些网站作为信息发布平台，不验证信息真伪，只供参考，以及网上侵权等现象的存在，让农户无法甄别信息并放心使用，网络高效率无法充分体现和利用。第三，中国农村目前虽然65%以上的乡镇实现宽带上网，但网上更多的不是农业信息。如农业大户获取市场信息渠道只能通过报刊、电视机（电台），均达到27.1%，其次是村组干部，占比达到25.2%，农业大户不能及时了解信息商品的供应情况。

表3-10 农业大户获取市场信息渠道的认可度统计表

信息渠道	大户数	比例（%）
报刊	217	27.1
计算机网络	86	10.7
电视机、电台	217	27.1
村组干部	202	25.2
其他	79	9.9

资料来源：扬州市801个大户问卷调查整理。

农户获得信息的愿望强，而专职的农业信息提供者，又无法有效提供农户所需要的信息，造成信息需求和供给脱节。这些通过帮助农户建立信息交流通道、解决农业信息供需矛盾的个体和组织，达到农业信息资源合理配置——信息经纪人，就由此出现。

2. 农村信息经济人的主要职能

（1）信息咨询服务。农村信息经纪人通过信息搜集、传递农产品市场信息并进行市场信息反馈，提供信息咨询服务；为农民提供政策法规、教育、医疗保健等方面信息咨询和服务；

帮助农民了解市场的供给需求情况。

(2) 接受各项委托、代理服务。根据供需双方委托，发布与传播相关的市场供需农业信息，在信息商品和需要信息客户间充当中间人，为其寻找合适的交易对象。在供需双方谈判中协调分歧，促成交易，监督双方履行合同摘要。

(3) 专门的培训，帮助农民更新信息意识。农村信息经纪人传播农产品信息的同时，通过各种宣传方式，培养农民信息意识和信息能力，配合各地政府帮助农民更新观念，为农民提供现代种养技术、生产经营、文化知识、信息技术等方面的培训和体验。

3. 农村信息经纪人的发展预测

农民信息经纪人从兼职逐步发展到专职，长年从事专业性信息经纪业务，这是中国农业信息化的快速发展的结果。其次，市场风险增加，经纪人不再封锁信息，自发建立协会及合作联合体，信息共享，风险共担。甚至，逐渐形成地方信息经纪行业，向信息资源上下游延伸，共同从事挖掘、保护、建设和发展地方区域信息资源。

3.2.4.4 农村物流经纪人

1. 农村物流经纪人产生的根源

中国农产品和农用物资在交易中，要经过农户、农业部门、质量监督部门、卫生检疫、海关、销售商和消费者等多个营销环节，生产、供应和产品销售领域中的成本，一般占总成本的30%～40%，鲜活产品占的更多，达到60%左右，远高于国外发达国家10%左右的成本水平。中国农户分散采购和销售方式，设施利用率低，生产要素供应时间长而不稳定，强化了农用物资的质量风险、供应延误的农时风险和农副产品交易的风险。

“农村物流”完成从物料采购到农产品形成，从农产品储藏、流通加工到农产品销售（消费）多种活动，节省15%～30%的物流成本，提高经济效率，而那些了解各方物产、地区季节差价，通过农村物流作保证，帮助农产品供需双方达成意愿，满足最紧缺农村商品的供给，圆满完成中介业务的物流经纪人由此出现。

2. 农村物流经纪人分类

目前有三种：一是个体商贸商品经纪人，由于分散隐蔽，不便管理，易发生欺诈行为；二是受公司委托，按要求推销和招揽客户的农村现货经纪人，他们熟悉委托人情况，清楚所中介的商品；三是交易所的农村物流经纪人，他们的素质较高、具备一定的资格，经过了考核，他们为顾客服务、收取佣金，也向交易所交纳一定的保证金。

3. 农村物流经纪人的经纪方式

主要有四种：①代购代销。受外地客户委托设点收购，再转手批给客户，为外地客户提供信息、组织货源、协助客户与农民商谈价格，帮助维持秩序，从中收取服务费。②委托购销。本地的农产品，由本地农村现货经纪人负责在目标市场设点，然后与当地经纪人联手合作，由销售点负责提供市场行情和销售渠道，当地农村经纪人负责组织货源和运输。③产品运销。产地农村现货经纪人在产品上市前，找到该产品的销路，然后采取订单形式或者临时设点，自己垫资收购，产品采集一定数量后，装运交货或自行运销。④分购联销。由多个农村现货经纪人在农村设立收购点后，然后统一组织外销的一种经纪形式。

4. 农村物流经纪人的发展预测

农村经济的特殊性，中国农村物流经纪人多兼营农产品集采和营销（林仁惠，2005）。随着农村市场的发展完善，农村物流经纪人将只提供中介服务，不介入买卖行为本身。

3.2.5 信息不确定性对农村经纪产业的影响

1. 信息的不确定性大小决定了农村经纪业务的需求程度

信息的不确定性越大，相关交易信息的缺失和不对称情况就越严重，市场主体可能遭遇的风险大。市场主体无法独立承担交易风险，为避免决策失误，对经纪业务的需求就越大。相反，信息的不确定性小，意味着相关交易信息的缺失和不对称情况不明显，可能遭遇的无法预知的风险少，市场主体能够独立承担交易中的风险，决策失误的可能性较低，直接交易能够成功，对经纪业务的市场需求就偏小。

实用技术要求消费者知识素养高，农业政策要求农户解读能力强，农用物资和农产品的新品种要求市场主体的市场预测准确，人才招聘要求人际关系网络广泛、能精准地识别企业和劳动力，教育培训要求合理地利用市场供求信息、安排劳动力专业培训。要想做好这些工作，对相关信息的需求比较大，但这些方面的信息，不确定性都比较大。而目前中国农户素质和知识水平较低，关注程度和信息获取手段不是很专业，上述信息就成为农户最需要的信息。中国农业大学调查发现：农民最需要的信息按重要程度依次分为：实用技术 99.8%，农业政策 99.7%，新品种 99.6%，教育培训 99.4%，人才招聘 97.2%，市场信息 40.7%，气象信息 30.5%，法律 17.6%，文艺娱乐 8.6%，其他为 2.2%。

中国的技术经纪人、信息经纪人、物流经纪人和劳动力经纪人，是目前农村最多的经纪人，就是最好的实践证明。由此得出：信息的不确定性大小，直接决定经纪业务的市场需求程度。信息的不确定性越大，经纪业务的市场需求程度越大。

2. 不确定性信息的多少决定了农村经纪人的种类

不确定性的信息越多，对农村市场主体而言，缺失的和不对称的交易信息就越多，农户和农产品购买者遭遇的风险种类就多。农业在不同的生产环节，不同动植物物种和所需要的农业物资：化肥、农药、薄膜以及设备，就多种多样，所面对的风险更是多种多样。对于以农田作为谋生手段和必需原材料的市场主体而言，在不能放弃情况下，必须要进行交易。面对这些风险，普通的市场主体，为避免决策失误，对不同种类的经纪业务的市场需求就开始增加。相反，不确定性的信息越小，缺失的和不对称的交易信息种类不多，农户和农产品购买者遭遇的风险种类就不多，对某类交易风险，市场主体就能够独立承担，决策失误的可能性较低，对某种经纪业务的市场需求就偏小。

由此得出：不确定性信息的多少，直接决定经纪业务的种类。不确定性的信息越多，经纪业务的市场种类越多，反之，则相反。目前中国经纪人仅从大类上分，就有劳动力、技术、信息、物流四大类。如果再从小类上分，仅物流经纪人，就有农产品方面的和农用物资方面的经纪人。目前农村市场上的经纪人，更是五花八门，种类繁多。

3. 不确定性信息持续的长短与农村经纪人的重要性程度

不确定性信息持续的时间越长，外部环境和供需信息的动态变化情况大，时间变化增加了市场环境的复杂程度，信息缺失和不对称情况越多，交易双方可能遭遇的风险就增加。要想在长时间内，把握住随时发生变化的市场信息，没有一定的专业能力和信息知识，是无法做到的。对于普通的农村市场主体而言，为驾驭和控制风险，避免决策失误，最好的方式就是寻求专业人士，由此，相关经纪业务的市场需求就开始增加。

相反，不确定性信息持续的时间越短，外部环境和供需信息的动态变化情况就越不明显。短期内市场交易环境比较简单，农户和农产品购买者能够把握住变化较小的市场信息，进行较为准确的判断和预期，决策失误的可能性较低，对经纪业务的市场需求就偏少。由此得出：不确定性信息的持续时间的长短，直接决定经纪业务的种类。不确定性信息持续的时间越长，对经纪业务的市场需求越大。

4. 不确定性信息的影响程度决定了经纪人需要的紧迫程度

不确定性信息对市场主体的影响越大，市场主体对相关外部环境和供需信息的关注度就越高，市场主体调动所有的信息渠道的积极性就越大。对于普通的农村市场主体而言，为减少交易信息缺失和信息不对称，避免可能的风险，更好地把握交易过程，增加交易的成功概率，选择相关经纪人的需求就增加。

相反，不确定性信息对市场主体的影响越小，普通的市场主体对相关外部环境和供需信息的关注度就较低，不会专门花费较高的经纪成本，从而降低了对经纪业务的市场需求。因此，不确定性信息对市场主体的影响越大，经纪业务的市场需求越大，反之则相反。由于，农村市场经济的快速发展和逐步完善，不确定性信息越来越多，其影响程度愈来愈大，由此衍生的农村经纪产业的发展将越来越好。

3.3　交易频率与农村经纪产业发展

3.3.1　农产品市场交易频率分析

3.3.1.1　农产品市场交易频率高：基于与工业品横向比较的视角

（1）农产品质量变异性较大，工业产品质量变异性较小。农产品作为生物有机体，其性能、质量受自身遗传特性、产地自然条件等因素影响显著，很难改变。即便在同样条件下，生产的产品质量（如味道、色泽、形状、大小）变异性较大，标准化程度低下，难以做到整齐划一。工业产品只要标准、型号一致，产品质量合格，生产的产品变异性小，标准化程度高，基本整齐划一。农产品质量差异性较大，订货、装货、卸货时，必须要实地检验、核对样品和实物验货，严格按照标准一一进行，从而增加交易环节。

（2）农产品生产的分散性和工业产品生产的集中性。家庭联产承包制，决定了二亿户农民生产的农产品，十分分散，遍布在全国广大农村地区。从空间上来看，农产品的生产具有地域上的广阔性和分散性。而工业产品，生产需求稳定，生产规模大，每个厂商的生产，在生产厂区内部就可以完成。相对于农产品，它们的生产集中性更强。农业生产越分散，交易时越难以实现规模化和标准化，交易次数增加，提高交易频率。

（3）农产品流通强烈的季节性和工业产品流通的常年性。农产品的常年消费，集中供给，决定了农产品流通具有鲜明的季节性，旺季淡季差别很大，从而决定农产品流通随季节变化有较大的差异性，而且季节性的销售中常常蒙受巨大的经济损失。工业产品受原材料以及生产技术的影响，保质期长，长的高达十几年，短期也有二三年，可以常年生产常年消费，流通表现出常年性。农产品的鲜货易腐性越强，农产品流通季节性越强，需要交易的时间越短，短期内的交易次数越多，交易频率越高。

（4）农产品流通由分散走向分散，工业产品由集中走向分散。集中在大中城市生产、消费者遍布城乡的工业品，流通从集中到分散，从城市到农村；生产在农村、消费遍布城乡的农产品，流通由分散走向分散，农产品的交易次数较多，交易频率较大。

（5）相对工业产品，农产品生产规模较小。工业产品多为大量生产，消费稳定且集中，只有少数产品是分散销售，生产规模效益决定着消费的大批量性，竞争价格易于形成。农产品受自然生长周期的影响及中国生产实际，生产数量和经营规模较小，多数产品是分散生产，集中销售。农产品生产规模较小，不同口感、外观、安全性的多重划分标准，使得流通中不同规格的农产品交易量不大，交易次数增加，交易频率较高。

相对于工业品，农产品流通环节多、交易次数多和交易频率较高，交易成本更高。

3.3.1.2 农产品市场的交易频率不低：基于农产品品种差异的分析视角

粮食和动物类产品（例如活猪），需经过一定程度的初加工才能供消费者消费，农户与需求商的交易频率很高。果蔬类农产品上市集中，不需加工可销售给消费者。果蔬类农户越多、分布范围越广泛，交易发生频率越高。反季节蔬菜生产技术的普及和果蔬类农产品流通范围的不断扩大，果蔬类常规农产品在销售环节上的交易频率较高。

猪、兔、鸡几个月出笼，生产周期较短，一年内可以进行多次交易，农业成本按月计算；小麦、玉米、棉花、果、桑、茶的生产周期基本是一年一次，一年内进行1～2次交易，产品实际成本在产品的收获月份计算。因此养殖业的交易频率高，养殖业的经纪组织能在中国首先试点成功，且一直居于农村产业主导地位。

粮食、棉花、油料等农产品容易储存，不易腐烂，相比其他农产品的季节性和易损性不强，同时，一次交易量大，交易迫切性相对低，交易次数相对少，交易频率不高，分摊的交易成本低。如美国谷物生产者自己储藏，对经纪人的服务需求不大。

不易储存，易腐烂，季节性和易损性强的农副产品，一次交易量小，农产品交易的迫切性相对较高，交易次数相对较多，交易频率高，每次分摊的交易成本相对较高。

无公害农产品的交易频率，在经济发达地区高于经济落后地区，大城市高于小城市，国内无公害农产品认证刚开始发展，总体上，国内果蔬类无公害农产品的交易频率偏低。

3.3.1.3 农村市场交易频率较高：基于农业生产过程的分析视角

（1）产前交易频率。产前交易多是农用物资及农业生产资料的交易。农户对应该种植养殖的农作物、牲畜、水产品以及所需要的农药、饲料、化肥等的品种、价格的交易，非常关注。农时不等人，需要抓紧时间，因此在产前的较短时期内，相关的交易频率较高。大多数农户独立、分散地进行市场交易，在价格谈判中，处于劣势地位。

（2）产中的交易频率。生产过程的交易多是农用物资、农业机耕、植保、排灌等农用技术服务交易，农户的传统经验不适应现代农业生产，为让新技术推广有效、达到预期效果，需要大量的技术服务交易。农作物和牲畜生产成长的时间较长，农村技术服务的工作区域又过于广大，相对产前和产后环节，产中的交易频率较低。

（3）产后的交易频率。农产品集中成熟上市，鲜活易腐的农产品需求的常年普遍性，及农产品生产销售的分散，农产品很难标准化，品质难以统一，需要多次交易。那些不容易储存的农产品和水产品，表现出较高的交易频率。

农业生产的产前和产后阶段，需要进入流通环节，交易次数多，交易频率高；产中阶段除了相关生产技术服务，基本在生产环节，交易次数少，交易频率低。

3.3.2 交易频率、交易成本与农业收益

3.3.2.1 中国农产品的市场交易频率过高，农业收益偏低

1. 中国农产品的市场交易频率过高

假设某地区有 A 个农户，都要到同一个市场上购买生产资料或销售农产品一次，如果一个农户经营农产品的种类较多，到同一个市场上需要销售 B 种农产品，购买 C 种不同的生产资料，那么，这个地区的农户的交易次数就为：f_1（A，B，C）＝A×B×C。

中国 2 亿多农户，生产一两种农产品的占 13%，生产二到四种农产品占 28%，有 59%生产 5 种以上农产品。这意味着，仅占 59%的、生产 5 种以上农产品的农户，每年交易至少为 5×5＝25 次，每年至少交易 59%×2 亿×25＝29.5

亿次。不包括生产5种以下农产品的农户及产中技术信息服务的交易次数，近30亿次交易，交易次数太多，交易频率太高。

2. 交易频率过高导致中国农户的交易成本高

（1）农户的单次交易成本高。农户每次在要素市场和产品市场购买或销售，都要履行搜寻、谈判、履约、监督、实施等所有环节，支付相应费用，购销批量较小时，专业化程度低，单位产品分摊成本高，自行交易的边际收益小于边际成本，显得得不偿失。

（2）频繁的交易行为意味着反复签约成本的增加。农业生产过程中，农产品交易无处不在，交易频率极高。频繁交易行为意味着反复签约，这必然导致较高的交易成本。农贸市场上分散频繁的交易结果，就是巨大的社会交易成本的形成和人力资源的浪费。

（3）农户独立分散，交易少，无法实现规模优势。小批量购销无法享受数量优势，其市场地位均难以与工业资本相抗衡，谈判上往往处于不利地位。交易量少、交易主体分散使农户难以采取先进手段进行组织化、制度化的交易，导致交易规模不经济。

（4）短期决策的正确性降低。交易频率高，短期做出决定多，农户易沿袭习惯，没时间考虑市场需求，决策正确性降低。

3. 结论：中国农产品过高的交易成本，导致农业收益偏低

农产品借助市场销售的比重占总产量的80%左右，其收益几乎由市场决定。2005年中国1.5亿个农户没参加合作组织，单打独斗的农户达90.2%。农产品交易频繁，单次交易

成本高，反复签约成本的增加，无法实现规模优势，降低了整个社会的交易效率，其交易成本高又抬高了总体社会成本，以致于占中国大半人口的农户，创造的农业产值仅占 GDP 的 14%。以粮食为例，中国粮食交易量小、交易频率高，从生产区运到销售区的流通费用，占粮食销售价格的 30%～35%，远高于加拿大 10%的流通费用，导致中国粮食价格高于国际市场价格。再次证明，交易频率过高，导致产品收益不高。

3.3.2.2 国外较低的交易频率导致交易成本适当，农业收益高

美国 80%的农场主通过合作组织购买农用物资、销售农产品等。如新奇士协会、华盛顿苹果协会、美国小麦协会、美国马铃薯协会等；日本 80%农副产品和 90%农用物资由农协负责；法国农业合作社是三种经济成分之一[①]。这些农业生产发达的国家，有一个共性，那就是合作社、农协服务，很好地协调农业生产和市场的关系，使得农业交易环节集中、交易次数少、生产周期内的交易频率低，农产品收益高。

原因何在？为此，本书以美国与中国为例，研究分析农业生产成本构成（见表 3－11）。农业成本构成中，美国中间消耗最高，占农业总产值的 59.83%，高出中国近 18%，美国有占 5.74%的地租，中国是 0 地租。尽管如此，美国农业剩余仍高达 24.28%，而中国农业剩余仅占 6.32%，农业总产值中，中国独有的期间费用和成本外费用占 15.37%，加

① 吕青芹，张林，韩星．国外的农业合作社［M］．北京：中国社会出版社，2006.

上占32.89%的人工费用，这种由各种交易导致的费用，中国高达48.26%，美国只有中国的1/8，美国农业剩余是中国的3.84倍。这与大部分农户独自进入市场分不开。

表3-11 中外农业成本构成比较（%）

核算项目	中国	美国	日本	欧盟15国
农业总产值	100	100	100	100
中间消耗	41.69	59.83	51.42	56.83
人工费用	32.89	6.39		
税金	3.73	3.22	4.32	2.2
期间费用	4.1			
成本外费用	11.27			
地租		5.74	2.14	
农业剩余	6.32	24.28	44.26（含地租和雇员报酬）	38.83（含雇员报酬）

资料来源：根据FAO资料和《中国统计年鉴》2001年资料计算。

事实上，减少分销渠道层级，降低交易次数和交易频率，能够减少分销成本，获得赢利。韩国中心农协（Nonghyup）创立的Hanaro会所，就是通过把农产品的分销渠道由原来的5～6级减少到现在的2～3级，极大地降低了交易次数和交易频率，减少了分销成本，才获得较大的赢利，成功地销售韩国农民生产的农产品。

3.3.2.3 历史验证——荷兰农业经济发展的昨天和今天

19世纪下半叶的荷兰有小农经济的特征：单个农民经营规模小，实力弱，市场交易次数多，交易成本高，在北美和俄国廉价粮食的冲击下，荷兰农业无法承受市场风险冲击，蒙受巨大经济损失。为此，荷兰农民在流通加工领域成立合作社，增强市场竞争力（表 3－12）。

表 3－12　荷兰合作社概况（1996 年）

部门	数量	社员人数	营业额（百万荷兰盾）	市场份额（%）
供应合作社	45	60 679	9 354	50
奶酪合作社	10	28 813	16 235	85
养牛/猪合作社	2	8 570	274	34
糖业合作社	1	15 633	1 525	63
马铃薯合作社	9	4 723	1 938	35～52
蔬菜水果合作社花卉	22	18 000	3 670	75
合作社	7	9 800	5 413	70～95
信用合作社	547	595 000	41 100	87
合计	643	741 218	79 509	

资料来源：傅夏仙．农业中介组织的制度变迁与创新［M］．上海：上海人民出版社，2006；陆茹英．荷兰和法国农业发展的启示［J］．农场经济管理，2003（5）．

经过 100 多年的历史发展，1996 年的荷兰有了 2 000 多个不同职能的、高度发达的农业合作社，从生产、加工到流通、融资，从牲畜饲料到作物育种的技术咨询或上门服务很全面，农民任何问题都能解决，平均每个农民参加近 3 个合作社。全方位的中介服务，降低农民交易频率、交易次数和交易成本，荷兰 95％的花卉和 80％以上的水果、蔬菜通过合作社分销，农民专心从事农业生产，农业生产效率高，大大推动了荷兰农产品的出口。1 627 万人的荷兰，只有 19.8％的农业人口，却成为世界奶制品、肉类、鲜花的最主要出口国之一，其农产品 60％用于出口，畜牧业生产总值占农业总产值的 2/3 以上。

3.3.3 降低交易频率的制度选择：中介经纪组织

3.3.3.1 中介经纪服务降低交易频率

1. 中介经纪服务降低交易频率的理论分析

频繁的交易意味着农户要反复进行搜寻、谈判履约以及监控，交易频率越大，交易成本就越高。经纪人通过中介服务，突破农业家庭经营的组织边界，将原本分散生产的农户独立进入市场的多环节、分散的交易，整合集中起来，减少交易环节分散性和交易次数，提高交易效率，节约交易费用，利于规模经济的形成。

假设A个农户到同一个市场上购买生产资料或销售农产品一次（如图3-8a），若一个农户经营农产品种类多，到同一市场销售B种农产品，购买C种不同生产资料，那么，这个地区的农户的交易次数就为：$f_1(A,B,C)=A\times B\times C$。若在农户与市场之间建立中介组织，上述交易由一个经纪人来完成（如图3-8b），交易次数则为：$f_2(A,B,C)=A+B+C$。

若用$K(A,B,C)=\dfrac{f_1(A,B,C)}{f_2(A,B,C)}=\dfrac{A\times B\times C}{A+B+C}$来衡量其交易效率，当C≥2，B≥2时，$K(A,B,C)>1$，说明组织交易次数小于分散农户单独交易次数，这意味着中介交易是有效率的，且参加中介组织的农户人数越多，交易的市场越复杂，经纪人作为市场机制的替代物，其节约交易费用的成效就越明显，交易效率就越好。

如图3-8a所示，市场上没有中介服务时，3个不同的生产者或者消费者到三个市场进行交易，至少需要交易9次，而由于有经纪服务的存在，只需要交易6次（如图3-

8b)，由此，能够减少 3 次交易，降低交易频率，从而降低交易成本。

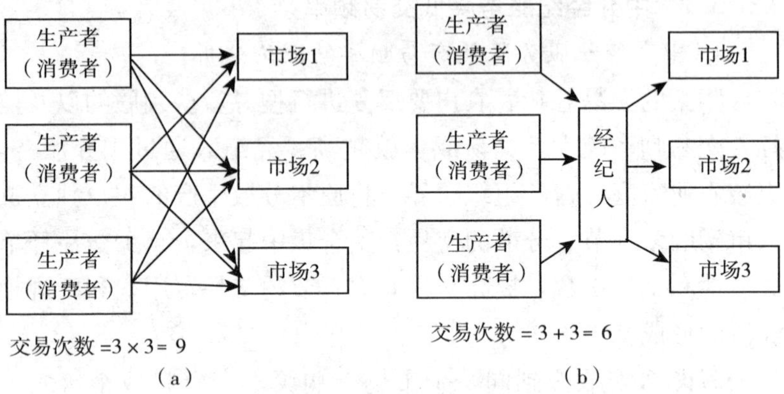

图 3－8　中介服务：集中交易环节、降低交易频率与交易成本

虽然经纪人组织的设立会增加交易费用和交易成本，但是它们的存在，所降低的交易成本能够补偿由此增加的费用，因此，设立是有效的，也是必需的。

2. 中介经纪服务降低交易频率的具体绩效

（1）缩短成交时间，降低交易频率，减少运输批发环节的损耗。经纪人凭借关系、市场经验、专业知识、交涉能力和活动规模及渠道优势，使易腐、保鲜期短的农产品尽快成交，缩短成交时间，降低流通中批发、运输环节的损耗，确保农产品售价和收益。

（2）降低交易频率和市场的进入成本。中介服务组织通过农产品品牌展示、设计、信息沟通、价格发布等功能，通过展销会、交易会等方式，实现展示贸易、交易、零售、物流、仓储、金融、生活配套、管理配套等服务一体化，不仅帮助农户进入本地市场，还可以进入外地市场，从而增加农户进入外地市场的机会，减少市场进入成本。如美国 Richmond 合作社，购买亚特兰大金柜公司，扩大了在南部州从事农产品供给的市场区域。

(3) 降低交易频率，节约直接市场交易的成本。市场主体的信誉，重复交易的信任及售后收费、集中采购、上门服务的做法，增加双方间的依赖，形成稳固的采购关系。交易次数集中化，在询价以及成本发挥优势，节约人力物力，提高工作效率，有效减少流通中每次交易承担的固定性的信息搜寻、谈判费用，实现规模经济；同时，利益共同体的形成，约束双方的机会主义行为，减少农产品流通风险和商户的利益损失，节约直接市场交易的成本。2004 年莱阳市合作组织成员比一般农户人均年收入高 10%～40%

(4) 降低交易频率，提高专业中介交易的效率。通过交易次数的集约化和商品储存的集中化来实现规模经济，达到经纪服务的最优规模，既提高专业中介交易的效率，为服务对象节约人力物力，又降低经纪组织的经营成本，扩大经营规模和范围，增强市场中介服务组织剩余的生产能力，保持竞争优势。如 Land' Lakes 和 Havervest States 联合种子企业，合作运营美国中西部六个州种子业务。华盛顿最大苹果合作社 Trout-BlueChelan，代表 300 个种植者，每年负责 500 万箱苹果的包装，价值 7 000 万美元。

3.3.3.2 降低交易频率的诱致性制度安排：农村经纪人

1. 农村经纪人——降低交易频率的现代经纪形式

农村商品经济初期，农户既从事农业生产销售又从事农资采购，完成农业生产经营的各个环节。合作社集中某区域内的社员、分散交易环节，降低生产和采购方面的成本，缺乏在营销方面降低交易成本、增强收益的专业能力。对变化了的、宏观市场行情的了解程度不深，无法正确地发现市场价格情况，分散市场风险方面表现出软弱和无能为力。

随着农业生产发展和市场扩大，农产品生产、销售渠道发生彻底变化。农产品交易涉及生产、技术、物流、劳动力品质等多方面的内容，交易频率高。具体劳动形式、技术要求所需信息不同，最优规模也不尽相同，分散经营的农户，缺乏市场经验，不能继续兼营农资采购和农产品加工、包装、仓储、运输、销售等环节，农村急需出现一些组织、一个群体，担当起指导生产合适产品、帮助农民正确进入市场、减少交易环节的分散性和交易次数，降低市场交易成本和风险的重任。

农村原有的供销社占据着主导地位，但在引导农民进入市场方面的作用没有显现，还给农户造成不小的损失，以致于农民反感供销社的行为，失去自我发展的机会。据统计，2004年浙江省全省有基层社564家，比改制前的727家减少22.4%，其中以基层社名义开展农业经营服务的只有327家，仅占58%。

农村专门从事农产品购销等交易环节的现代“牙行”——农村经纪人，是市场扩大、交换频率增加的必然结果，通过专业性很强的经纪活动，因地制宜，促进买卖双方交易，实现交易环节的规模化经营，在交易职能上的纵向深化和横向整合，节约流通费用，降低农业流通成本，成为市场不可替代的必需的中介组织而快速发展。2006年底，农村经纪人总户数达28万余户，经纪执业人员达61万余人（表3-13）。

表 3-13　2005 年中国部分省市农村经纪人状况

省市	山东	四川	重庆	江苏	江西	湖南	湖北	青海
农村经纪人数（人）	11 000	107 400	12 140	200 000	17 116	4 361	30 000	16 868
农业人口（万人）	2 045.9	2 317.7	775.9	1 058.3	951.0	1 951.9	1 101.8	128.7
农村经纪人占农业人口的比重（%）	0.054	0.463 4	0.156	1.89	0.18	0.026 4	0.272 3	1.311

注：农业人口数据引自《2006 年的中国农业年鉴》。

2. 中国经纪服务适合中国劳动密集型的农产品市场的发展环境需求

小麦、大豆等土地集约型农产品，因为中国家庭经营模式，在国际市场上的竞争力小，所受冲击大。畜禽养殖、园艺产品等劳动密集型的农产品，在国际市场的竞争力大。虽然中国劳动密集型产品的生产环节的交易优势不是很大，但是它们在流通环节中的规模效益，还没发挥出来。在强调柔性生产、积极响应市场需求的环境下，只有经纪人能将分散的农业生产价值链，有效地连接和整合起来，降低交易环节，发展主导产业或特色产业，提高工作效率和经济效益，实现流通环节的规模经济（表 3-14）。

表 3-14　部分地区个体经纪人所占比重统计表

地区	江西	沈阳市	湖北	湖南
农村经纪人总数（人）	6 499	30 769	30 000	4 361
个体经纪人数目（人）	4 951	14 143	16 000	978
个体经纪人占总数的比例（%）	76.18	50	53.33	22.43

资料来源：根据《工商行政管理》相关文章材料整理所得。

3. 经纪服务的经营形式适合中国农户经营体制的现实

农村经纪人的经营层次齐全，从简单贩运、批量销售、契约销售、期货销售和联合销售，各种服务层次的都有，全面覆盖的经纪服务的细分市场，能够满足不同经营位置、不同经营规模的中国农户的现实需求。较低层次为主的经纪人，经纪规模小，采购运输不便，交易烦琐。他们关注被大经纪公司和蔬菜瓜果公司忽略的、经营规模小、地理位置偏远分散、利润率低的目标农户，不辞劳苦，亲自到田间地头服务。他们的经营范围局限于本村本乡本县，他们的经纪人业务，成为大经纪公司和农产品中间商的补充，从而牢固占据了这一细分市场，开展本省市经纪业务。大多数农村经纪人的活动范围限于本县以内，跨乡镇及乡镇以下的农村经纪人占 2/3 以上，跨县活动的经纪人不足 1/3。

规模大的经纪人组织，发展到购销、储藏、加工、运输一条龙服务。河北望都、江苏盐城、苏州、无锡、徐州等地的农村经纪大户，利用互联网，开展跨省市甚至跨国经纪业务，提高了经纪效率，获得较高的经纪利润。目前，有些农村经济发达的江苏、河南等地，农村经纪人活动已超出省界。江苏 30%农村经纪业务扩展到省外，东台县 1 000 名跨国农村经纪人，他们在境外新建脱水蔬菜加工厂 5 个，年销农产品 10 万吨（表 3 - 15）。

表 3 - 15　中国部分地区农村经纪人业务规模情况

省市	四川	安徽	青海	湖北	浙江	山东	河北
农村经纪人数量	107 400	1.4	16 868	2	0.7	1.1	1.6
单位	人	万户	人	万户	万户	万户	万户
销售农产品占总产量的比重（%）	17.37						
年交易额（亿元）	129	36	5.56	10	55	34	23

资料来源：根据《工商行政管理》相关文章材料整理所得。

经纪人在流通渠道的各个环节的规模经济和范围经济大，需求大，更适合中国农户经营的市场需求。由此，经纪组织成为降低中国农村商品交易频率的制度选择。

3.3.4 影响农村商品交易频率的因素

3.3.4.1 农村商品交易环节的构成与交易频率

1. 农产品流通环节交易频率高，利润大

本书以蔬菜（茄子）为例，分析生产流通各环节的成本利润率及交易频率。

（1）生产环节成本利润率过低。农作物的生长周期较长，农产品只有在销售后，所投入的成本才转化为现实利润，同时，农民利润受季节、气候、供求、生产资料、生产技术等多种因素的影响，最不稳定，因此，农民的成本利润率是最低的。

（2）流通环节利润率过高。农产品流通有采购、运输、批发和零售环节，其中最主要是批发和零售环节。批发环节薄利多销、以量取胜，在相同时间内周转速度快，成本转变为利润所需时间短，资金使用率高且创造的价值大，成本利润率要高出农民6～10倍之多。零售环节，农产品价格波动有限，利润空间相对稳定，零售商的成本利润率高出农民5～7倍多。中国农产品生产流通中各交易环节之间的利润分配，是不均衡的。

（3）实际验证。下面以茄子为例。无论是山东菜农进入批发市场销售蔬菜，还是大连菜农坐等运销商上门收购，农民议价能力有限，他们所获得的收益仅限于批发商给出的收购价格与其生产成本之间的差额。蔬菜经过各流通环节到达消费者手中，价格发生巨大的变化。每千克茄子从0.82元和0.88元的生产成本，就分别达到2.335元和2.835元的零售成本，消费者所支付的购买价格高出批发价格的2倍多，蔬菜的流通环节利润很高。这也从另外一方面说明农产品流通交易环节对交易成本的影响是很重要的①（表 3－16）。

表 3－16　两个产地各个环节成本、利润表

单位：元/千克

流通环节 / 菜源	生产环节			批发环节			零售环节		
	成本	绝对利润	成本利润率	成本	绝对利润	成本利润率	成本	绝对利润	成本利润率
大连蔬菜	0.82	0.48	19.7%	1.724	0.276	192.9%	2.335	0.365	147.5%
寿光蔬菜	0.88	0.66	25%	2.228	0.272	156.4%	2.835	0.365	138.2%

资料来源：据孙侠硕士论文《中国农产品流通的成本构成与利益分配》的调查资料。

2. 农村商品流通各环节中的交易频率与成本利润率

流通环节是投入转化为收益的主要阶段，但具体环节的收益转化不同。

——采购环节。采购环节包括采购、质量检验，对蔬菜分等、整理加工、包装、搬运、封车等工序。同时，细菜类蔬菜对温度、湿度的要求高，长途运输特别是冬季运输要求保温、保湿、防潮、防腐、美观等，因此，采购环节的交易次数较多，交易成本较高。经纪人的代理费是每千克蔬菜 2 分钱，即每吨收取代理费 20 元，其他费用见表 3－17。

表 3－17　蔬菜采购环节费用比例（%）

发生的费用	比例
经纪人的代理费	14.2

① 孙侠．我国农产品流通的成本构成与利益分配［D］．大连：东北财经大学，2007.

（续）

发生的费用	比例
包装材料费	42.7
小工费（加工、搬运、封车费）	42.7
电话费	0.4
合计	100

资料来源：据孙侠硕士论文《中国农产品流通的成本构成与利益分配》的调查资料。

——运输环节。冬季从寿光到大连运输蔬菜有自有车辆和雇佣车辆两种，每15吨蔬菜雇车往返需3 300元，低于自带车辆费用100元。自带车辆费用中，仅海上运输中的轮船运载费、人员船票费、公路运输过程中的燃油费，就达84%。经过该环节后每吨蔬菜的运费加价为227.6元，每千克茄子加价0.228元后达到1.909元。

——批发环节。相对采购环节和运输环节而言，批发环节因为专门在批发市场销售，交易次数受批发交易规模的影响较大，进行相关的交易次数不是很多，最主要的是蔬菜易腐，经过长途运输，损耗率较高，相应的市场管理费和损耗费占据批发市场环节费用的90%，由此每千克茄子加价为2.228元，批发商利润为0.272元。

——零售环节。它的交易次数因交易量小而交易次数最多，交易成本最高。

无论是大连本地产还是来自寿光，从茄子在这四个流通环节费用的比例（见表3－18），可以看出，茄子价格除了运输环节发生成本外，在采购、批发和零售环节的费用类似：采购环节的费用不高，分别为18.4%和13.8%。而在批发环节的费用较高，分别为34.1%和31.2%，而在零售环节费用所占比例都是最高的，分别达到44.1%和32.7%。

表3-18 大连本地产和来自寿光的茄子流通环节费用比例（%）

流通环节	采购环节	运输环节	批发环节	零售环节	合计
大连本地产	18.4	3.4	34.1	44.1	100
来自寿光	13.8	22.3	31.2	32.7	100

资料来源：据孙侠硕士论文《中国农产品流通的成本构成与利益分配》的调查资料。

由此得出：农产品赢利最大环节在流通环节。这一点从中国蔬菜市场的“两头叫、中间笑”，即“农民抱怨赚不到钱，消费者声称菜价太高，而中间商却得益颇丰”得到证明。这也充分说明中国农产品的市场价格陡然走高的环节，主要在于流通环节。

3.3.4.2 基于交易频率的农村经济组织的优劣分析

农产品在生产流通中的交易环节多，交易频率高，交易费用大，农产品价格上涨空间大，成本利润率高，为经纪人、合作社和农业企业三种经济组织提供了生存空间。

1. 基于交易频率的农村经纪人与合作社的优劣分析

合作社将某一个区域内的部分社员、分散的交易环节集中起来，减少产前产中所需农用物资采购运输环节的交易次数，降低交易频率和交易成本，与经纪人作用类似，但经纪人在采购、运输等流通环节上，提供多种农用物资，在了解市场行情、发现市场价格情况，分散市场风险、降低流通中众多的交易环节的营销成本方面，规模大，专业性强，能更好地满足“多样化、个性化、差别化”市场消费需求，形成农产品在品质和价格差异化方面的范围经济，使经纪业务显现出较大的竞争优势，有效化解经营风险。

由此，经纪人在产前阶段的生产资料采购环节和信息需求环节方面，发挥规模经济优势，降低交易成本，合作社除在农业生产资料采购环节之外，还在生产环节上发挥规模优势，降低交易成本。因此，二者在降低总交易成本上，孰强孰劣，难以区分，由此能同时存在。这种情况下，现存的合作社做大、增强生产资料流通规模经济，而经纪人结合信息优势，强化对农产品销售，成为增强市场竞争力的主要对策。

合作社内部对一年内不同生产时段的不同需求的计算、核实、入社费用的使用汇报以及年终股权分红等方面具体管理，因为农户人数众多，使得管理成本增加。经纪人弹性定价、风险分摊等方式应对不确定性，对农户有较大吸引力。经纪人组织中介服务的进入门槛低下，不需要太多的资金、技术和设备投入，能帮助农户降低进入市场的交易费用，具有节省交易费用与管理成本的优势。这也是经纪人快速发展的原因之一。

2. 基于交易频率的经纪人与农业企业（龙头企业）的优劣分析

农户与产前、产中和产后部门的交易几乎全部由“龙头企业”负责，大大减少交易频率。农业企业通过对农产品的初加工，弱化农产品的易腐性，延长了交易期限，能够降低交易频率和交易成本；同时通过将农产品的采购、批发销售环节集中整合，甚至减少批发，直接进入零售，减少交易链的交易环节数目，提高了交易效率。

经纪人不存在所有权转移和资金转移，只帮助实物到达需求者的手中。在签订合约、资产转移上，不会过于斤斤计较，花费过多时间考虑、修订、实施防止事后机会主义行为的条约，并严格检查各交易环节。具体交易时，经纪人每个环节交易成本比农业企业稍低。经纪人常规3%的佣金，计算简单，经纪组织的管理成本相对农业企业较低。经纪人结合信息优势，强化市场销售竞争力，经纪人代表农户利益，深得农户拥戴和需求。处于被支配地位的农户，对农业企业的市场需求低。经纪人的未来发展更有优势。

3.3.4.3 不同环节农村商品的交易频率和经纪业务需求

1. 单一生产流通环节的经纪人需求

（1）单一生产环节的经纪人需求。

一是产前的信息经纪人和劳动力经纪人。农业产前准备工作主要是农业生产方向和所需农用物资的确定。农户比较在意种植养殖的农作物、牲畜、水产品及所需农药、饲料、化肥的品种、价格等。另外，剩余农业劳动力对新一年的工作行业的选择，较为关注。因此，他们需求更多的是关于信息方面的经纪人，如专职的信息经纪人和劳动力经纪人。由于此阶段的交易频率较高，因此，对信息和劳动力经纪人的需求相对较大。

二是产中的技术经纪人。农业生产中，农户更关注对高效农用物资的使用和农业机耕、植保、排灌等农用新技术服务的掌握和推广，需要技术上的经常性服务；同时，一些农村新技术服务风险大，农村技术服务的工作区域又过于广大，因此，他们需求更多的是技术经纪人。由于此阶段农作物和牲畜生产成熟时间较长，技术革新时间不快，交易频率较低，掌握新技术的农户短期内对技术经纪人的需求较小。

（2）单一流通环节的经纪人需求。目前农户分散经营，农业生产和流通很难达到最优规模。流通环节更多、交易更分散、交易频率更高，降低过高的农产品流通费用，空间和发展潜力更大。因此，在流通环节实现规模化经营，降低交易成本的效果会更好。

一是采购环节的采购经纪人。采购工序的交易次数，受农户经营的规模和采购方便程度影响，农户经营规模越大、采购越方便，采购中的交易次数越少，反之越多。中国农户经营品种较多、规模较小，没有经纪人的话，蔬菜采购环节的交易次数就非常多，即便有了经纪人，还有质量检验，对蔬菜分等、整理加工、包装、搬运、封车等工序。采购环节的交易环节仍旧较多，为了降低交易次数和交易成本，采购经纪人随之出现。

二是运输环节的物流经纪人。运输环节中的交易次数较少，多为过路费交易和搬运工作。过路交易的次数与路面收费站的多少、运输方式的不同、运输目的地的多少有关，一般而言，运输距离越近、运输方式越少，交易次数越少，运输费用随之变化。总体农产品流通费用比例，外地蔬菜仅运输环节中的费用就占到22.3%，而本地蔬菜费用仅占3.4%，外地蔬菜运输费用所占比重要高出18.9%，成为农产品流通中较高的项目。

冬季从寿光到大连运输15吨蔬菜，雇车费用3 300元，自带车辆费用为3 400元，多数批发商因为使用自己车辆风险大、损耗大、成本更高，更愿选择雇车方式运输。一些专门从事长途运输的物流经纪人随后出现。他们突破农户个人生产规模的限制，能在运输环节中获得规模经济，降低农产品流通费用，提高农业生产效率，实现农民增收。

结论：农村商品在单一流通环节里的交易频率要高于在单

一生产环节的交易频率。

2. 综合生产流通环节的经纪人需求

经纪人将生产流通中几个环节组合在一起，提供不同中介需求服务，从而整合交易内容，将单个环节的市场交易转变为组织内部的工作任务，通过组织内部的权威命令代替了市场竞争的交易成本，能够更多地减少交易次数，减少交易频率，节约交易成本。

（1）将采购和运输环节合为一体的购销经纪人。采购环节和运输环节的交易次数多，两个环节合二为一，能减少交易环节，整合交易内容，降低交易成本。

（2）将采购和运输、批发二个环节合为一体的营销经纪人。蔬菜、肉、蛋、水果、水产、土产等鲜活农副产品会随着时间推移，使农产品内部品质发生改变甚至腐烂变质，有极强的时令性，商品有效期较短，时间因素很重要，销售时，应尽量减少流通环节，而采购、运输、批发三个环节合为一体的营销经纪人能够满足这一需求。

（3）批发环节和零售环节的分销经纪人。批发环节专门在批发市场销售，交易次数受批发交易规模的影响较大，进行相关的交易次数较多；而零售环节，它的交易次数因为每次交易量小而交易次数最多，交易成本最高。此时，所需要最多的就是分销经纪人。

（4）生产流通合为一体的合作社。目前，荷兰合作社就是将种植、养殖、加工、供应、信用5个门类的、具体经营对象的生产流通合为一体，在乳业、养牛方面成立合作社。

交易频率越高，交易成本越高，经纪人能降低交易成本，农产品交易频率越高的行业，越易出现经纪人，因此，经纪人的出现顺序，就成为判断经纪人被需要程度的标准。以开鲁县专业协会2003年的服务内容看，技术服务协会占45%，购销服务协会占55%，提供生产资料采购服务的协会仅占5%。这充分说明，将流通环节中的采购、运输、销售融为一体的经纪服务最受市场欢迎，其次是技术服务，需求最低的是采购服务。

3.3.4.4 不同属性的农村商品与交易频率

农产品生物性和产品质量的隐蔽性，尤其是农产品在储存、易腐性方面的不同属性，影响了它在流通中的交易量和交易持续的时间，因而直接影响了农产品的交易频率。

中国粮食、棉花、油料等农产品容易储存，不易腐烂，相比其他农产品的季节性和易损性不强，同时，一次交易量较大，因此，农产品交易的迫切性相对较低，交易次数相对较少，交易频率不高，每次分摊的交易成本低，对经纪人需求少。事实上，中国粮食、棉花交易的经纪人少，比例在10%以下。而美国谷物生产者能够自我储藏，对于经纪人的服务需求不大。据统计，谷物生产者利用合作社营销的比例只有6%左右，而那些易腐性农产品的生产者与合作社之间进行营销协议的却高达75%左右。

种植业和养殖业方面的农副产品，不易储存，容易腐烂，季节性和易损性强，同时，一次交易量小，交易迫切性相对较高，交易次数相对较多，交易频率高，每次分摊的交易成本相对较高，因此，对中介组织需求较大，这些农产品领域容易产生对中介组织的诱致需求（徐旭初，2005）[①]。例如，奶牛养

① 何坪华，杨名远．中介组织降低农业家庭经营市场交易成本分析［J］．农业技术经济，1999.

殖者每天都需要销售牛奶，因为奶牛的产奶量和奶牛总数的限制，每次交易的牛奶量有限，而每天至少一次的交易，大大提高了交易频率；至于养鸡和蔬菜种植，蔬菜的保质期短，鸡蛋和某些成熟的蔬菜几乎每三四天就要交易一次，在一段时期内采摘和交易的频率非常高。如果不与中介组织合作销售，奶牛养殖者每次交易的成本就过高，还占用时间，降低交易效率。这是荷兰早在 1886 年就出现合作社的原因。

3.3.4.5 不同地理位置和区域品牌的农产品、交易频率与经纪组织

1. 不同区域品牌的农产品、交易频率与经纪组织

不同地理区域品牌农产品，其交易频率不同，对中介服务的需求也不同。如果用地专用资源性强，种植效益好，农产品有明显的地理区域品牌，许多需求商户能够自动自发来到原产地进行购买，不存在信息搜寻方面的中介服务。只要这种农产品供小于求，农产品品质差异化很小，地理品牌就能够弥补生产分散方面的劣势，不愁销售，行情一直较好，因此，对经纪人和合作社基本不需要。如果这种产地农产品供等于求，农产品品质差异化很小，地理品牌不能弥补自发采购劣势，为提高农产品竞争力，需要发挥合作社生产规模优势，对合作社就需要加以强化。如果产地农产品供大于求，地理品牌能弥补生产分散劣势，为提高农产品竞争力，需要发挥经纪人的专业化优势和流通规模优势，生产差异化较大的特色农产品，对经纪人的需要就随着市场行情的波动不断强化。

2. 不同地理位置的农产品、交易频率与经纪组织

农产品生产地是否交通便利，有无地理区域品牌，对农产品交易频率和中介服务需求，都有影响。运输环节是农产品流

通和农资采购的主要环节，山区、丘陵地带，道路崎岖，交通不太便利，农产品流通和农业生产资料采购环节的交易成本较高，而平原地带，交通便利，农产品流通和农业生产资料采购环节的交易成本较低。

（1）离城市和批发市场远，需要中介服务组织。如果离城市和批发市场远，虽然用地专用资源性强，种植效益虽不是太好，但道路崎岖，交通不太便利，农产品流通和农业生产资料采购运输环节的交易成本高，交通不便捷、中间商和直接采购者较少，买方优势明显，供给方市场风险较大，鉴于流通环节规模经济的发展要求，此类地区农民对中介服务需求强烈。进入成本低的运输经纪人和营销经纪人，容易先出现。

（2）离城市和批发市场近，不太需要中介服务组织。如果离城市和批发市场近，交通便利，农产品流通和农业生产资料采购环节的交易频率低，交易成本较低，信息灵通的中间商和直接采购者较多，买方优势不明显，供给方市场风险小，此类地区农民对中介服务需求不强烈，生产环节规模经济的发展要求，对于专业合作社需求相对较大。广东和广西的香蕉，是极负盛名的区域品牌农产品，但是二者地理位置不同，交通不便的广西，2009 年就出现香蕉烂在地里的惨剧，而交通便利的广东，则没有这种情况。

对经纪产业影响因素的分析得出：降低信息不确定性、整合交易环节、降低商品交易频率和必需的专用性经纪资产投资是农村经纪产业产生的动力和发展条件。

4 社会分工、农产品商品化与中国农村经纪产业的演进轨迹

4.1 农村社会分工与农村经纪产业的产生与发展

分工是生产交换活动专业化的前提，产业成长的基础。分工的规模、程度、速度，决定于多样化社会需求、社会进步、市场体系和结构以及市场交易费用等要素的综合平衡。因此，经济发展的实质就在于分工专业化的发展（杨小凯等，2000）。

4.1.1 农村社会分工的演变

杨格定理认为市场规模引致分工深化，分工的深化又引致市场规模扩大，循环累积、互为因果。当农村市场规模很小时，劳动生产率较低，农民没有能力把剩余劳动产品与其他人的剩余劳动产品进行交换；随着劳动生产率提高，农村市场规模逐渐扩大，农民有能力把剩余劳动产品与其他人的劳动产品交换。商品交易规模扩大，选择专门从事一种职业是合适的，从而导致一种新的产业出现，而且分工水平越高，市场规模就越大，对新产业的需求也就越高。这种动态机制使分工水平和市场规模不断提高，市场大小与分工程度相互依赖、产生良性循环。

农业生产发展的需要引起农村社会劳动的分化，产生分

工。农业发展通过技术改造推动农业自身的快速发展，不断提高劳动生产率，生产出更多产品。由此，农业劳动生产率的提高和剩余劳动的出现是分工的前提条件。

一般而言，农村分工主要有三个层次的分工：一是种植业分工，分为粮食、经济作物、饲料、园艺等；二是农业内部分工，分为农、林、牧、渔；三是农村产业内部分工，分为农工商等；四是一种产品在从生产到消费的过程中，各个不同环节上的专业分工（如生产、供销、储藏、加工、运输等专业分工），这是商品经济发展的结果。

随着农业劳动生产率的提高，首先是畜牧业从农业中分离出来，其次是手工业从农业中分离出来，致使农村中直接从事农业生产的人口比重下降，农业生产效率提高，产品剩余，交易表现为经常性的交换；此后商品交换日益频繁，交换范围不断扩大，需要有人专门经营商品交换业务，成为商品生产者之间不可缺少的中间人①，于是出现了经纪人。随着交换地区和资本金的增加，一些经纪人更想赚取差价，由此专门从事商品交换的部门——商业开始出现。

农村内部的社会分工日益加强，农民逐渐非农化，从事二、三产业的农民，不再从事农业生产，但非农化的农民的生活消费资料仍需纯农民供给。依靠手工业和商业生存的非农化农民，为方便起见，固定生活便于交换的地方——城市，城市由此形成。

城市的经济需求，为农产品提供了销售市场。纯农民不仅

① 弗里德里希·恩格斯．家庭、私有制和国家的起源［M］．天津：天津人民出版社，2009.

需要非农化的农民提供生产资料和相关服务，在市镇上互通有无，还根据市场行情调整产品结构。农产品加工开始出现，与农业分离，农业专业化生产日益突出。

专业化的生产区域和农户日益增加，所需农业生产资料也随之增加，农业生产资料的生产，农业和加工业又开始分离，社会生产力获得巨大进步，农业经济开始飞速发展，从事农业商品生产和交换的人口比重增加。对农产品的消费增加，农业出现产业内产品或项目的分工，农、林、牧、渔各业专业化产品交换数量和范围扩大，相关产品生产的商品化，必然引起生产的专业化和区域化发展，如经济作物生产迅速发展。如此一来整个农业经济都卷入到商品经济中来，“农业越来越带有商业和企业的性质”[①]。作为专门分工，农村商业从农业中分离出来。例如在20世纪20年代初期，河北正定、定州、新乐及石家庄附近各县，盛行植棉。其植棉面积，约占耕地十之七八，以致粮食不足，恒仰仗于山西方面。

农村商业的出现，使得农业生产过程的劳动消耗，从价值上得到补偿，实物上得到替换，农业生产顺利运转，农业生产力再次得到提高，越来越多的人从农业的生产和劳作中分离出来，转而经商，而商人资本又反过来投资农业和手工业，使更多的农产品进入流通领域，农村地区由此摆脱了自然经济，进入商品经济。

农村各类商品交换的频繁，商品交换地区的不断扩大，专门从事农村商品买卖以及交换业务和各类服务，被提上需求日

① 中共中央马克思恩格斯列宁斯大林著作编译局．列宁全集（第3卷）［M］．北京：人民出版社，1984：274.

程，服务业与农业及工业的分离成为独立的部门，从而形成农产品加工、农村生产资料生产及商业服务供给三大分工。

农业生产环节的分工是生产与购销分离的延续。农业生产具有较高的自然风险，农户专业化生产，既追求利润最大化，又要规避风险。为此，需要给农户提供技术培训、技术咨询、技术诊治等支持，农户专业化生产的关键技术分离的结果，使得对农户的技术支持成为专业化。相伴随的是交换规模的扩大和消费结构的变化，新市场需求的创造，反过来市场需求又促进生产结构变化，推动技术进步。如此循环不已，推动经济发展①。

如此，农村经纪组织这种新分工，纵向上形成了各种相对独立的经济部门和经营体系，在横向上各部门通过商品交换发生密切的经济联系，加速了农业生产的工业化进程，农业生产力水平的进一步提高，农村商品经济迅速发展。

4.1.2 中国农村社会分工的演变轨迹

中国在1840年以前，自然经济状况下，各个经营单位分散、独立，互不往来，以自给自足为基本社会方式，农业和手工业直接结合，没有相对独立的专业，生产的农产品主要靠自身消费，无法交换，也没有广泛的社会经济联系。自然经济客观存在，束缚了社会分工发展和生产力水平的提高，造成中国农村长期贫困。

鸦片战争后，外国资本主义对中国经济的渗透，冲击了中国小农业和家庭手工业相结合的自然经济结构。限制社会分工

① 杜润生．关于农村生产专业化、商品化问题［J］．中国农村经济，1985（3）．

的障碍性因素被消除，农村社会分工得到一定的发展，但没动摇中国农村自然经济的根基，内地和边远农村，自然经济仍居统治地位[①]。

新中国成立后的前三十年，中国农村自然经济状况有较大改变，社会分工有一定程度的发展。但由于农产品的统购统销只能通过国家渠道，商品交换局限在相当狭小范围内，大部分农产品用于自身消费，农业生产力水平和整个社会生产力水平不高，80%～90%的劳动力被迫从事耕地经营，社会分工落后，农村基本处于自然经济状态。

党的十一届三中全会以后，联产承包责任制的落实，农民务工经商办服务业等一系列政策的实施，半数左右的农业剩余劳动力，纷纷离开土地，从事农业领域之外的劳动。由此，可能存在的社会分工变成现实。

改革开放30多年来，农民生产的大部分农产品不再只用于自身消费，更多的是为了满足市场需要，农村自然经济状况出现翻天覆地的变化。买方市场的出现促进中国农村生产力的迅速发展，农村原来那种以自然经济为基础的社会分工，正向着较高程度的、以商品经济为特征的社会分工方向发展，这是中国农村经济发展史上一个历史性转折[②]。

此时，农业不再是传统部门，逐步成长为商品化、流通市场化、技术现代化、生产服务社会化、开放的现代农业产

① 姜建民，卢贺英．试论我国农村社会分工的发展［J］．中国农村经济，1985（8）．

② 姜建民，卢贺英．试论我国农村社会分工的发展［J］．中国农村经济，1985（8）．

业[①]。社会分工开始逐渐向第二、第三产业延伸。以温州为例，1985年，农村从事工业、建筑业、商业、交通运输业和饮食服务业等的劳动力已达100万以上，社会分工得到广泛而深刻的发展，温州农村商品经济以前所未有的经济规模和速度蓬勃发展起来。

4.1.3 中国劳动生产率的演变

以粮食亩产量测算中国农业的土地生产率，战国中晚期亩产已达108千克，唐朝时达到167千克；明朝时期畜力获得比较难，使用比较少，亩产仅为173千克，到清代中叶粮食亩产为183.5千克。如果把每个劳动力产粮作为劳动生产率的衡量指标，战国中晚期每个劳动力产粮达到1 659千克，唐朝达到历史最高水平，每个劳力年产粮食2 262千克，自唐以来农业劳动生产率不断下降，明代保持在2 013.5千克水平上；清代一直没有超过明朝的水平，每一劳力生产粮食降为1 131千克，至于民国，依然没有恢复清初的水平。

1921—1936年的民国相对和平，农业经济基本上升。此时，中国每个农业劳动者产粮增长35.2%。1936—1946年间粮食产量平均每年下降0.15%，其中，1937—1941年抗战头五年累计下降31%，抗日战争期内产量最高的1939年仅相当于1936年的75%，回落到晚清水平，平均每年下降7.13%[②]。一旦战事趋缓，情况马上就得到改善：1942—1946年间，抗

① 郭翔宇．2000农业经济专题研究［M］．哈尔滨：黑龙江出版社，2000.

② 文洁，高山．20世纪上半叶中国的粮食生产效率和水平［J］．中国农村发展问题研究组，农村·经济·社会（第1卷）［M］．北京：知识出版社，1985：326－327.

战相持阶段，战事相对较少，粮食产量又迅速接近于1936年的水平，1946年为1936年的98.5%，平均每年上升达7.32%。然而其后1947—1949年，粮食产量再降14%，1949年产量仅相当于1936年的82%。以后战争基本停止，粮食总产量便连续两年平均增长11.8%，1951年终于超过1936年水平[①]。但中国1936年劳均产粮862.5千克，比1951年还高出14.3%，直到1952年才基本恢复到1936年的水平[②]。

多数学者认为，在清中叶后，中国劳动生产率开始逐步下降，到1970年代，中国的传统农业基本上和明清差别不大[③]。

1952—1978年间，中国年人均粮食产量增长15.2%，年均递增0.55%，具体为1952年劳动力人均产粮为957千克，1957年为1 030千克，1965年降低为877千克，1970年更低，仅为873千克，1975年为965.8千克，1978年为1 076千克。粮食净征购量从总产量1952年的17.4%降为1982年的15%左右，从粮食出口国变成粮食进口国[④]。

20世纪80年代，中国农村改革成功，农产品实际生产者价格大幅度提高，农户承包土地经营权和收益权的激励，明确了农民作为真正的农村市场主体。市场上出现了真实的市场价

---

① 文洁，高山.20世纪上半叶中国的粮食生产效率和水平［J］.中国农村发展问题研究组，农村·经济·社会（第1卷）［M］.北京：知识出版社，1985：326-335.

② 秦晖.中国改革前旧体制下经济发展绩效刍议［J］.云南大学学报（社科版），2005（2）.

③ 苍鹰.从人均粮食占有量看历代生活水平：百度贴吧 > 东北吧（cyjn）2007.11.

④ A·麦迪森：世界经济二百年回顾（1820—1992）［M］.北京：改革出版社，1997.

格信号，极大地调动了农民生产经营的积极性，劳动力人均产粮开始直线上升，1985 年达到 1 256 千克，农业商品量提高。1978—1984 年，粮食、棉花和食油的社会收购量分别增加 131%、149% 和 181%，粮棉油商品量分别递增 4.60%、6.87%和 10.80%，劳均年递增 3.55%、5.79%和 9.69%，整个农业国民收入年递增 7.37%、劳均产粮年递增 5.84%。1990 年和 1993 年劳动力人均产粮分别达到 1 349 千克和 1 378 千克（见表 4-1）。

表 4-1　1949—1993 年中国土地生产率和劳动生产率变动情况

年份	1952	1957	1965	1970	1978	1985	1990	1993
农业劳动力（亿人）	1.73	1.92	2.25	2.78	2.85	3.04	3.33	3.33
粮食亩产（千克/亩）	115	139	144	190	274	343	406	427
亩均农业产值指数	100	120	196	—	217	357	456	468
劳均产粮（千克）	957	1 030	877	873	1 076	1 256	1 349	1 378
劳均净产值指数	100	110	92.1	89.8	103	164	210	214

资料来源：①农业部计划司．中国农村经济统计大全（1949—1986）[M]．北京：农业出版社，1989：14-15；②中国统计局．中国统计年鉴 [M]．北京：中国统计出版社，1994：329、342、345、358；③中国统计局．中国农村统计年鉴 [M]．北京：中国统计出版社，1992：122；④中国统计局．中国统计年鉴 [M]．北京：中国统计出版社，1992：55；⑤吴慧．中国历代粮食亩产研究 [M]．北京：农业出版社，1985：220.

以亩均粮食产量的土地生产率，以农业劳动者劳均产粮和劳均净产值指数衡量的劳动生产率的变动情况看。1978 年与 1952 年相比，粮食亩产提高了 1.38 倍，以亩均农业产值指数衡量的土地生产率提高了 1.17 倍，而以劳均产粮衡量的劳动生产率仅提高了 0.12 倍，以劳均净值指数衡量的劳动生产率仅增长了 3%。农业集体化时期农业生产长期徘徊，劳动生产率下降，劳均产粮1970年低于1952年，劳均净产值直到1978年才开始超过1952年水平。改革开放以来，随着大量劳动力转向非农产业，农业劳动生产率才有提高。

4.1.4 中国农村商品市场化的影响

城市对农产品的多方面需求，促使家庭农业转化成专门从事专业化生产的农户。如宋代茶叶的需求量极大，“夫茶之为民用，等于米盐，不可一日以无”。从事茶叶生产的农民基本不种粮食，专事茶业，然后通过市场卖出茶叶再购置所需物品。当时茶叶生产专业化异常突出，其从业者之众、产地之广、产量之大，都超过了其他任何一个商业性农业生产，如桑蚕、果树、甘蔗、花卉。宋代农民通过市场调剂产品、互通有无的交换，虽然经济上还是属于自然经济的范畴，但其中所孕育的结构性变化十分明显。

商品经济的冲击下，农民逐利求富的价值观形成，与市场联系越来越紧密的农民的思想观念发生变化。正如宋代蔡襄所说农民“凡人情莫不欲富，至于农人、商贾、百工之家，莫不昼夜营度，以求其利”。随着市场的发展和农民从事商品贸易的增多，农村自然经济结构受到较大冲击，农民在主要致力于农业生产的同时，兼做其他行业的现象日益普遍，农民开始走出家门，“为工、为匠、为刀镊、为负贩”，从事与农业生产不同的产品交换和商业贸易活动，商品经济已通过市镇市场渗透到农民的生产生活中。

庞大的城市经济需求为农产品提供了巨大的销售市场，农产品进入流通领域成为大势所趋，商品经济的出现使得农副产品集散的过程中，逐步建立起以市镇为集散地的中转商业市场体系，农民们在市镇上一开始互通有无、调剂商品，随后根据市场行情不断调整产业结构，农业生产中的商品化因素越来越突出。在宋代，中国粮食生产的很大一部分已经完全商品化了。“田家自给之外，余悉粜去”，农民生产目的不再只是为自给和租税，更多的是通过市场提供商品，换取更高收益。

生产力进步和商品经济发展，市镇产生，商品经济从城市向外扩张并开始深入农村地带，刺激了农村商品经济的迅速发展，由此引发了农村经济和社会的一系列变革①。以致于马克思和恩格斯认为：人类由此从“野蛮时代高级阶段”进入了“文明时代”。

4.2 中国农产品商品化的历史阶段及特点

4.2.1 第Ⅰ阶段：自给为主，剩余交换阶段

这阶段，农产品生产者根据需要和贡赋任务，安排农业生产，在此基础上若有剩余就与他人交换，满足自己的其他需要。能够交换的只有简单的几种农产品，所交换的农产品，是满足自给需求后的剩余量，占自己所生产农产品的比重不大，商品化率不高，而且随年景的好坏发生波动。这阶段是以自给自足的自然经济为主，市场交换为辅。

中国16世纪以前的朝代，大多处于这一阶段。其中，改朝换代和新朝初立时，满足自给需求后的农产品剩余量很少，商品交换处于萌芽阶段，农产品经济基本属于完全的自然经

① 高立迎．宋代市镇在农村经济商品化中的作用［J］．山西财税，2007（11）．

济。在各朝各代的正常发展时期，农产品剩余量有所增加，与他人交换、成为商品的比例有所增加，但只限个别品种和个别地区，农产品商品化在宋朝出现过一个小高潮。但总体上，商品交换仍旧以自给自足的自然经济为主，市场交换为辅。

4.2.2 第Ⅱ阶段：农产品市场交换的成长阶段

这阶段的基本特征是：农产品市场交换迅速增加和扩大，商品生产部分所占比重迅速上升。农民本着满足自给需要的基础上，有意识安排好用于商业交换的农产品，尽可能多地增加商品部分的生产量，以此来增加农业收入。此时，属于半自给半商品化阶段。

16 世纪明朝开始到 20 世纪中叶新中国的建立，大多处于这一阶段。这一时期，劳动生产率提高，社会经济发展，农产品的剩余量提高，与他人交换满足自己的其他需要，成为商品的比例迅速增加和扩大，农产品商品化率提高。

与前一阶段相比，商品交换比例增加，市场交换不再只是个别品种，农产品商品化的品种数量大为增加，交换地区突破了狭小地区范围的限制，商品交换在经济生活中所占的比重越来越大，农产品半自给半商品化，属于农产品市场交换的成长阶段。

4.2.3 第Ⅲ阶段：农产品市场交换的成长阶段向发达阶段的过渡

中国 1979—1998 年，农产品商品化的现实水平基本处于由第Ⅱ阶段向第Ⅲ阶段转移。商品农产品生产在整个农业生产中已经占有较高的比重，商品农产品的生产和交换已经成为中国农民的有意识的经济行为，为了获取更多的货币收入，农民在安排农业生产时就已经自觉利用市场需求和市场价格信号，依据市场状况安排生产项目。1992 年，20 项中达到自主安排的占 17 项。当然，从具体的区域和农产品品种看，农产品商品化在不同阶段所处的阶段水平是不一样的，山区落后地区还处于第Ⅱ阶段初期，平原地区和城郊地区的商品化阶段可能处于第Ⅲ阶段初期①。

4.2.4 第Ⅳ阶段：市场交换发达阶段

1998 年至今，中国农产品市场发展迅速，农产品以市场交换为主，商品农产品成为农产品的绝大多数，农产品的商品率很高，自给消费只占很小一部分。市场需求成为生产主体的决策依据，生产适销对路的商品农产品，并将这些农产品顺利销售出去获得最大的货币收入，成为农民的农业生产销售目标。即使有少量的产品用于自给，也附属于商品交换和增加农业收入，由此出现了农业生产专业化、组织化、区域化。农产品市场甚至在一段时间内，出现许多低端初级产品的买方市场。一些农产品和农村消费品并没有完全商品化，此时，中国农村市场属于发达初期的商品经济阶段。

4.3 中国农村经纪产业的历史阶段

中国农村经纪人的产生和发展源远流长，有 2 400 多年的历史。由经纪人发展到经纪人组织，其间经历的发展历程，对

① 于秉圭，胡继连．农产品商品化与市场组织类型［M］．成都：电子科技大学出版社，1995.

于中国农村经纪产业发展有重要的指导作用。

4.3.1 16 世纪以前：单一职能经纪人为主，宋朝出现虚旺

1. 中国经纪人的萌芽和发展

经纪人最早出于"一个养家经纪人"，意思是"会持家"。作为现在意义上的经纪人，出现在公元前 17 世纪初，时称牙人，以"经纪人"称呼是在民国年间的事①。西周时，作为政府官员管理买卖成交的验证并制发契卷，被称为"质人"，魏晋南北朝时期被称为"侩"，五代后称为"牙人"，因交易的"市"中楼上插有牙旗，秦汉至唐代管理物价的人又被称为牙郎和驵侩②。

中国古代早期，牙人介入商品的引导交换、撮合交易，适应协调买卖，是一种纯粹的民间商品经纪活动，是经纪人最早的中介职能③。此时，并没有官府的印信文簿，在市场上完全以一个独立的中介人身份，为买卖双方居间、仲裁——弥补市场法规不足。他们诚实公正，主持公平，受人尊敬，牙佣低微④，经纪人数量少。

从魏晋南北朝到隋，社会经济逐步发展，贸易扩大，精于某行业务且在本地熟悉买卖关系和"行情"的牙人，随之增多。从最早出现的牲畜的买卖，到五代后唐时，京城（洛阳）的丝绢、粮食、柴炭等，都出现了经纪人，买卖庄宅的牙人佣

① 杨其民．买卖中间商"牙人"、"牙行"的历史演变——兼释新发现的《嘉靖牙帖》[J]．史林，1994（4）．

② 叶世昌．对经纪人的历史考察及其启示［J］．世界经济文汇，1996（1）．

③ 吴少岷．我国历史上的经纪人及行业组织考略［J］．史学月刊，1997（5）．

④ 刘重日，左云鹏．对"牙人""牙行"的初步探讨［J］．文史哲，1957（8）．

金率是100%[①]。战国连年战乱，限制了商业和市场发展，牙人暂时停滞。

唐代以前，中国农村经纪人多以个体经纪人形象出现，处于经纪人萌芽和发展阶段。

2. 中国经纪人的繁荣昌盛初期，提供专门服务场地

唐代是中国封建社会的鼎盛时期，牙人不仅活跃在牲畜交易、奴婢买卖、房屋土地典当或买卖、丝绢买卖、柴炭买卖和粮食买卖等方面，还出现了沟通了民族贸易的经纪人：安禄山和史思明，和党项羌人是典型代表。

随着行商坐贾隐瞒赋税的情况与日俱增，统治者为减少赋税的流失，借助熟悉商情的牙人，控制市场、监督商人，牙人身份开始变得模糊，业务内容发生转移，从贸易中介转向市场管理，负责市场的交易活动，检验买卖凭证和契约，统一度量。

盛唐时期，车坊、质举、邸店等中国经纪组织的萌芽出现，这是中国最早的经纪人机构。其中，邸店是安寓客商、代客寄存货物、为客商提供洽谈交易条件的堆栈。经营者既是店主又是牙人，邸店是牙行的雏形[②]，实际上，就是现在的经纪人事务所[③]。此时，人们对经纪人业务的长期正规性给予认可。

3. 中国经纪人虚旺时期，经纪组织正式出现

宋朝初期，各地使用的楮币不同，市场流通货币和交换规

---

① 叶世昌．对经纪人的历史考察及其启示［J］．世界经济文汇，1996（1）．

② 吴少眠．我国历史上的经纪人及行业组织考略［J］．史学月刊，1997（5）．

③ 中国农村劳动力资源开发研究会．中国经纪人的历史沿革［J］．农村天地，2004（5）．

模小，商人收购货物、汇总、分销等交易，琐碎、频繁、费时。同时，各地方市场法规不一且不完备，市场混乱无序，需要中间人帮助辨别货币真伪，完成部分购销环节甚至代营放贷，此时私牙人数较多。宋朝中期，官牙再次出现，帮助农产品的流通，扩充地域延展度与覆盖面，推动了小生产者之间商品交换贸易经纪活动，宋朝的社会生产和经济得以发展。

宋朝以粮食经纪人为主，出现了具备外贸职能、从事外贸商品交换的经纪人员“舶牙人”。此时，茶肆、邸店、居停，专门接待客商，收取货物保管费和牙佣，成了经纪人进行专门交易的活动场所。不久，邸店冲破了坊市制度，搬迁到码头，成为“塌房”，南宋临安，官府和私人都有开设[①]。五代时期，越来越多的牙商，为了竞争成功，开始提供专门经纪服务场地。此外，出资同类货物的店肆，集中成“行”，保护同行利益，避免同业竞争，共同协商价格，相互借贷，调剂资金，牙商的同业组织“牙行”出现。

在这过程中，政府启用具有官方身份的牙人，管理市场：评估商品市价、协助政府收税，这些原本仰赖商贾贸易成交而获得收入的牙人，越出交换领域，监督商贾，参与官府事务，成为王安石“市易法”的执行人。牙人的社会地位和收入均得到提高，这是牙人历史上最辉煌的时期。此时，牙人的性质和作用被扭曲，出现变异。

两宋时期，为应对辽、夏、金战争，对粮食、布帛、茶盐等主要产品的“和买”、“入中”和“官榷”，运用行政手段垄断某些商品的贸易，向生产者强行征购。牙人成为执行这项非

① 吴少珉．我国历史上的经纪人及行业组织考略［J］．史学月刊，1997（5）．

同寻常征购任务的主角。这一期间，富裕起来的牙人改牙经商，侵夺了牙侩之利，蚕食了牙人活动领域；一些不法官牙中饱私囊，掠夺社会居民，激起了人们的嫌恨，否定了自身存在的必要，发展受到严峻的挑战，偏离了原先的轨道①。牙人变异，真正牙业逐渐趋于萎缩。当时，特殊经济政策下，社会上激起了空前的从牙热潮，表面上造成了一个令人目眩的牙业兴旺时期，但实际上，宋代的牙业是“虚旺”。

4. 中国经纪人的低谷和复兴

元代，蒙古人垄断了国内外的商业，禁止汉人和南人自由经商，牙人无从发展，国内经纪业一落千丈。此时，元朝时期的经济发展几乎停滞不前②。只是在元朝后期，作为经纪组织的牙行，在江南市镇中开始出现。元世祖三十年（1293 年），参考南宋的《市舶则例》，制定了《市舶则法》二十二条，规定了牙人对舶商的担保作用③。

4.3.2 中国经纪人封建时期的巅峰（16—19 世纪）

1. 明朝时期——中国经纪产业形成萌芽阶段

明朝初期，政府严禁私牙，民间仍有私牙存在。商业恢复后，永乐年间，隶属政府部门的“官牙”再次出现，如嘉靖时广东的客纲、客纪，浙江主贡夷交易的“行人”。私牙和官牙，同时存在，牙人恢复了活动生机。

明代中叶后经济发达，市场信息不确定性大，几乎停滞

① 龙登高．论宋代的掮客［J］．思想战线，1990（5）．

② 中国农村劳动力资源开发研究会．中国经纪人的历史沿革［J］．农村天地，2004（5）．

③ 叶世昌．对经纪人的历史考察及其启示［J］．世界经济文汇，1996（1）．

的私牙需求增加，而官牙丰厚的牙佣及商税，促使了越来越多的人对该职业的向往，各行各业都有牙人参与其间[①]，牙行空前发达。行业以万历年苏松棉纺业为最，经纪人则以江南丝绸业中的“绸领头”为最。“牙店”、“行户”设在城市、商埠、乡村、集市各个地方，人数高达几百万，以至于朝廷将其作为重要的社会力量，多次立法，纳入国家法律规范的范畴。例如嘉靖二年（公元 1523 年）的市易法，规定了对牙行人员的进入要求，如领取牙帖后的合法经营的官牙和私牙，需要殷实铺保等。历史第一次，人们对农村经纪业有了行业概念。

牙行除代客商买卖从中说合外，还兼营塌房、客店与雇请车船人丁、代客收购。扩大经营过程中，一些牙人由定购而先付货价或赊给原料，变成了包买商。牙行的发展，增加明朝收入，同时也推动了商品生产与商品交换的发展。明朝虽然出台了相关法律，但对于经纪人的管理还处于历史政策模仿和摸索阶段。社会生产力的限制，明朝农产品市场容量很有限，“官牙”与“私牙”出现竞争。面对“衡器不准，伪劣商品泛滥，物价不稳定”，政府只是简单地将责任归结为“私牙充斥”的结果。为了维护国家的税源和官牙的地位，嘉靖二十九年的市廛律，以及嘉靖三十年牙帖均规定，取缔和严禁私牙，并提出容忍私牙、官牙要受罚的法律。官牙与私牙为了利益展开竞争这一市场行为，使得农村经纪产业第一次以“产业”的方式出现在人们的眼前，农村经纪产业初次形成。但明朝经纪市场竞争中，官牙最终取得胜利，才露尖尖角的明朝农村经纪产业的

① 单强．略论近代江南市场经纪人［J］．苏州大学学报，1997（3）．

发展，由此停滞不前。尽管如此，农村经纪产业在明朝得到蓬勃发展，许多管理方法和条例都成为后世的学习榜样，基本达到中国经纪业封建时期的巅峰阶段。

2. 清朝时期——中国经纪产业形成初期阶段

(1) 组织发展演变。清朝前期，外国人来华，贸易增加，牙人沿用明朝牙行、牙人制度，代理官府管理市场，征收市税、平衡物价、校定度量衡、商业计量①，充当入市交易买卖双方的合法中介人。社会出现“买卖要牙，装载要埠”的局面，牙行成为商品交易中普遍存在的经济现象②。从事牙行“不费资本，赤手而得商用”，小商小贩竞相趋赴。

康熙时按贸易地区将牙行划分为对外贸易行和内陆贸易行。广州对外贸易牙行，设立官设行商，即外商的全权代表和监督人，时称“洋货行”和“外洋行”③，规定了进入的资格和资金要求，户部统一登记注册，统一发放“都帖”和规定佣金标准（营业额的3%）。而内陆贸易牙行以私牙为主，政府发放营业执照“牙帖”，收取“牙税”。

经纪人组织发展日渐成熟，其中，以茧业的“茧行”和丝业的“丝行”最具实力。茧行是19世纪后期，在丝产区的蚕茧交易中出现、由县知事批准的牙行。丝厂收购鲜茧和农民卖出蚕茧，均须经过茧行。茧行在茧汛到来前就签订合约，订明收购数量、价格，茧行酌取佣金。据统计，1897年江南茧行110多家，1910年无锡、江阴、常州有茧行250家，杭、嘉、

① 刘秀生．清代牙行与产地市场［J］．北京商学院学报，1991（2）．
② 刘秀生．清代牙行与产地市场［J］．北京商学院学报，1991（2）．
③ 叶世昌．对经纪人的历史考察及其启示［J］．世界经济文汇，1996（1）．

湖有茧行92家。1918年，江苏39县共有茧行582家[①]。

鸦片战争后，外商获得在各通商口岸自由贸易的特权，行商制度因而消亡，部分行商转化为外商洋行的买办，其中间人性质和职能有了较大的变化，增加了对有关朝廷战略性资源的监控[②]，有的甚至还扮演了包买主的角色，一些充当采购代理人的牙人从牙行中游离出来，专门经营收货业务，而没有领取官帖的私牙，在采购批发、信托代营业务的基础上，开展自营业务，为以后转化为行栈客商做了铺垫[③]。

康熙五十九年，洋行商人联合组成行会性质的“公行”，得到政府承认，统一管理和经营一切进出口贸易，广东十三行这一行商制度发展成为公行制度。由于官牙缴税高，私牙税缴于本地，地方官员减少官牙数量，增加私牙人数，从中舞弊，增加收入，行业纪律缺乏、执法不严格，甚至地痞流氓私充牙行操纵物价，从中牟利，牙行之滥已失其撮合交易之初衷[④]。最为出名的山东济宁牙行，曾经让十有七八的投牙客商上当[⑤]，洛阳过载行[⑥]与土匪勾结，偷窃客商货物，违规向客商多收或滥收中介费等。

---

① 广岛史学会．史学研究，1982：155；高景岳．近代无锡蚕丝业资料选辑［N］．新闻报，1918.4.11：21-23.

② 刘宗棠．清朝前中期牙行制度的特点及其利弊［J］．江西社会科学，2007（10）．

③ 朱培夫．武汉牙行初探［J］．武汉师范学院学报（哲社版），1984（2）．

④ 龚关．官府、牙行与集市——明清至民国时期华北集市的市场制度分析［J］．天津商学院学报，2001（1）．

⑤ 刘宗棠．清朝前中期牙行制度的特点及其利弊［J］．江西社会科学，2007（10）．

⑥ 刘宗棠．清朝前中期牙行制度的特点及其利弊［J］．江西社会科学，2007（10）．

商人不甘受制于牙行的约束，纷纷以地区名义组织会馆，以行业为名设立同业公会，自设经纪，所得佣金由会馆支配，逐渐取代牙行的封建垄断。牙人一步步接近于近代的经纪人，牙行渐渐地向近代交易所方向靠拢。这一时期特点是公行组织的成立①。

（2）牙行数量和行业管理。明清更迭之初，不受官方约束的牙行，扰乱市场秩序，偷漏牙帖税收。清廷通过在资制审批、数量分布、牙人准入资格等方面，加强对牙行的控制，防止牙行以半官方的身份盘剥商民，集市牙行设置与管理基本上制度化、规范化。

主要措施有：一是牙人须先验明商人有无税票，才决定是否为他们进行经纪服务。二是在一些地区的集市，禁设牙行抽税或无牙行设立，产生义集（或义市）制度，由此，经纪产业在清朝发展到了最高峰②。三是牙行数量的随时调整。地方官府可根据商品数量的增减以及市场的发达兴衰程度，重新分配和调整名颇，发放不同数目的牙帖，并上报户部，经最高统治机构审定③。雍正时期，河南发放牙帖最多，有 7.6 万张，云南仅 11 张，全国共发放 17.88 万张。四是按资质划分牙行为 3 个等级，同时按照因各地市场繁荣程度，上缴不同税收。如奉天府上等牙行的年税为白银二两，中等牙行为一两五钱，下等牙行为一两；而湖北的上等牙行每年只交银子五钱，中等为一

① 吴少眠．我国历史上的经纪人及行业组织考略［J］．史学月刊，1997（5）．

② 刘宗棠．清朝前中期牙行制度的特点及其利弊［J］．江西社会科学，2007（10）．

③ 刘宗棠．清朝前中期牙行制度的特点及其利弊［J］．江西社会科学，2007（10）．

钱或三钱，下等为一钱四五分不等[①]。五是朝廷禁绝兼地兼货经营，即不得同时兼营他货，也不准私自跑到其他集市经营，禁止牙行竞争，完善牙行规章。

3. 牙商关系的演化，导致与牙行制度配套的刑律出台

私下贸易被禁止，贩运商人只有得到牙商的配合，才能及时买到和卖出商品，没有运输行业牙商的配合，无法雇得合适的车船脚力、安全迅速地组织货运[②]。商牙关系成为决定生意成败盈亏的大事。清朝时期的徽州牙商，经营成功的原因，在于他们“慎择牙人”的同时，不惜捐巨资猎取功名，获得经营牙行的政治保护。苏松等地的布商字号，就是得力于饶州埠头争取的“经营运输业务”。

牙人倚势作奸，迫勒商民，牟取暴利，乾隆二十七年，清廷对牙行从业人员违反行规政府有关法令也制定了一些严格的处罚规定。但裁革经纪的举措，被证明错误后，清政府对经纪人管理采用中庸之道，忽略经纪行业规范发展，反而规定：“一家之中不皆监生，则令其无顶戴者报名给一子司帖”，即以其家人出面经营牙行[③]，真正不知所谓。政府对经纪产业管理的不到位、不合理，使得清朝年间的经纪产业由此又停滞不前，再次衰落。

4.3.3 近代：中国经纪产业初期的停滞

清末至民国前期，中国商品化程度至少相当于过去三个

① 刘宗棠．清朝前中期牙行制度的特点及其利弊［J］．江西社会科学，2007（10）．

② 王廷元．论明清时期的徽州牙商［J］．中国社会经济史研究，1993（2）．

③ 王廷元．论明清时期的徽州牙商［J］．中国社会经济史研究，1993（2）．

世纪[①]，清朝官办“洋行”、民国的买办，演变为亦官亦商、非官非商的经纪人。只不过因市场层次的不同，具体职能活动在规模和性质上有了差异。作为“官牙”，在官府与行商之间起中介作用，作为“私牙”，在市镇集贸进行最为原始和简单的中介活动，从中取佣。在贩运商与乡镇生产者的购销关系之间，代客买卖。规模大的牙人、牙行活动复杂，直接负责代客商购集或散售货物、安排客商饮食起居与娱乐，小牙行从事间接代客买卖。

代客买卖的经纪行，用标准砝码，能够公平准确衡量收支的银两。这种“平码行”，在经济发达程度并不是很高的广西发展很快。广西平码行由辛亥革命前的 13.7 家增加到抗战后的 87.3 家，从事该行业人员数量也大增，仅南宁市两阶段增长率就达到 300%左右[②]（参见表 4-2）。1930 年代成立了经纪业同业大会[③]，民国 28 年，仅桂林经纪同业公会有 100 多家会员。资本方面，“平码行当称巨擘，占南宁全市商业资本的 36%”[④]，在商业行会中占大多数的牙商组织，对大规模商品流通起到较大的推动作用[⑤]。它的出现，标志着经纪业组织化程度提高，此时，经纪业获得较大发展。

此时，牙行经营层次和组织化程度进一步加强。仍以广西为例，首先是专业化经营，形成固定代理收购、销售区域，随

① 黄宗智．华北的小农经济与社会变迁［M］．北京：中华书局，1986：124.
② 广西对外经贸委驻梧州口岸办事处．梧州口岸外经贸志［M］．1991：50.
③ 嘉庆临桂县志［M］，卷一六．
④ 广西省政府统计处．广西年鉴第一回［M］，1933：372，365～366，372.
⑤ 陈炜．试论近代广西城镇经纪业的发展［J］．中国社会经济史研究，2005（2）.

表 4-2　近代广西部分城市经纪业发展一览表

单位：家

时间 地区	鸦片战争—辛亥革命 1842—1911 年	辛亥革命—抗日战争前 1911—1936 年	抗日战争—新中国成立前 1936—1949 年
梧州	17	40	130
南宁	20	69	192
桂林	4	30	105
百色	—	20	21
柳州	—	12	130
玉林	—	946	
平均数	13.7	30	87.3

资料来源：①清代、民国时期及新中国成立后新编各县县志．义史资料；

②广西统计局．广西年鉴［M］．1933 年第一回、1935 年第一回、1944 年第三回。

后经纪业经营逐渐专门化，又出现了专营某类商品的经纪行庄，如谷米行、茶行、猪行、火油行及各类土特产行等。经营行业也逐渐趋向专营，分为粮食业、盆业、筒竹业、木柏业、陶瓷业及饮食服务业等十多个行业。

1937 年抗日战争爆发，平码行经营业务从逐渐由代客买卖转向自营为主。此外，经纪行号以行商名义拉拢外地商号入股，组织货物购销买卖，经纪业自营批发业务由此出现，使经纪业集代理与批发于一体，在市场上的功能和重要性日益上升。平码行资金构成出现所有权与经营权的分离，以股份制为主，有效地增强经济实力和抵御风险的能力，桂林褚新泰的谦和泰山货行，在乱世中有几十年的辉煌。

后来牙商逐渐被大商号取代，商号摆脱牙行的约束，如本为牙行组织的上海米行公所，同治九年改为米店公所，为此老行（经纪业）生计几绝，有的被迫改为私行，如本是牙行性质的上海报关业（代向海关报税），后创立报关公所，向道、县衙门、江海关洋人税务司暨总商会备案，变成商行。

近代，虽成立同业公会等团体组织，但行业管理不规范，行业整体发展一直在较低的层次上徘徊，尚未形成较大规模。同时，与前期经纪业不同的是，近代经纪人大多依靠贸易进出口，这种格局下发展起来的经纪业，对国际市场具有很强的依附性，国际市场的一个微小的波动，就会对中国农村经纪产业的发展造成巨大冲击。中国农村经纪产业虽然已经进入初期阶段，但就其实质，却只能是中国经纪业的初期异化阶段。

4.3.4 1952—1979 年：中国农村经纪产业官方化

中国粮食油料、棉花和棉布统购统销，大部分社会产品由国家实行计划收购和供应，统一调拨和分配，中间商无存在的理由。同时，政府打击取缔经纪人的政策，经纪人原来的正当业务成为非法经营，即便到 1985 年，国家《关于坚决制止就地转手倒卖活动的通知》中还强调："不准经纪人牵线、挂钩从中渔利。"

这种"统购统销"制度，使得原来的商品流通、商品市场被计划分配调拨取代，从事交易中介的经纪人失去存在的必要。于是，经纪人这一行业就在中国消失。处于计划经济体制下的中国，无所谓市场和农户个体，农村经纪产业完全处于一种极度异化阶段。

随着计划调控逐渐减弱，市场作用逐渐发展，对经纪需求的增加，农村经纪人再次出现。因为政策不明确，经纪人不敢正大光明地活动，只在本地偷偷摸摸进行小范围、小规模的业务活动，虽屡禁而不能止。

4.3.5 1979—1992 年：中国农村经纪产业的重新起步

1979—1992 年，中国农村经纪产业处于重新起步的阶段。改革开放初期，家庭联产承包责任制推行，15 年甚至更长的土地承包期，农村商品生产的明确，农户成为生产经营的主体，主要农产品市场陆续放开。但是，农业的产前、产中、产后等环节脱离国家计划控制后，并没有与千变万化的大市场有效对接，农村经纪人此时开始出现。同时，获得了经营自主权的农户家庭在分散经营过程中切实感受到了学习和掌握现代农业科学技术的重要性，一些技术合作组织开始出现。1980 年四川郫县成立了养蜂协会，1980 年 5 月，广东省思平县牛江镇成立了杂优稻研究会。

尽管如此，农村经纪活动还只是在地下进行，从事此行业的人为数不多，自发的经纪人组织偏少，势单力薄，只是为小规模的商品交易作中介服务，而且业务范围主要局限于一般性生产资料的中间交易活动。产区农副产品积压腐烂，销区却买不到满意的农产品，农产品“买难、卖难”矛盾日渐突出。为此，从理论研究到政策主张，都强调发展农村经纪产业。由此，出现了一大批形式、内容、层次、要素、成分、主体多样化的农村经纪组织，如农村经纪人、农业合作社、农村专业协会或专业技术协会等。据农业部统计，到 1990 年全国各类专业合作与联合组织达 123.1 万个。其中，生产经营型 74 万个，占总数的 60%；服务型 41.4 万个，占 33.6%；专业技术协会

7.7万个，占6.3%。

从1980年到1985年，农民专业合作组织基本上处于自发形成与自生自灭状态，组织数量少、规模小，且规范化程度低，多数没有章程，稳定性差，但中国农村经纪产业已经萌芽。1985年后，经纪人由“地下”走到地上，以公开、合法的身份从事经纪活动。到1991年底，南京、上海、深圳等地经纪人活动开始公开化，农村专业技术协会、专业合作社被列为农业社会化服务的形式之一。1992年以来，经纪人处在逐步发展阶段，国家对经纪人采取“支持，管理，引导”的方针，使经纪活动逐步走上了正轨。1991年以后，农民专业合作组织得到了各级政府部门的政策支持、试点示范，从而较快发展。1993年，国家明确农业部作为指导和扶持农民专业合作与联合组织的行政主管部门。1994年开始，在陕西、山西、安徽、四川等省开展了农民专业协会的试点工作，农村经纪产业发展有了起色，中国农村经纪产业开始初步形成。就中国经纪人历史而言，1979—1992年，是中国农村经纪产业的重新起步阶段。

4.3.6 1992年至今：中国农村经纪产业的成长

1. 1992—2004年，中国农村经纪产业已经初步形成

1990年代中后期，小农户与市场之间的矛盾日益尖锐化，民间自发形成的农村经纪人越来越多。随着经纪业务范围的扩大，农民自发组织的各类经纪组织，避开了和农村基层组织体系的摩擦，打破了行政区划的约束，实行跨村、跨区合作，充分体现了农民社员的合作意愿，如雨后春笋般，纷纷出现。1992—2003年，中国农村市场的发展和农产品商品化程度提

高，中国农村经纪产业初步形成。

2. 2004年至今，中国农村经纪产业已经正式形成

2002年12月修订通过的《农业法》中将“农民专业合作经济组织”列为“农业生产经营组织”的一种类型。2004年、2005年、2006年的中央1号文件分别提出“从2004年起，中央和地方要安排专门资金，支持农民专业合作组织开展信息、技术、培训、质量标准与认证、市场营销等服务”、“支持农民专业合作组织发展，对专业合作组织及其所办加工、流通实体适当减免有关税费”、“积极引导和支持农民发展各类专业合作经济组织，加快立法进程，加大扶持力度，建立有利于农民合作经济组织发展的信贷、财税和登记等制度”。2002—2005年农业部进一步开展了农民专业合作经济组织试点和示范建设：2003—2005年财政部安排115亿元专项资金支持试点建设，其他相关部委也在制度、资金、技术等方面，对农民专业合作组织的发展给予指导和支持。与此同时，地方各级政府高度重视和支持农民专业合作经济组织的发展，出台了相应的措施。

此时，中国农业合作社进入了相对较快的发展时期，首先在浙江、江苏、山东、河北等省快速发展开来。据农业部统计，2003年全国比较规范的农村专业合作经济组织有14万个，其中农业技术协会占85%，专业合作社占10%（张晓山，2005）。中国科协2002年调查显示，全国有农技协9.9万个，联系农户729.4万个（张玉台，2004）。到2005年底．中国农民合作经济组织已经发展到15万个，参加农户2363万户，占农户总户数的9.8%。从经纪业务规模来看，2004年底，经农村经纪人促成交易的农副产品、牲畜、农资额达到1 700多亿元。湖南省农村经纪人的业务量增加为32亿元，江苏省近几

年农村经纪人撮合成交的农副产品成交额，每年以30%的速度增长，2002年成交额240亿元，2004年达480亿元。从发展规模看，合作社不到农户总量的10%，覆盖率并不高。从区域分布看，发达地区快于欠发达地区合作社发展。从产业分布看，合作社主要分布在种植业、养殖业、加工业、运输业和其他。其中合作社从事种植业生产经营的占47.6%、畜牧业占24.7%、渔业占5.1%、农机服务业占4.1%、其他行业占18.5%。在种植业中粮食为30%、蔬菜为60%、其他为10%（表4-3）。

表4-3 2002年全国农村专业技术协会的地域分布与规模差异

地区	协会个数	会员个数	平均会员规模
河南	12 520	677 680	54.13
山东	117 630	1 298 717	110.41
四川	6 814	895 433	131.41
云南	5 465	122 885	22.49
山西	5 393	296 218	54.93
安徽	4 305	322 079	74.82
江苏	4 142	371 324	89.65
甘肃	3 885	168 511	43.37
河北	3 810	321 438	84.37
辽宁	3 616	329 156	91.03
陕西	3 542	204 351	57.69
湖北	3 214	400 448	124.59
吉林	3 063	132 345	43.21
内蒙古	2 872	151 443	52.73
黑龙江	2 615	92 644	35.43
浙江	2 453	134 773	54.94

（续）

地区	协会个数	会员个数	平均会员规模
广西	2 148	117 827	54.85
江西	1 881	101 761	54.10
福建	1 862	76 326	40.99
贵州	1 850	59 108	31.95
广东	1 781	81 778	45.92
湖南	994	81 549	82.04
新疆	628	37 398	59.55
重庆	471	36 068	76.58
青海	418	9 362	22.40
宁夏	381	33 036	86.71
天津	176	9 296	52.82
海南	157	4 425	28.18
北京	70	6 480	92.57
上海	17	653	38.41
西藏			
合计	92 306	6 574 512	71.23

资料来源：中国科学技术协会．中国科协统计年鉴（2002，2003）．

农村经纪的重要组织——专业合作社的蓬勃发展，中国农村经纪产业由此从经纪人个体为主，走向个体和组织、民间和官方同时行动和并存的局面。此时，中国农村经纪产业的迅猛发展，加速了农业技术的转移与扩散，加快了农产品的销售半径，促使农村市场和农村经济的超速发展。2006 年 1 月 23 日，农经委发布的《农民专业合作经济组织示范章程（试行）》的通知，2006 年 10 月颁布了《中华人民共和国农民专业合作社法》，《农民专业合作社法》赋予农民专业合作社法人资格，明确了其市场主体地位，明确了农民专业合作社的性质，于2007年7月1日起施行。中国的专业合作社开始进行了规范化管理，也意味着中国农村经纪产业正式进入了成长阶段。

4.3.7 现阶段中国农村经纪产业存在的必然性

1. 农村经纪产业弥补农村双层经营制度在功能上的局限

以家庭承包为基础、统分结合的双层经营体制，是党在农村的基本政策。目前部分农民转移到二三产业，但是在没有其他手段可以替代土地作为农民生产资料和生活保障的情况下，农民既不失去承包地、又能在外打工的兼业方式，成为主要的生存状态。

家庭承包经营主要是解决农业生产体制问题，并没有解决农业生产与市场的衔接问题，而这恰恰是制约中国农业发展的重要因素。长期坚持党的农村基本政策，就决定了小规模的农户将长期存在，强化了家庭不规模经营、农产品分散供给与农村商品经济发展及大市场集中需求的矛盾（许经勇，2001）。

中国农村经纪产业与农民形成利益共同体，风险共担、利益共享，带领农民走向市场，在一定程度上帮助农民克服小规模带来的问题，弥补分散小农经济在市场竞争中不利的地位，从而保证农产品加工和流通的价值能够为农民所享有，在一定程度上缓解农村经营体制的基本矛盾，从根本上改善农业的竞争地位，解决农民增加收入的困难，实现中国农业由传统农业向现代农业转变、由自给半自给农业向大规模的商品农业转变、由传统计划体制向市场经济体制转变、由粗放型增长方式向集约型增长方式转变。

2. 现阶段中国农村经纪产业存在的合理性

农村经纪活动属于社会内分工，是一种将农村商品购销环节对接的社会活动。在追求个人效益最大化的前提下，农户面临的是生产和交易的选择。选择“生产”就是选择小而全的生产方式，即所有环节都自己操作，势必因此花费高昂的生产成本；选择“交易”就是选择专业化的生产方式，把一部分不适合自己完成的生产环节交给专门的服务组织（或个人）去完成，其结果是必须支付相应的交易成本。如果实际支付的交易成本低于生产成本，农民就会选择“交易”，即希望得到服务。因此，农村经纪活动实质是农业产业运作的一种制度安排，其经济合理性在于符合规模经济的原则。由于技术上的可分性，一种农产品从生产到消费的全过程可以分为若干种（N 种）操作，且各种可独立操作的最适规模不同。在实际当中，农业生产者即农户往往完成 K 种操作，假定这 K 种操作都达到最适生产规模，那么，可能还有 N－K 种操作没有达到最适生产规模。如果采用小而全的生产方式，生产者自己完成全部操作，农产品的单位生产成本肯定高于最佳规模时的成本；而如果采用专业化生产方式，把没有达到最适生产规模的 N－K 种操作交给社会化服务组织去完成，则单位生产成本必定更低。所以，在理论上，当农村经纪组织完成 N－K 种操作所耗费的单位生产成本与双方发生的交易费用之和小于农户自己完成所耗费的单位生产成本时，这 N－K 种操作将分离出去，由农村经纪组织完成，农户因此节约耗费，增加经营效益。由此，农村经纪产业存在是经济合理的。

4.3.8 中国农村经纪产业各阶段特点

第Ⅰ阶段：农村经纪人阶段——中国农村经纪产业萌芽阶段

这一阶段，农民根据需要安排农业生产，只有简单少量的几种农产品出现剩余，而且剩余数量在逐步增加，在市场上与他人交换时，常因不知道什么地方、什么人需要自己的产品，出现卖难买亦难的现象。或者因为不熟悉市场行情和不了解对方对产品的需求，难以成交，甚至有时候交易双方为了达到和维护各自的目的和利益，争执不下，需要经纪人从中协调，促成交易。农村经纪人的行业组织的萌芽开始出现，如唐代的邸店，宋代的塌房。但这一阶段以农村经纪人为主，是中国农村经纪产业萌芽阶段。

这一阶段的历史时期和农产品不同：16 世纪以前的宋朝，在茶叶、粮食和丝绸等少数农产品上，存在农村经纪人；16 世纪以后的在各朝各代经济发展时期，社会稳定，个别品种在个别地区进行交换，农产品商品化的品种数量和地区范围普遍较小，商品交换以自给自足的自然经济为主，市场交换为辅。随着历史发展，市场交换的比例有所增加，在宋朝出现过一个小高潮。

第Ⅱ阶段：农村经纪组织阶段——中国农村经纪产业形成初期阶段

这一阶段，劳动生产率较高，农产品市场发展迅速，农产品商品化率高，商品农产品生产在整个农业生产中占有较高比重，农村经纪业务的地域范围和市场半径扩大，农村经纪行业组织开始形成。农村经纪个体和组织并存，中国农村经纪产业初步形成，只是不同时期的表现不同。明朝经纪组织表现为牙行，清朝的是公行。鸦片战争后，随着外商获得各通商口岸自由贸易的特权，经纪组织以洋行和行商为载体，民国期间买办成为经纪人代名词。1979—1998 年间，农村经纪组织是农业合作社和各类农协。

需要强调的是，尽管中国农村经纪组织已经形成，但在清朝后期和民国期间，战乱纷飞，经济发展停滞不前，农产品商品化率不高，使得经纪组织和经纪人的业务发生了一些转变，许多经纪行为了生存和盈利，不再纯粹地进行经纪业务，而捎带地从事自主商业活动。1979—2003 年，各种农村经纪主体农村经纪人、农业合作社和各类农协并存，中国新时期的农村经纪产业已经形成。

第Ⅲ阶段：农村经纪产业阶段——中国农村经纪产业形成阶段

这一阶段，劳动生产率高，农产品市场发展迅速，农村经纪产业稳定发展，农户家庭经营大多根据农村经纪组织的要求，以市场为中心，全面进行农户家庭经营。这一时期，农村经纪产业作为家庭农场无法缺少的产业和农户需要的行业，沟通着所有农业产业链条和农业环节，逐步走向规范化和制度化。其组织结构相对稳定，组织内部的各个组成部分分工明确，专门职能，形成相互制约、相互依存、相互促进的有序结构，组织整体功能趋于强化，形成规范化的、稳定的、发达的社会化服务网络体系。

2003 年以后，中国农业开始具有现代农业的特征：农户实行专业化生产，是为“卖”而生产，商品率高；农户接受广泛的社会化服务，自主开展多种形式的合作与联合，与市场建立稳定的有组织的联系；农产品的生产与加工、流通有机结合，广泛使用先进技术，形成社会化生产的群体性规模经济；农户与某个市场主体形成双层经营的利益共同体，利益共享，风险共担；国家对农业采取强有力的扶持政策。这些特征符合中国农村经纪产业形成阶段的特点。现代农业的到来，意味着中国农村经纪产业已经正式形成，意味着建立在原始组织形态上的两千多年的历史传统农业的结束，也意味着只要政府引导的好，中国农村经纪产业将极具竞争力，中国农村经济的腾飞也就指日可待了。

需要补充的是，新中国成立后，在 1952—1979 年期间，由于中国采用计划经济体制，农产品实行的统购统销方式，从制度上杜绝了经纪产业产生的基础，因此，这一阶段，中国的经纪产业处于消亡阶段。

4.4 农村经纪产业的产生条件

4.4.1 经纪人的产生是商品交换扩大后的结果

经纪人的出现，在国外始于古罗马时期。在中国，应该是春秋战国时代。最初的商品交换是物物交换，也就是不同的商品生产者之间的直接交换，目的是为了取得自己所需要的使用价值。交换双方对自己企图换回的物品一目了然，对成交后的利弊得失也可以直接测知，交换量小，以价值较低的日用生活品为主。这时不仅不需要经纪人，即使有了经纪人，在物物交换的情况下，如何支付佣金也会成为难题。所以，在商品经济的最初阶段，即物物交换阶段，是不具有分化出专业经纪人的必要和可能的。

社会分工发展的程度越高，生产者之间的商品交换关系就越频繁。单个农户把部分多余农产品和家庭手工业品转化为商品进行交换时，因为不熟悉市场情况，不了解对方产品的实际花费而难以成交。双方为了维护自身利益，总是反复争执不下。恩格斯指出："人们越是接近商品生产的原始状态……他们也越是把更多的时间浪费在持久的、互不相让的讨价还价上，以便为他们花费在产品上的劳动时间争得充分代价"。长久以来，中国农村农产品商业化的过程中，流通领域这个薄弱环节，阻碍商品生产的进一步发展。

为了促进农村商品经济的正常发展，适应变化了的生产情况，从农村社会系统中分离出一部分人，他们具备一定的市场知识，了解各地对不同地区农产品的需求，专注于农产品的市场信息分析、产品销售，以其独有信息优势影响和指导农户生产，减弱以往市场信息的滞后性，扩大农副产品流通的范围，使种养户将更多的注意力放在农产品增产和质量提高方面，从事专业化生产。他们通过把小生产形成的零散的少量的商品整合起来，促成农产品交换和农村商品从生产领域向消费领域的流转。从附近的市场销往地方市场、全国市场，让小农村和大市场联成一体，农产品价值得以实现，农村商品的劳动消耗从价值上得到补偿，从而促进了农村社会经济再生产的顺利运转和不断扩大。

随着农产品供应和需求品种、数量、品质等内容的不断增加，农村商业分工越来越细，专业化的发展使生产活动更加集中，可供交易的商品量不断增加。每个人与市场联系越发紧密，农户要想将专业化收益兑现，必须付出额外的交易费用，如谈判、搜寻和运输等费用。专门从事商品交换和为商品交换服务的群体，以更高交易技术和有效的交易方式、手段，降低交易费用；专业化生产的农户受到时间、精力等方面的影响，对经纪业务需求，越来越大；农村经纪主体的劳动性质随之转变，作为中间人介绍商品交换、新的农村分工出现。事实上，农民在供销、加工上搞合作的兴趣最大，工作最有成效①。

经纪人在商品经济中是很古老的角色，他是在买卖双方之间，提供信息和购销服务，促成交易，但对盈亏不负责任，只要成交即可从中取得佣金的居间商人。只有当下列情形出现时，社会才迫切需要经纪人的工作，才能够彰显经纪人的存在价值。第一，商品交换相当频繁，掌握较多市场信息成为必然，第二，商品交换扩大，有了解在本地销售的、远地产品性能与价值的想法；第三，价值贵重的商品选择和购买的慎重，需要有人提供这些商品的价格和相关信息；第四，交易中间人报酬的偿付能够货币化。而这种情况只能处于超越物物交换阶段，进入以货币为交换媒介的商品流通阶段。

古代中国任何一个朝代均是如此，以商品经济较发达的宋朝为代表。黎志刚（2006）认为：宋代牙人作为乡村经济市场化的革命性因素，它促进了小农走向市场，使原来自给自足的小农经济逐步向市场迈进，推动宋代农村商品经济的发展②。可以说，经纪人是商品流通过程中的产物，是商品经济发展的结果。

现代中国经济也是如此。新中国成立后，经过生产资料所有制的社会主义改造，使高度集中的计划经济体制更加巩固，大部分社会产品都由国家统一调拨、统一分配，经纪人被打击和取缔，已无立足之地。直到 1985 年，国务院在《关于坚决制止就地转手倒卖活动的通知》中还强调："不准经纪人牵线、挂钩从中渔利。"

改革开放以来，计划调控减弱，市场作用逐渐发展，商品自

① 杜润生．关于农村生产专业化、商品化问题［J］．中国农村经济，1985（3）．
② 黎志刚．宋代牙人与乡村经济的市场化［J］．云南社会科学，2006（1）．

由交易需要为促成交易双方买卖的中介、经纪人或公开或隐蔽涌现出来。改革开放以来，经纪人重新出现在中国经济生活的舞台，尤其是1992年邓小平同志视察南方发表重要讲话和党的十四大提出建立社会主义市场经济体制以后，经纪人更为活跃，大量涌现。仅1993年初对10个省市的统计，已进行工商登记的经纪人有21 118人，未注册的有43 222人，经纪人组织有1 012个[①]。

4.4.2 历史经验：农村经纪人产生的实际证明

随着中国历史的车轮前进，尽管出现朝代的更新换代，中国社会生产力水平是逐步提高的。魏晋以来，国家分裂，战乱频繁，大量农田被毁损、退耕还牧或粗放经营，相应地农业生产水平进步较少，甚至还有倒退。隋唐时国家再度统一，重视兴修水利，改进农具，普及农业生产技术，北方的社会生产恢复和发展起来，而南方进一步提高。唐贞观十三年（635年）"诏于洛、相、幽、徐、齐、并、秦、蒲州又置常平仓，粟藏九年，米藏五年，下湿之地，粟藏五年，米藏三年，皆著于令"，北方地区农产非常丰饶。但安史之乱后北方再次动荡，"河南、河北、河东以降，甲兵常积"，农业生产遭极大破坏。南方受战乱影响较小，生产进一步发展，终于超过北方。到了宋代，宋政府面对四境强邻，采取守势，转而一心发展国内经济，这期间，农业生产技术有了大步发展，华南出现了一年两熟的生产，以及多种作物的轮作，朝廷还特地从占城引进高产水稻，同时，得到耕牛比较容易，畜力比近代农业还要充足，宋代农业经济取得相当瞩目的成绩，维持了北宋一个多世纪的

① 李成勋．论经纪人［J］．当代经济研究，1994（1）．

繁荣安定。金元易代之际，北方经济遭到毁灭性打击，南宋政府的投降，使得元宋战争破坏较之前要小得多，元代经济虽然没有怎么发展，但毕竟得到了保留。

朝代的更替，伴随着社会生产力水平的逐步提高，经纪人仍旧被社会需求，只是数量有所变化。例如明清两朝，除政府需要官牙以外，更多是百姓对私牙的需求，私牙并不会因为受到官牙挤压就消失。究其原因在于农村商品贸易的发展中，经纪人对市场的调节作用、对市场无序化的逐步纠正，及对小商品生产者、购买者的中间人的作用和地位，是社会发展不可缺少的。

经纪人的市场行为：调节市场供求具有不可替代性。供过于求时，居间商储藏商品，待而不发，犹如在流通渠道中提供了蓄水池，能够加强市场均衡机制。朱熹治理南康军即利用了这一功能稳定市场供求。商品滞销时，商品所有者无可奈何，掮客设法联系销路，疏通渠道，商品流通顺畅进行。这一渠道如被阻塞，商品流通受到阻滞。义乌县的柜户牙人居间罗帛买卖，官府尽拘之，结果“民甚苦之”，影响了罗帛销售与生产。乾道四年，朝廷不得不下诏“放散柜户牙人，任其买卖”[①]。

纵观各朝各代，经纪人的发展有一种特有的规律。如在宋朝初期，被官吏所唾弃，经纪人少，可是，过不了多久，只要社会稳定，经济发展，经纪人就再次出现。唐代如此，元朝、明朝、清朝均如此。如明朝政府虽严禁私牙，民间仍旧有私牙存在，商业恢复和商品交易量的大幅增加，对经纪人的需求大增，以至于永乐年间，官府不得已取消了“禁牙令”。由此，经纪人的发展总体呈现明显的周期性变化：朝代初期经纪人被

① 龙登高．论宋代的掮客［J］．思想战线，1990（5）．

禁止，发展弱；朝代中后期，经纪人被认可，逐渐强盛；到了朝代末期，随着经济的衰退，经纪人的发展又开始由盛到衰，或者发生变异。因此，经纪人的发展随着朝代的发展，以一种向前循环的方式，呈现出较为“弱—强—衰”、“被禁——解禁”的周期变化，不停地往前进行。

自然经济下，经纪需求少，商品经济下，经纪人需求大；经纪人发展较好的时期，多在商品经济发达的历史阶段，社会分工比较明显而深入，农产品的商品化率较高。

由此得出：经纪人产生于高度发达的商品经济下。

4.4.3 经纪业成为商品经济进一步发展的内在需求

个体经纪人多在剩余农产品多的地区出现，此时，农民之间甚至生产者间的交换，因为交换数量少，范围有限，不能满足社会大规模商品交换需求。农产品商品化的进一步发展，促使农产品流通地域范围不断扩大。农村商品化程度低，交换地域范围在近距离的产地市场进行。随着农产商品化发展，农产运销的地域范围必然增大（表 4－4）。

表 4－4　1873—1930 年农产品输出总趋势

年份	农产品输出额（千元）	指数 1910＝100％
1873	2 866	1.2
1893	28 423	12.3
1903	89 496	38.6
1910	231 957	100.0
1920	307 047	132.4
1930	628 285	270.9

资料来源：郑庆平．旧中国农产商品化发展的条件和特点［J］．中国农史，1984（3）．

长途贩运贸易的发展，生产的狭小分散与大宗贩运的集中相矛盾，农产品商品交换品种日益广泛，商品交换数量增加。农产品产地集中了收购商品的客商，不再需要商品作为原材料的生产者。被收购商品的数量大，仅靠单个经纪人个体组织，已经不能满足客商收购的需要。客商不熟悉地情、民情、物情、商情，独立地开展收购业务有困难，产地市场出现以收税、定价、称量为业务的经纪人组织——牙行。牙行是经济发展到一定阶段的产物，是市场扩大交换、频率增加的结果（陈丽娟，2003）。

清初的长沙牙行，在长沙商业中地位显赫，牙行为数众多，仅县市有盐行 4 户、茶麻行 5 户、粮食行 11 户、纸行 1 户、靛行 1 户、铁行 1 户、鱼行 3 户、石灰行 1 户。在民国洋行—买办体系中，在农副产品的流通中，牙行继续存在发展，这样提供信息、说合交易、便利销售的经纪业成为商品经济进一步发展的内在需求①。

4.4.4 农村市场经济下农村经纪产业的产生过程

农村经纪产业是农村社会发展到一定阶段的产物。自然经济条件下，农村商品贸易活动比较少，随着农村市场经济出现，农村商品生产交换不断深入，农村商品经济继续发展，涌入市场的商品数量不断增多，农业生产和农民的生活消费完全商业化。

以家庭经营为主的体制，节约了农业集体劳动中极高的计量和监督成本，避免目标差异和生产利益的摩擦，减少了集体

① 龙登高．论宋代的掮客［J］．思想战线，1990（5）．

劳作的利益流失。就农业过程而言，有不少环节仅靠家庭是做不了、做不好，即便做了也没有规模经济效益。比如，农产品的集中销售、农业市场信息的搜集整理和发布，农业技术的研制、推广和服务等。此时，分散农户需要从家庭外部获得大量的经济和技术服务。

现代农业生产的产前、产中到产后，每一环节的中间投入产品、劳务和其他生产要素，包括各种农业机械、农用化学品、化肥、种子以及农业生产的各种服务、劳动力、投入品等，因为农户需要，开始进入了生产交易领域。农民产前对粮食种植的品种结构、政策法规、市场需求变化的了解，在产中对粮食的种植技术、所需化肥、农药、科技信息的需求，产后根据粮食规模、品种的销售，及商人对粮食收购批发、对粮食贩运交通工具的找寻办理，甚至农民生活消费品采购，都因为需求量大，成为专业化生产。

受自然条件影响，农业生产容易波动；农业生产周期长，农民对价格变动反应滞后，商业化的农业生产与市场情况紧密相关，市场千变万化，农户生产和经营风险增加。

商品买卖双方不易把握复杂的市场行情，同时，交通工具的日益现代化，商品出省、出国甚至漂洋过海，可交换商品在空间上的位移、时间上的流转加强，营销环节增多，销售渠道延展，各种风险增加，客观上要求在不同市场环节，出现新的市场主体，能够以新的分工方式，节约交易费用，促使交易成功。这种以疏通引导，以了解各方物产、地区差价、季节差价等信息的农村经纪人和经纪组织纷纷出现。

由此，相关农村经纪服务产业初现端倪，逐渐明晰，浮出水面。从利用偶然机会为他人牵线搭桥提供信息的个人，提供中介服务的个体经纪人、委托人、代理人，以及提供中介服务的专业合作社、专业协会、供销社、其他组织，甚至正式注册的中介公司、经纪公司等法人主体和单位，应有尽有。农业商业的内部分工合作日趋细密，专业化的经纪活动需求得以满足，形成农村商品卖方、买方和经纪主体参与的农村市场分工格局，农村经纪产业的出现，将分散的农户外部服务整合为内部生产，促使农业生产的专业化和农业地区的专业化，提高了农产品的商品率和农业的生产效率。

4.4.5 农村经纪产业出现的前提条件

农户和农村经纪业务在农业生产、供应、销售环节相互依赖，社会分工细化，链条延伸，利益连接，农产品商品化率提高，社会分工深化，提高了农业生产专业化水平；专业化运输机构的产生、运输设施的建设以及运载工具的改进，降低运输成本，提高生产者、交易商和消费者的福利，促使某一产业的分工与专业化获得充分发展。此时，农村所需要的产品，都能够从市场上得到，农村商品经济得到快速发展。

互联网等科学通讯技术的快速发展，解决了同一地域的经纪产业主体之间、不同地域经纪产业主体之间、经纪主体与买卖双方客户之间的整体联系，为不同地区农村商品的供需双方搭桥牵线、联系农村生产与消费的经纪活动提供了助推设备，流通渠道得以疏通，商品流通领域扩大，利技进步、人类科学发展、多样化需求是分工的原动力，是分工发展的内生需求（杨小凯、黄有光，2000），中国农村经纪产业由此发展。

采用专业化、少而精的方式，农业生产减少产品种类，以最大限度地把资源和生产要素向优势农产品的生产集中，充分发挥各个生产单位所拥有的资源和要素禀赋，获得最大的生产效用。农业地区专业化通过在全国范围内进行农业生产的地区分工，使各生产地区逐步由千篇一律、万物俱有、自给自足的生产方式，转变为每个地区集中地为市场生产一种或几种农产品，农业生产出现规模化、订单化种植，提高了地区土特产农产品的商品率，加速农村商品流通，实现农产品的价值，促进农业经济的进一步发展。

因此，农村经纪产业的发展壮大，从根本上讲取决于农村商品经济的发展程度。农村经纪人在中国几千年的发展历史：盛世中短期出现，乱世中消亡的客观事实，也再次证实了这个结论。即：发达的中国农村市场经济是农村经纪产业存在的先决条件。

4.5 小结

本章通过研究中国历朝历代的农村社会分工、农产品商品化、农村生产力以及农村经纪产业的发展的具体情况，分析了中国农村经纪产业的历史演变轨迹。其中，历史上处于中国封建经济的顶峰时期的明清两朝，以及新中国1979—1998年阶段，农村经纪产业均处于形成初期阶段，促进了这两个阶段中国农村经济的发展。但由于这两个阶段的农村经纪产业始终没有进入产业成熟阶段，因此中国农村经济未能腾飞。自1998年以后，中国农村经纪产业才正式形成，处于从形成向成熟过渡的阶段。

我们从历史的视角得出：农产品商品化率的提高、农村市场经济的发展和专业化分工的越来越细，是农村经纪产业形成和快速发展的必须前提。

5 中国农村经纪产业发展状况及组织结构分析

随着中国现代农业经济进程的加快，中国农村经纪市场也开始起步。农村经纪产业是构成农业产业不可或缺的一部分，在整个农业产业链中，起着十分重要的桥梁连接作用。它能否提供高质量、专业化的经纪服务，适应中国农业产业发展的需要，在一定程度上影响和制约农村产业的发展。在过去的时间里，经济学领域一直关注“市场中介存在的经济依据”，更多的是从交易费用、信息不对称、委托代理、契约等角度研究。从产业分析视角来研究农村经纪组织和经纪产业发展还需要加强。

5.1 农村经纪产业发展阶段研判

5.1.1 农村经纪产业的形成

马克思的劳动协作观认为，工场手工业劳动协作水平的提高和生产扩展，以前作为主要行业或辅助行业和其他行业联系在一起，由同类生产者经营的行业，会分离成独立的行业，促进新产业形成。可以说，当劳动分工转化为社会分工时，新型产业就会形成。

随着农产品市场的发展、市场经营范围的扩大，消费者对农产品品种质量规格的挑剔程度增加，社会对这种牵线搭桥、解决农产品市场买卖需求就日益增加，提供这种经纪专用资产的劳动需求随之增加。随着市场对农村经纪服务需要的日益增强，专门劳动分工由此出现，当经纪人这种分工逐渐增大，大到转化为一种专门社会分工时，相应农村经纪产业就从农业产业中分化出来。这种能够增加生产者剩余和消费者剩余，减小社会福利损失，带来较大社会经济收益的中介行业——农村经纪产业，就正式出现。

农村经纪产业能持续多久，需要看行业五力模型中的竞争力，还要看它处于何种阶段：是萌芽期、成长期、成熟期还是衰退期。由于农村经纪产业在中国历史上，更多的是处于萌芽期，未能带来较大的生产者剩余和消费者剩余，对农村经济发展的影响不大。

目前，中国农村经纪产业正式形成没多久，还未进入成熟阶段，对社会经济的影响没有完全发挥出来，因此还没有引起众多经济学家的重视，甚至受到该产业是否有、以产业的名称提出合适与否的质疑。但可以肯定的是，农村经纪产业发展的最高程度，就是农村信息经纪业的崛起，因为信息交易是所有交易中最难的一种交易。

5.1.2　农村经纪产业的形成标志

1. 农业经纪专用性投资合法化，经纪活动职业化、独立化

经纪中介、咨询服务业起初出现于农业产业，目前这些经纪活动已经职业化。2004 年中国出台《经纪人管理办法》。这标志着经纪资产得到国家认可，农业经纪专用投资具有合法性；经纪人职业化的同时，经纪活动走向独立化，逐渐从其他

产业分离出来，独立存在。

以中国最小的行政区域——乡镇为例，常州市尧塘镇自2001年组建了江苏省尧塘园林绿化有限公司，把分散的花木经销人员集中“整编”和培训，建立一支专业化的花木经纪人队伍。2008年，在3 000多名花木经纪人的不懈努力下，尧塘镇花卉种植面积已经达到3万亩，占全镇耕地面积的72%；种植农户6 800户，占全镇农村家庭户的70%，仅此项年销售额就达2.6亿元，小小尧塘镇因此成为全国著名的“花木之乡”。

以中国县级行政区域为例，2007年石门县通过经纪人销售出去的农产品占到了全县总产量的60%以上，成为“中国柑橘之乡”、“湖南省经济十强县”。由此看出，这些经纪活动在社会经济中的价值得到了体现，为社会总资本提供了增加值，带动国民经济的增长，形成农村经纪产业。

2. 经纪产业呈现网络化、多样化和整体化特征

随着农村市场发展和资产的投入，经纪专用资产的规模效益和运营效率也随之显现。农村经纪产业的发展，逐步由单一农产品涉及到多种农产品，业务由单一向多样化、综合化、跨区域化发展，资产核心由服务经纪资产转向信息经纪资产，农业经纪业务的地区针对性和相互联系，日益明显。独立出来的经纪产业部门不再是个别行业，而是全方位的扩展，发展速度越来越快，初步形成门类繁多，种类齐全的有机整体，总体呈现网络化、多样化和整体化的特征。

石门县经纪人深购远销，互通有无，为全县带来了国内外全新的质量、品牌、标准、营销、管理和市场概念，闫于烟、易法全、杨海静等上千名经纪人手提电脑网上营销，注册金

果、雾禾、泰仙、健谊、远亲等40多个农产品商标，仅柑橘产业就建起52家加工厂，容纳农民7 000余人，组建起柑橘、桃、茶叶、蔬菜、马铃薯、生猪、禽业协会60多个，石门县初步形成门类繁多、种类齐全的农村经纪产业。

3. 经纪劳动是一种具有职业性和有偿性的社会分工

职业性劳动是人们所从事的以谋生为目的的专门性劳动。包括两层含义：一是具有专门性，劳动者是固定的、而不是偶然的从事该项工作；二是具有收益性或（全部或部分的）有偿性，不是以义务劳动或免费服务的形式存在。目前，部分农村经纪人仍旧有自己的土地，表面上有兼业性质，但他们的土地已完全由家人生产，他们绝大部分精力和时间，从事以有偿服务为谋生目的的专门经纪工作，经纪活动已经是一种职业性和有偿性的社会分工。

截至2007年7月，上海市已有3 029农村经纪人、农村经纪企业8家，农村个体经纪18户，取得由上海工商局的农村经纪资格考核合格证明，这充分证明了经纪劳动是一种官方认定的“职业性的劳动”，不以农业经济发展为重点的上海市的农村经纪人队伍发展都已经步入“快车道”，其他以农业经济发展为重点的地区，经纪产业的发展就更快了。

4. 农村经纪行业性组织以及企业组织的正式成立

农村经纪人刚出现时，个体农村经纪人多，农村经纪组织少。但农村商品的同质性和交易的复杂性，决定单个经纪人不合作就很难完成经纪业务，农村经纪组织开始出现。从单个的农村经纪人到小型的经纪公司，再到大型的经纪企业集团，农村经纪人适应市场的需求，农村经纪组织机构逐步演进，承担农村经纪业务的能力不断提升，农村经纪行业形成并得以发展。

大型农村经纪人组织——农村经纪公司，其组织专用性资产本身是很多人力专用性资本的加总和物质专用性资产以及品牌资产的加总，无论在范围上还是数量上都比个人专属的人力专用性资本大得多。农村经纪公司专用性资产转移的高成本，标志着它们能够以农村经纪市场的正式主体的身份出现。为了行业发展，限制经纪服务市场竞争中的机会主义行为，自律性较强的大型经纪组织，不得不规范行业标准，农村经纪行业正式形成。

5. 经纪产业正式形成的标志

行业协会代表整个行业利益，对专用性农村经纪资产进行第三方权威评估和监督管理，专门管理农村经纪行业性组织。农村经纪行业协会，成为农村经纪行业形成的一个标志。目前，中国已经存在较多的农村经纪行业协会。合作社、经纪人是自从新中国建立以来就有的组织，尚不足以成为农村经纪行业的标志，而 2005 年 9 月 29 日江永县成立的农村经纪人协会，虽然意味着农村经纪人拥有了自己的行业组织，但它仍然不足以完全作为一个行业的标志。

20 世纪 70 年代末期，中国第一个农民科学种田技术协会在安徽省天长县成立，它意味着中国农村经纪行业的萌芽开始显现；始建于 1998 年的哈尔滨诚信农业技术经纪人事务所，是全国首家由农业技术经纪人创办的农业技术中介机构，对中国农村经纪行业的最初形成起到了极大的推进作用，有不可动摇的地位，但是它在 2004 年出台的、新的《经纪人管理办法》之前，只是从事农业技术方面的中介转让、试验示范和推广义务，更多表现为农村经纪产业“小荷才露尖尖角”的状态。

2004 年以后，中国农村经纪业务基本开始全面爆发，涉及除技术以外，更多表现在市场方面的信息、农业生产资料代购、农产品的代销、运输等多个方面的经纪业务领域。此时，具有法人资格、按照《公司法》登记注册和管理运作的经纪人企业，作为专门从事农产品经纪业务的专门平台，可作为中国农村经纪产业正式形成的标志。

在 2004 年以后、成立时间相对较早、规模相对较大的农村经纪公司，是 2005 年 10 月、注册资本人民币 10 万元，在广东东莞市石排镇成立的华南领先农业经纪人有限公司。这家拥有多名注册农村经纪人，长期供应蔬菜瓜果，以较强专用性品牌经纪资产的出现。由此，华南领先农业经纪人有限公司成为中国农村经纪产业正式形成的标志。

5.2 农村经纪产业的产业特性

5.2.1 农村经纪产业属于新兴产业

近几年，一系列惠农政策的出台，中国农村市场发生了极大变化：阶段性供给过剩，农业生产者竞争加剧，消费者需求多样化，农户和农业企业购买农产品的交易成本增加，民间自发形成的农村经纪人及组织因为市场需求的增加而越来越多。

中国各种农产品保鲜加工技术，农村各种信息通讯技术的突飞猛进，农村物资运输装备的更新换代，以及中国物流技术的方便快捷，中国农村生产流通的各种经纪服务方式纷纷出现，农产品销售市场半径逐步扩大，经纪中介业务跨区县、跨省市、甚至漂洋过海。因此，在满足新兴产业形成的 4 个基本条件中，无论是技术发明、新的消费需求的出现，还是相对成本关系的变化、社会变化将新产品或服务提高到现实的发展机会的基础上，中国农村经纪产业，完全满足这四个条件，以一种新兴产业的形态出现。

由于经纪组织所提供的服务，完全根据客户需要进行，服务质量的高低，服务令人满意的程度，只有在事后才能够鉴别其质量高低，如果有大量的、各种形式的广告行为，就意味着农村经纪产业进入成熟。目前，中国农村经纪产业只有极少量的经纪组织出现了简单的广告行为，就再次证明农村经纪产业仍旧属于新兴产业。

5.2.2 农村经纪产业处于产业成长阶段

农村经纪人从快速发展的浙江、江苏、山东等省，逐步向全国蔓延开来。2006 年颁布《农民专业合作经济组织示范章程（试行）》和《中华人民共和国农民专业合作社法》，明确了合作社在农村市场的主体地位，国家对它们的规范管理，标志着中国农村经纪市场正式形成。

随着农村经纪服务进入市场得到认可，农村经纪产业的市场需求容量开始扩张，生产方式也由农村经纪人的小批量生产，转为南北合作社联合经营的大批量生产，拥有了产业成长的一些基本特征：如经纪服务和生产的各环节及分工协作体系已建成，在竞争性产业中出现了相互协作、相互补充、配套生产的厂家群体，生产以粗放式为主要特征。各种身份的个人投资者和组织，如生产运销大户、龙头企业、农技部门、供销社、农村基层组织，纷纷牵头成立农业合作社，加入该产业，同时，2004 年起连续三年的一号文件的政策和“115 亿元专项资金”的支持，中国各类经纪组织蓬勃兴起，浙江省仅 2004

年就组建800多个合作社，占30%，产业发展速度超过农村产业系统的平均发展速度，农村经纪业规模开始膨胀，市场需求的作用促使产业量的成长，在量上呈加速增长的趋势，农村经纪产业初步呈现规模经济状况，产业产出在农村产业系统中的比重开始增加。

农村经纪产业内企业数量和规模分布以及企业之间关系的改变，促使经纪组织自身技术进步及服务升级换代，经纪组织的经营制度、管理方法及组织结构的创新、优化，促使产业在高效的经营管理水平基础上得以成长，产业内部协作程度提高，高技术经纪服务体系逐渐完善，引起农业在相关种植养殖和生产技术上的进步，农业生产过程日益专业化、技术化、标准化，农村经纪产业在农业结构变动中的作用愈发明显，同时，合作社之间联合协作的方式促使产业组织结构的大型化、集团化。

因此，农村经纪产业在规模、技术和组织等方面的这些变化，均表明农村经纪产业正处于从弱小到强大、从低级向高级、从形成期向成长期发展①。

5.2.3 农村经纪产业发展的自组织性和政府引导性相结合

1. 农村经纪活动出现的自发性

与政府主导的“压迫式”农技推广不同，由农业中介组织主导的技术推广是“示范式”的，更易得到农民认可。这种技术推广由初始的一两家农户的“示范效应”引致。农民“眼见为实”后，这种技术的推广普及便水到渠成了。由于农村经纪

① 丁立．产业经济学理论与问题研究［M］．北京：经济管理出版社，2000．

产业组织来自民间，对农民的技术需求十分了解，这种需求的真实性，使得某种新技术的推广与传播具有广泛群众基础，又切合当地的自然地理条件。

2. 农村经纪产业组织前期发展的自组织性

农村经纪产业组织是农民的自发组织，其合作成员多是本村或邻村的街坊，彼此熟悉，一种新技术是否值得向合作农户推荐，农村经纪产业组织需要充分考察、论证、比较、鉴别，再做出决策，原则上不存在坑害“自己”的心理动机。由此，避免技术选择的盲目性，降低试用新技术的风险。

农村经纪产业前期是随着市场演化而渐进发展和成长的，是在没有任何外来干预下的市场自发推动过程，相关的组织发展是通过内部自组织机制而达到，是社会需求直接引致的结果，基本属于“自己”的。只要技术本身有利于提高农业生产力，增加农民收入，他们就会进行技术推广与普及工作。总之，这种自发组织特征使得农村经纪产业组织与合作农户之间形成了一个利益共同体，避免了技术推广中的“机会主义”和“搭便车”。

3. 农村经纪产业随之发展的政府引导性

农村经纪业发展带来的社会经济效益较大，政府为促进农村经纪产业快速成长，开始进行引导，如 2004 年、2005 年、2006 年连续三年提出安排专项资金，开展试点和示范建设等；2006 年颁布的《农民专业合作经济组织示范章程（试行）》和《农民专业合作社法》，明确了合作社在农村市场的主体地位等，这些政策的实施，中国政府利用市场力量开始促进农村经纪产业的快速成长。目前，农村经纪产业在发展上具有自组织性和政府引导性相结合的特点。

5.3 农村经纪产业发展的动力机制

1. 市场有效需求拉动着农村经纪产业的成长

有支付能力的农户和农业企业在某一时间内在某一价格下对特殊农产品购买的数量越来越大，构成了对农村经纪服务的有效需求。对于农产品而言，不同品种、规格、生产要求以及质量等方面需求的多样性、层次性和数量上的规模性，就决定了农村经纪产业的多样性、层次性及规模性。

随着中国农村市场经济的完善、农产品市场经营范围的扩大和社会分工的细化，农村经纪产品的消费需求不断升级，农村经纪产业结构也随之升级换代，进一步完善。

由此，在市场竞争机制下，厂商加大农村经纪产业的研究开发力度，以满足市场的需求，农村经纪产业能否构造市场利润的空间，得以发展，能够从数量型向质量型、从粗放型向集约型转型，从根本上说，都是市场对农村经纪服务需求的大小所决定的。

2. 投资推动着农村经纪产业的成长

2004—2006 年连续三年的 115 亿元专项资金，用在各种农产品的生产养殖技术、人力资本、机器设备以及土地上，在现有农村经纪产业技术水平下，促使农村经纪产业资本的形成，直接作用于农村产业，发挥了国家财政投资的乘数效应，使产业得到极大的扩张，确保了农村经纪产业的业务规模的扩大。同时，投资的增加，用在研究开发费用的增加，能够推动技术进步来实现农村经纪产业升级，实现农村经纪产业质的成长。

3. 技术进步支撑着农村经纪产业的成长

技术创新有转化为现实物质财富的潜力，能实现市场需求，使农村经纪产业在数量规模上实现扩张，提高生产能力。更重要的是引发产业在质量上得以发展，促使产业升级、成长和发展。因此，技术创新是农村经纪产业成长的支撑条件和现实基础。如美国新奇士橘农协会，通过新型通讯技术、物流技术、信息技术和农业科技的应用，建立起区域性销售网络信息体系、客户管理系统及果树信息档案管理系统，记录并调节果实成熟期，使果品分期上市，从而促使农村经纪产业得以生存、升级、成长和发展。

4. 制度支持着农村经纪产业的成长

农村经纪产业成长在本质上是社会分工在部门间及部门内的扩展与深化，表现在生产类似产品或替代品的企业不断进入农村经纪产业。分工演进引起的交易费用不断上升，需要不断创新制度，提高交易效率，进一步促进分工扩展。因此，分工受制度变迁方向与速度的限制（贾根良，1998）。农村经纪业成长初始中，社会资源不断进入，新企业出现，原有企业不断扩大规模。随着经纪业务的扩展，为确保产业的健康成长和竞争有序的进行，就依赖于规范的有效率的制度支持，如农村经纪产业进入、竞争、融资、兼并以及流动制度等。如果这些制度开放、自由、不断创新，与产业发展高度匹配，就能激发产业的发展活力，促进产业成长。

5.4　农村经纪产业的市场结构及市场特征

产业组织研究理论，无论对竞争性产业、非竞争性产业，工业制造业、初级产业还是服务业，都适合。本章也试图从产业组织角度，研究中国农村经纪产业问题。

5.4.1 基于 S—C—P 范式的农村经纪市场结构分析

市场结构指产业内企业间的市场联系及特征，体现产业的垄断竞争程度。通常决定市场结构的主要因素有以下几个方面：

1. 市场集中度

市场集中度是指产业市场中卖方或买方的数量及在市场中的份额，反映产品或产业市场集中的状况，测定最大企业在市场上的支配程度。一般企业所占份额越大，市场集中度越大，对市场价格影响也大，易形成对市场的垄断；反之，企业之间的竞争程度就大。按分析对象，市场集中度分为卖方集中度和买方集中度。卖方集中度主要考察卖方企业数及企业在市场上所占的份额高低。买方集中度是考察买方企业数及较大消费者在市场中所占份额的高低。影响市场集中度的主要因素有规模经济水平、横向并购自由度、产业进入壁垒、企业政策、产业政策法规等。一般来说，产业规模经济水平高、产业内并购自由、产业进入壁垒高，市场集中度越高①。

2. 产品差异化

产品差异化指品种、等级、规格、交货期、信用条件、售后服务、信息提供和消费者偏好等方面，存在差异，导致同类产品不能完全被替代。产品差异化越大，产品被替代的可能越小，消费者产品服务独特差异性的感知越强，顾客忠诚度越

① 苏东水．产业经济学［M］．北京：高等教育出版社，2000：129.

高，市场占有率越高，市场集中度越大。独特性形成市场进入壁垒，产品差别化程度越大，对市场垄断就越强。产品的差异性可以通过产品资产的不同专用性形成。资产专用性分为：地理区位专用性、实物资产专用性、人力资本专用性、完全为特定契约服务的专项资产以及名牌商标资产的专用性。一项交易的资产专用性越强，产品的差别化就越明显。

5.4.2 中国农村经纪产业的市场特征

1. 中国农村经纪市场已经正式形成，开始进入快速发展时期

家庭承包经营责任制和减免农民税收政策实行以来，中国农产品市场发生质的变化——从短缺型的卖方市场转变为阶段性供给过剩的买方市场，农产品商品逐步的全面化，彻底改变了传统经济中生产者的主导地位，消费者成了市场的受益主体，竞争在生产者之间展开。为满足消费者各式各样的需求，民间自发形成的农村经纪人越来越多。随着经纪业务范围扩大，农村经纪人、经纪公司开始增加，中国农村经纪产业开始形成。

目前，中国农产品交易效率不高，农业生产分工协调费用较高，中国农村经纪机构数量不多，经纪人的服务质量，完全根据客户需要进行，行业细化不够，提供高附加值经纪业务的组织数量少，经纪业务的专业化、精细化还很遥远，只有极少量的经纪组织出现了简单的广告行为，意味着农村经纪产业还未成熟，正处于走向成熟的成长阶段。

2. 农村经纪服务同质性强，差异化水平不大

消费者对农村经纪业务要求是能够卖出或买到想要的产品，在服务差异化方面的要求很少，这就意味着消费者对农村

经纪业务的选择没有明显的消费偏好。

农村经纪服务小规模的分散经营格局，使农村经纪产业外延式和内涵式扩大再生产，受规模经济及地域经济范围的制约，降低了经纪组织对科技投入和品牌投资的动力。同时，中国农村经纪组织组建历史短，缺乏经纪服务所需的人才和技术，农村经纪市场个体和组织的品牌不多，经纪服务供给多是“量体裁衣”式的“订制化”生产，种类单一、服务同构程度高、服务差异化竞争手段缺乏特色。因此，除自然再生产造成的差异，及在农产品新品种的开发和品牌的推广及一些额外免费服务方面有些微小的差别外，农村经纪服务基本上呈同质状况，差异化水平不大。

3. 逐渐显现出垄断竞争的特征

包括：①市场容量大，产业市场集中度低。中国农村经纪市场，刚形成没有几年，市场容量大，生产者个数多，最适生产规模仍在探索之中。农村经纪产业市场集中度低，不可能是完全垄断和寡头垄断市场。同时，农村经纪个体和组织，因差异性较强、替代性较差，呈现出垄断竞争的特征。②拥有的信息知识不充分。经纪人通过给农产品供给者和需求者提供信息来促成交易，每个经纪主体获得的信息渠道不同，达不到完全竞争市场“拥有充分完备的信息知识”这一基本假设条件。③市场进入或退出不完全自由。农村经纪产业中，农村经纪人技术水平要求较低，资本输入较少，同一地点竞争强度大，但经纪人和经纪公司都或多或少存在资金、技术或者法律的进入和退出的壁垒，在进入或者退出市场上不完全是自由的。由于上述这些特点，农村经纪产业更多的属于垄断竞争市场。

4. 农村经纪市场交易双方力量不均衡，经纪组织更多的是接受价格

农村经纪市场中，决定讨价还价地位的是交易双方经济个体数量的对比。目前，上游需求者农户的数量远大于经纪个体和组织的数量，经纪组织之间，达成一致协议的费用较低，在与另一方的讨价还价中容易取得优势，获得有利的价格。

同时，下游规模以上的农业企业，在数量上没有农村经纪组织多。广西 2005 年的农村经纪个体和组织共 2 874 户，个体经纪人 2 466 户[①]，而营业收入 100 万元以上的农业企业有 1 422个，2007 年广西龙头企业 111 家[②]。不提农村经纪个体数，仅 400 多个农村经纪组织，就是龙头企业的 3～4 倍。由于农产品加工企业（作为经纪服务的下游需求者），其数量低于经纪个体和组织的数目，农产品加工企业容易达成协议，操纵农产品的需求价格，与经纪个体和组织的讨价还价中具有优势。因此，农村经纪市场交易双方力量不均衡，经纪个体和组织力量比农户谈判能力强，而又比农产品加工企业弱。同时，农产品市场中，经纪服务所占市场交易份额还不大，不足以影响市场价格，经纪个体和组织更多的是接受价格而不是决定价格。

5. 经纪人与各类经纪组织的目标市场出现差别

经纪业务逐步渗入国外市场后，为避免势单力薄，强化规模经济效益，大规模、跨区域的经纪组织，日益成为市场需求，应运而生，如 2006 年哈尔滨 5 万农村经纪人组建专门协

---

① 广西发展农村经纪人应对三农难题［EB/OL］. 桂龙新闻网，2005-12-16.

② 中国乡镇企业年鉴（2004 年）. 广西乡镇企业发展情况［EB/OL］. 中国农产品加工网，2008-01-17.

会。中国农村经纪产业由此出现个体和组织、民间和官方并存的欣欣向荣的局面。

不仅如此，经纪人与各类经纪组织的目标市场出现差别。有通过现代网络技术，建立自己网站的方式，将懂网络、生产特色农产品、高素质的农民锁定为自己的高端目标客户，占领农村经纪目标市场（见表 5-1）。如 2004 年沈阳农民曹东哲，创办中国农村经纪人网，专门收集国内外农产品市场信息、处理订单，在网站开辟国内农产品交易市场，允许全国 5000 多位会员在网上免费发布信息，把农产品销售到国际市场。

表 5-1　农业大户获取市场信息渠道的认可度统计表

信息渠道	大户数	比例（%）
报刊	217	27.1
计算机网络	86	10.7
电视机、电台	217	27.1
村组干部	202	25.2
其他	79	9.9

资料来源：扬州市 801 个大户问卷调查整理。

6. 中国农村经纪市场发展空间极大，发展速度较快

2005 年全国较规范的合作社，入社农户只有 2 363 万户，占农户总户数的 9.8%（张晓山，2005），覆盖率并不高。从经纪业务上游对象——农民人数而言，农村经纪市场发展空间还很大。同时，目前农民经纪组织主要体现为专业性的经纪组织，即进行同一产品生产的专业合作社，综合性经纪组织的数量还比较少，尚处于起步阶段。而国外更多的是“综合性”的经纪组织为主，当今发达国家服务业增加值占国内生产总值 70%左右，在服务业增加值中生产者服务占 70%左右（刘志

彪，2008）。另外，中国农村经纪市场发展速度较快，每年至少以15%左右的速度发展[①]。

7. 中国农村经纪市场发展存在典型的非均衡性特征

（1）区域性不平衡。发达地区农产品商品化率高，蔬菜、生猪、牛奶、禽类生产对市场依赖程度较高，一年之内多次买卖，对经纪业务需求较多，故在这些领域发展较多，农村经纪市场发展不均衡。

（2）行业性不平衡。受农民所在地区的生产经营集中程度的影响，农业经纪业务随生产品种不同，其规模效益有所不同。中国农户的土地经营规模一般偏小，种植业规模经济不明显，但是养殖业、畜牧业的规模经济较明显，因此，畜牧养殖业中的农村经纪人多，而种植业中的农村经纪人少。其中，在畜牧养殖业内部，养猪、养禽、养奶牛中的经纪人居多。种植业内部，经济作物领域的经纪人多于粮食作物领域的经纪人——蔬菜和水果行业的经纪组织又是种植业主要部分，占50%，粮食、棉花、油料等大宗农产品行业的专业型经纪组织数量很少，在10%以下[②]。粮食经纪人出现的较晚，但发展速度较快。2007年，中国一半以上的商品粮经由经纪人收购，山东威海、河南商丘、河北柏乡，更是高达90%。粮食生产内部，小品种、专用品种、特色产品的经纪人多。

8. 电子商务——农村经纪业务的交易方式日益国际化

农村经纪组织，开始利用网络，借鉴电子商务的创新形式，实现技术经纪人网络化管理、网上资格证书的互认或衔

① 赵红梅．河北省40%农户靠农民专业合作组织闯市场［N］．河北日报，2007-07-05.

② 全国人大农业与农村委员会课题组．农村经营管理，2004（10）.

接、技术交易活动及技术产品信息发布网络化，农村经纪业务交易方式日益国际化。

目前很多农村经纪主体都已做到信息展示，他们通过行业站点、自身站点或其他站点来宣传展示自己，将组织和个人的基本资料、经营业务和联系方式等通过网站展示。兖州肉鸭养殖技术协会，加入了中华企业网和国际因特网，注册了“鸭”、“肉鸭”、“DUCK”三个专业区域网址，广泛搜集鸭业各方面的知识，了解最新市场和技术行情。

数据库建设：很多农村经纪人自建站点，但功能过于简单，不支持数据搜索查询，网站要手工更新，也没有利用表单技术制作调查问卷或留言板在互联网上搜集信息。这些功能的技术非常成熟、简单，容易实现。

网上贸易：农村经纪主体通过自建站点或租用空间，如天津农业信息网的“兴农网店”，利用网上交易平台的用户验证、在线谈判、产品展示、购物车、电子支付等功能，进行在线交易，从事网上贸易活动。但总的来说，达到这一层次的网站非常少。

网络互访：指农村经纪主体将自身的产品和客户数据库与上游的农民、同一层次的其他经纪人或企业、下游的客户（个人或企业）以及政府进行共享，更有效地利用现有的信息，建立一个动态的跨地域的信息系统。

5.5 中国农村经纪产业的五力模型

5.5.1 农村经纪产业的五力模型分析

1. 农村经纪业服务的独特性

农村经纪业提供的经纪服务，只能由一家经纪组织或个体完成，无法像产品一样，由两个经纪组织或个体提供，使得市场对服务和产品在流通中的具体环节数和流通内容不同。经纪服务无法沿着实体产品的生产者、产品的提供者和产品的需求者三个流通环节流动，只能沿着服务的提供者和服务需求者两个流通环节流动。同时，经纪服务的消费需求，不同于有形产品，是无法转变成具体的产品特征和规格的。经纪服务没有实体性的产品保留，表现出无形态性、中间消耗性以及经验性的商品特征，是一种非搜寻性、不可储存性、所有权不可转让的特殊产品服务。

2. 农村经纪产业模型的独特性

迈克尔·波特认为，进入威胁、替代威胁、买方议价能力、供方议价能力以及现有竞争对手之间的竞争，共同决定一个产业竞争强度及产业利润率。这五种作用力中最强的一种或几种作用力，对产业战略发展起着关键作用。鉴于农村经纪服务流通环节的特殊性和具体的流向，本书用服务的上游需求者和下游需求者，分别代替供应商的和购买者，为此构建了经纪行业的五种竞争力量（模型如图 5－1 所示）：上游需求者、经纪组织、下游需求者、潜在竞争者和互补者。通过分析经纪产业的 5 力模型，试图从整体上揭示中国农村经纪产业的竞争格局。其中，农村经纪产业的上游需求者主要是农户，下游需求者主要是农产品和农资生产商；现有竞争者分别是：农村经纪人、合作社、农业协会，潜在的竞争者主要是龙头企业，或者是大型农业贸易公司，而替代品就是政府举办的农业信息网站等。

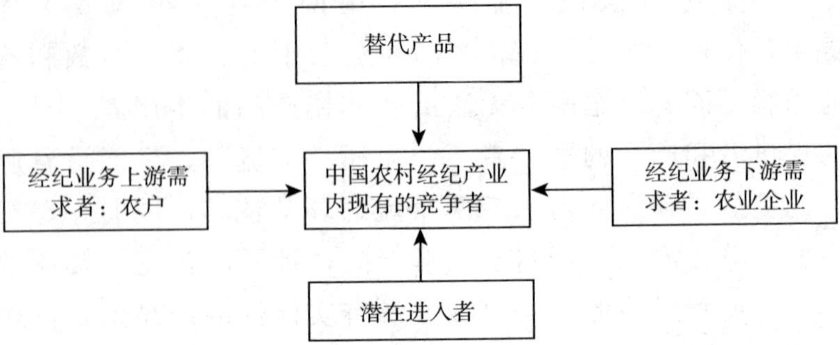

图 5－1　中国农村经纪产业的五力模型

5.5.2　上游需求者——农户的讨价还价能力

1. 农产品品质保鲜的时效性，挤压了农户与经纪组织谈判的空间

农产品的损耗，为近 50%以上的物流成本，加大农产品的生产流通成本。同时农产品需求价格弹性较低，市场封闭、集中上市、过度竞争等问题凸显，使农户与收获季节之后的较长时期内的市场机会和收益，处于分离状态。农户的报价和还价空间受到经纪组织挤压，不得已只能以较低的价格，委托经纪人出售农产品，无法分享较高流通环节的收益。

2. 农户原子化状态的经营方式，交易数量及谈判力量薄弱

在接近同质的农产品市场中，以家庭为生产经营单位的农户，数目众多，将近 2 亿之多（人均 4 口），农户经营规模配置超小，排斥资本密集型生产技术，生产规模不经济，呈现“原子”状况。同时，组织化程度不高，集中度非常低，与经纪组织谈判时，讨价还价力度小。即便世界农业规模经营程度

最高的美国，每个农场平均销售额高达10.3万美元，1997年美国农场总数仍然高达191.2万个，仍认为力量过小，需要成立全国“农协”进行协调。目前，上游需求者——农户，因为销售量小，讨价还价处于劣势。

为强化讨价还价力量，上游需求者必须提供在买主产品总成本占较大的比例、对买主产品生产异常重要的、或直接影响买主产品质量的农产品；上游需求者的农产品具有一定特色，产品的买主不是很多，找到替代品有一定的困难；或者上游需求方实行前向联合或一体化的难度要大于经纪组织后向联合或一体化的难度。

5.5.3　下游需求者——农业企业的讨价还价能力

中国农村经纪产业由大量相对来说规模较小的经纪个体和组织组成，所购买农产品差别化程度不是很大，同时向多个经纪组织购买农产品在经济上不是完全可行。对于特别需要的、差异化明显的农产品，下游需求者有能力实现后向一体化，而经纪组织实现前向一体化只有不到一成（农村经纪产业的覆盖率为9.8%）[①] 的可能性，即使安徽省发展较好，经纪组织实现前向一体化也只有16.7%的比例。因此，对农村经纪产业的需求还是比较大的。

中国农村经纪产业的下游需求者——农业企业的数量，虽然远少于上游需求者，但也不多于经纪组织。农业企业购买量较大，组织规模也普遍大于上游需求者和经纪组织，例如，广

① 郭庆海．我国农民合作经济组织产业分布差异解析［J］．农业经济问题，2007（4）．

西营业收入500万元以上的农产品加工企业就有1 380个，111个龙头企业，而农村经纪个体和组织共2 874户[①]。它们在农产品市场上的相对垄断优势和拥有的市场力量，使得竞争中市场均衡价格向有利于下游需求者的方向偏离，转化为对市场的垄断，在与经纪组织的业务交易中容易讨价还价，占据价格优势。

5.5.4 潜在进入者的威胁

新进入者进入农村经纪行业，取决于进入障碍的高低与现有企业对进入者的反应。

1. 进入壁垒

进入壁垒指新企业进入某一产业时遇到的不利因素和限制，考察市场主体进入的难易程度，反映已有企业强弱和市场潜在竞争程度的高低。一般分为结构性、策略性和行政性壁垒。

(1) 结构性壁垒。结构性壁垒产生于欲进入的产业的基本特性，即进入某一特定产业时遇到的经济障碍。包括技术、成本、消费者偏好、规模经济和市场容量等方面的障碍。农村经纪业形成时间不长，业务主要是中介服务，寻找商机、市场调查预测是每一个市场主体必需的本领，接受委托、报价还价以及成交的技术门槛不是很高，所需要成本也不高。任何一个农户在相关的工商管理部门报备申请成为农村经纪人，一般都可以成功。而前面已分析过，农户对经纪人的需求是稳步增加的，如湖南省持证农村经纪人，2006年底达到9 782个，比上

① 中国乡镇企业年鉴.2004.

年增长 28%。2007 年又比上年增长近 50%，达到 1.5 万人[①]。

至于规模经济和市场容量问题，中国农村的市场化程度，还处于稳步增加的阶段，中国许多农产品的商品化率还不够高，如 2005 年青岛胶州农产品的商品化率只有 80%。因此，中国农村经纪市场空间仍在扩大，还不会与现有企业发生原材料与市场份额方面的竞争，不会导致行业中现有企业盈利水平降低等情况的出现，其市场容量的饱和程度无需过早考虑，农村经纪产业的结构性壁垒基本不存在。

（2）策略性壁垒。策略性的壁垒，是在位厂商通过提高结构性壁垒，或者对进入者明确的抵制言论等方面的行为而设立的障碍。农村经纪业仍处于成长中，受地域分割影响，所需的投入资本不高，农村经纪服务的转换成本低、不受规模支配的成本劣势（如产供销关系）不明显。同时，因为经纪服务的无形性，目前法律难以充分保护经纪资产，无法抵押进行融资和提高资产规模，结构性壁垒不高（农业合作社只需 10.5 万元的注册资金）。与其他产业相比，农村经纪市场容量大，除非构成直接威胁和竞争，现有经纪组织对进入者的反应较小，基本不采取行动，总体策略性进入障碍低下。

（3）行政性壁垒。行政进入壁垒指各级政府主管机关运用权力限制或阻止潜在竞争者进入特定产业的行为，受长官意志控制明显，有较大的强制性、随机性和主观性，表现为制度壁垒和税收壁垒。一是农地制度形成的进入障碍。农户土地集中程度低，经营规模过小，农户求取中介不值得，也不划算，阻

① 农村经纪人实行“非禁即入”——湖南省农村“红娘”去年成交额 52 亿[EB/OL]．http：//ddsb.rednet.com.cn，2007-03-28.

碍农户对农村经纪产业的需求，在事实上构成农村经纪产业形成和成长的进入障碍。二是政策连续性差形成的进入障碍。工商行政管理局对农村经纪人管理存在随意性。农作物收成好时，就放松对经纪人管制。收成不好的年份，就抓紧管制，打消了农村经纪人将经纪业务作为终生事业的打算，兼业户缺乏大量资本和技术，整个经纪产业难以快速成长，呈现松散型状态。目前，政府主管机关认识到农村经纪业务的重要性，他们除了对农村经纪人及协会的项目审批、资格认证方面，进行进入限制外，更多的是对农村经纪产业的扶持和优惠。除了服务性行业"先入为主"的先天壁垒，即服务需求者对新进入的农村经纪公司的服务质量信息了解不充分，又不愿意付出信息搜寻成本所产生的、对新进入者的产品和服务的排斥外，中国农村经纪业的制度壁垒基本没有。

如锦州市工商部门加大培育农村经纪人的力度，开辟优惠、方便、快捷的登记渠道，扶持引导农村经纪人注册登记，免收专职经纪人和经纪组织的一切费用；允许兼业经纪人的注册登记；鼓励边远地区农村经纪人的注册登记，免收费用外，还上门办理注册登记手续；对农村经纪人在法律咨询、注册登记等方面提供指导服务。2006 年发展合法主体资格经纪人 30 户，2007—2010 年年均增长 50%，2010 年达到 153 户。

2. 退出壁垒

退出壁垒指限制在位厂商退出某一行业的难易程度。农户如果做不成经纪人，就专业从事农业生产，要么承包土地，扩大经营规模，利用经纪经验指导自己、专门生产特色农产品，或者组建一个小的农业企业。因为中介服务，分析信息，寻找商机、市场调查预测、报价还价以及成交，都是市场主体需要的基本知识，与农户经营和企业经营所需要的人力资产基本具有通用性，人力资产的专用性不强，损失不大。

对于将合作社以集团下属单独成立的企业而言，企业经营可能部分受到影响，但信誉损失基本不大。由于政府引导经纪产业的发展，对农村市场的发展和健全做着各方面的努力，至于行政法规和市场发育不完善所引致的退出壁垒在逐渐改善，经纪产业还没有出现降价的促销手段，农业网络越来越发达，用户的转换成本不是很高，因此中国农村经纪产业退出壁垒也不高。

3. 小结

中国农村经纪产业进入壁垒几乎没有，退出壁垒很低，新进入企业只要愿意，可以随意进入和退出。目前，政府专项资金支持及有关税费的部分减免，农村经纪行业利益不大，但市场空间大，竞争小，企业花费的代价与承担的风险相对不大，因而引起一些大型农产品贸易公司的兴趣。这些潜在的进入者就浮出水面，成为行业内正式竞争者。例如浙江省依托农业龙头企业，利用加工、品牌、营销优势，牵头组建的经纪组织，所占比重从 2002 年名不见经传、无法单独列出，快速增加到占 2004 年 10%的比例。但总体上潜在竞争者因为行业利润低下，进入意愿不强烈，进入的能力弱。

5.5.5 替代品威胁

处于不同行业的两个企业，由于生产的产品互为替代品，在同一目标市场出现竞争的行为。一般替代品价格越低、质量越好、用户转换成本越低，被替代的程度越大。目前，中国农村经纪组织的替代品，是不以经纪中介为主要业务的合作社和龙头企业。

1. 龙头企业

这些龙头企业，受益于行业整合，依托优势产业，结合农产品出口需求，大力发展订单农业。龙头企业加强企业与农村集体的合作，通过一企带一村、一企带多村等形式，引导农民推行农产品生产、加工以及基地建设的标准化，与农户形成相对稳定的产供销关系，提高农产品加工业产值和农产品加工转化率，培育一批优质、高效、安全、生态产品，增强农业龙头企业的辐射带动力，持续稳定带动农村经济发展。与农户利益联结得好，合作关系稳定，一些农村经纪业务，如作物品种、化肥农机具等农资、农产品销售以及农业技术的提供，就由龙头企业提供，而不再被农户需要，成为农村经纪业务的替代品。

2. 不以经纪中介为主要业务的合作社

根据入社成员交纳的农产品数量，收取一定经营费用，满足农民和企业对农产品、农业生产资料规模卖出、买入的消费需求，将触角渗透到农产品的流通领域、生产领域的整合，增加了农产品销售的集中度和农资购买的集中度，降低相同领域对经纪中介业务的需求底线，成为经纪中介业务的替代品。

单个农户面对较大市场时，天然地处于弱势地位，不对称的市场弱势和境况类似的同业者，就有横向联合、组织专业性集体行动的动力和取向（黄祖辉，2000），美国、日本、法、韩等国已经验证。“农协”作为农户横向一体化组织，成为日本农产品营销高效运行的主体。美国、加拿大的家庭农场都有一定规模，但他们仍组建各种合作组织。

目前中国合作社有“政府牵头，农民响应”和“农民牵头，民半公助”[①] 两种形式。

(1)“农民牵头，民半公助”合作社。这种合作社以“民办”为主，“公助”表现在创办基金、场地、注册税收登记优惠、水电道路倾斜等。这种基于自身需要出发的组织，按照一定的利益联结经营，带有很强的“草根性”和独立性，但因地制宜的运作方式，既有行业管理的职能、又有企业的某些特性，形式多样。如上海珠丰甜瓜专业合作社、富民蜂业专业合作社、三星柑橘专业合作社，具有“农民专业合作社”营业执照，与以公司为代表的企业法人一样，是独立的市场经济主体，享有生产经营自主权[②]，经营上更有活力和生机。同时，处于主导地位的农民，能为成员谋求利益。

从2002年到2004年，浙江省由生产和运销大户牵头的合作社所占比例由22%上升到40%（表5-2），这意味着以农村专业大户、经营能人牵头的生产—经营—购销优势合作社，两年期间增长了18%，成为农民专业合作经济领域发展最快的形式，对带动农户、满足市场需求的作用大，具有较大的市场竞争力。

表5-2 浙江省农民专业合作经济组织牵头主体所占比例

年份	总数（个）	生产和运销大户	农技部门	供销社	农产品批发市场	农村基层组织	龙头企业	其他
2002	1 597	22%	33%	7%	—	11%	—	21%
2004	2 718	40%	30%	15%	3%	2%	10%	—

资料来源：根据浙江省农业厅2002年和2004年的农民专业合作经济组织的调查整理。

① 曹阳．当代中国农村微观经济组织形式研究［M］．北京：中国社会科学出版社，2007.

② 周凯．上海首批农民专业合作社获得营业执照［N］．中国青年报，2007-07-03.

（2）政府牵头的合作社。一般由传统组织如农技推广部门、乡村社区组织、农村供销社作为股东，再联合大户组建而成，能有效利用和改造历史上既存的组织资源，节约合作社组建时期的组织成本，适合能人稀缺的广大农村[①]。政府牵头的合作社，其组织规模较大，发展较快。从2002年到2004年，浙江省农民专业合作社，依托基层供销部门，由2002年的7%上升到2004年的15%（表5-2）。

政府支持下建立的合作社，独立性相对较差，政府力量占据着主导地位，以核心社员的利益为重，容易忽视普通社员的利益，演变为传统组织的代言人或下属机构，遭遇农民反感，降低农户自发参加合作社的意愿。例如，由农技部门牵头的合作社由2002年的33%下降到2004年的30%，农村基层组织牵头的合作社由11%下降到2%，2004年浙江省有基层社564家，比改制前的727家减少22.4%，其中以基层社名义开展经营为农服务的只有327家，仅占58%。这意味着基层农技部门为农户在技能、服务方面的作用降低，农户对基层组织牵头的合作社的加入兴趣不大。

3. 直接服务于农户的政府信息网和热线咨询

至于农村经纪业务的替代品，主要表现在各级政府所提供的各种服务方式，主要有：

第一，对农产品市场信息的采集和分析，所建立的农产品批发市场价格信息、农村供求信息全国联播系统和国际农业生产贸易信息系统。它们从不同的角度（技术、销售、市场价格

① 曹阳．当代中国农村微观经济组织形式研究［M］．北京：中国社会科学出版社，2007.

等方面)，为农户和农村经纪人提供信息和相应的咨询。如农业部建设的中国农业信息网，各级地方政府也纷纷建立了旨在为广大农民和经纪人服务的兴农网站。以河南为例，有省一级的河南农业信息网，市一级的鹤壁市农业厅的绿洲农网，县一级的如汝南县农业信息网。农业信息网上，来自全国各市县的批发市场、企业、农村经纪人的买卖信息都及时发布在该网站的首页，并且信息搜索和比较都很方便，这样使得该网站成了一个农产品生产和销售的“指示灯”。

以虞城县农业信息网为例。虞城对全县杂果、苗木、花卉、食用菌、粮食、畜禽等6大类50多个品种系列的商务信息，对全县82个农村服务点采集上报的信息和网上成交情况及时核实、发布和汇总，提供网上对接服务，为农民建立免费信息发布平台948个，采集发布信息1 127条，网上成交额8 911.7万元。田庙乡后刘村蔡银龙通过网上对接，向蒙牛集团安徽分公司销售杂果1万多千克，平均单价比上年高0.2～0.3元[①]。

第二，政府提供的服务热线。例如24小时值班的农科110服务热线，通过电话咨询解答服务、Internet网络远程视频会诊服务、专家现场指导服务、媒体点题服务、物流配送服务，将现代呼叫中心技术与农业应用有效结合，为农民提供在线咨询服务。这种公益性特服号码，全省统一，免长途费、免信息费、免咨询费，形成上下联动、形式多样、快捷灵活的农业科技推广服务体系[②]。

① 虞城县参加第二届新农村商网夏季农副产品网上购销对接会成效显著［EB/OL］. 商丘市虞城县商务之窗，2008-17-29.

② 山西农科110深入开展科普惠农［EB/OL］. http//www.cast.org.cn，2008-08-19.

从提供给经纪人信息的角度而言，它是经纪人的替代品，2006年沈阳农民曹东哲创办并任CEO的中国农村经纪人网，与国内外2 000多家协会、企业共同合作，给经纪人提供更多的信息。但对于能够运用网络获取发布信息的高端农户而言，曹东哲创办并任CEO的中国农村经纪人网，也呈现出替代农村经纪业务的部分特征，其“中国农村市场信息普及化工程”活动，为农民提供商情服务，减弱了对经纪人的直接需求。

4. 小结

与农村经纪人相比，“公司+农户”的农村产业化的发展模式，存在其自身难以克服的弊端。这种模式里面，处于绝对优势地位，有绝对发言权的是龙头企业，农民满意与否几乎不影响企业的决策，这种模式的农业服务作用较小。

合作社与农村经纪人相比，业务规模更大，所带动的农户数更多，辐射面积大，甚至呈现出“专业乡”、“专业县”的局面，对农村经济发展影响力强。但是受农民欢迎的“农民牵头，民半公助”合作社，所占比例小，所起作用有限。同时，无论谁牵头，合作社在单纯信息咨询、销售、物流方面的能力，赶不上经纪人，由此降低市场需求程度。

5.6 行业内现有竞争者的竞争

中国农村经纪市场的现有竞争者主要是农村经纪人和农村专业技术协会。其中，在农村经纪人的基础上发展起来的早期的运销协会，如“专业技术协会”或“研究会”没有稳定统一的发展模式，组织管理也不规范，成员的权利和义务不明晰，流动性较大，组织的稳定性不强。它们与国际通行的合作社制度相去甚远。在实践中经过长期的选择，专业协会是占主导地位的农民经纪组织形式。由于农村经纪人的经纪业务不排斥小规模农产品，以及与其交易的便利性和交易的信任感等特点，农村经纪人也日益发展起来。

5.6.1 农村经纪人

农村经纪人以个人为单位，形式比较原始，活动区域较小且集中性强，经纪业务量不大，工作时间有很强的季节性，大多没有放弃土地，仍旧“兼营土地”。目标客户主要为低端客户——一般农民，也有为高端客户——如中国农村经纪人网的客户。

在其他农村经纪组织的代理信息无法获取的情况下，农户以地域乡情为判断标准，认定本地农村经纪人在意道德声誉，能够全身心帮助自己实现利益最大化，而成为代表农民集体采购农资、降低农资价格保证质量的代言人；而公司选择农村经纪人作为代表，代替公司收购农产品，帮助厂家缩短推广时间，解决厂家传统店面经营低效、连锁店投入过大以及地域广阔且居住分散的农民购买需求问题，高效低成本完成农产品从乡村到城市和农资、农村生活用品从厂家到农民的双向流动。

虽然与合作社相比，农村经纪人主要为较低层次、经纪业务规模较小的农村经纪市场服务，但是，农村经纪人的普遍性，以及与农村经纪人交易的自由性，使得农村经纪人在农村经纪市场起到了拾遗补缺的作用，从而成为农村经纪产业上游需求者——农户的首选。农村经纪人由此也日益发展。2005年，宁夏回族自治区农村经纪业务超过500万元的经纪人达

1 125户，超过 1 000 万元的经纪人达 300 户。2007 年山西省的农村经纪人有 50 万人之多。山东和广西的农村经纪人分别为 29 万和 20 万人①。

农村市场发展，农村经纪人依靠个人力量，很难把规模做大。活动资金不多，农产品营销的市场范围有限，发展后劲不足，农村经纪人中懂技术会管理、市场开拓能力强的复合型人才缺乏，社会总体交易成本过高，参与市场竞争和抵御市场风险的能力仍显不足，其服务职能难以充分发挥。同时，农村经纪人的进入门槛过低，管理难以规范。

互联网的普及，一些农村经纪人在网上建网站，发布供货信息，农村经纪服务由传统方式进入现代网络方式。如沈阳农村经纪人曹东哲创办的农村经纪人网，为全国 5 000 多位会员提供农产品信息服务；而农业科技经纪人也通过网络，以在线农业科技咨询活动，将善于利用网络资源、生产极具特色农产品的一些高端农民，从中国农村经纪服务的目标市场中争夺过去，成为在中国农村经纪产业中最具有经纪头脑的竞争对手。

5.6.2 农村经纪人组织

同一个地区经营同一类农产品的经纪人，为摆脱资金狭小的局限，强化农村经纪业务规模，减少交易次数，增加与上下游需求者的讨价还价的力度，突破地区和行业限制，自发组织建立经纪人公司或者有农村经纪资格的公司。

上海盛亮果蔬合作社有限公司（下称“盛亮果蔬”）的 7

① 郭庆海．我国农民合作经济组织产业分布差异解析［J］．农业经济问题，2007（4）．

名注册农村经纪人，到工商部门进行经营范围变更，成为上海首家获得农村经纪资格的公司①。唐山市 2007 年加强农村经纪人组织化建设，当年注册经纪公司达 102 家，由他们经手的农副产品占唐山市的 87.2%，经纪成交额达 149.8 亿元，占河北省的近 1/5②。

农村经纪组织，有农村经纪公司和农村经纪协会两种。前者以公司为单位，明确产权关系，提高信息资源的综合利用水平，增强组织运行效率，增加农村经纪市场开拓和抵御风险的能力，增强市场竞争实力，是未来农村经纪人组织的发展方向；农村经纪协会，以协会为单位，将经纪人以半紧密的方式联合在一起，发挥规模优势，解决经纪人单枪匹马，竞争时，相互压价、拆台以及经营能力和资金不足等弊端，促进合作社与农民的联姻，沟通企业和经纪人之间的联系，使得经纪人与农民利益联成一体，规避市场风险对合作社和农民的损害，更好地服务于农村经济（表 5-3）。

表 5-3 部分省（市）农村经纪人组织发展状况

地区	青海	湖北	湖南	四川	沈阳
农村经纪人（人）	16 868	30 000	4 361	107 400	30 769
农村经纪人组织（个）		4 000	1 291	426	15 220
农村经纪人协会（个）	17	200		815	
农村合作经济组织（个）	256			13 386	16 000

注：农村经纪人组织包括个人独资及企业组织形式。

资料来源：根据《工商行政管理》相关文章材料整理所得。

① 上海诞生首家农村经纪公司 助力农产品交易［N］. 第一财经日报，2006-07-12.

② 吕国庆. 新华网石家庄，2008-02-25.

5.6.3 农村专业协会

专业协会主要在某些专业化生产水平高的地区，农户自发组建、有利于农业科技信息和农产品市场信息流通的一种经纪组织。它们没有明确的产权关系，组织松散，是特殊的农村经纪产业主体，其经纪市场细分成经济技术服务型和市场开拓型。

技术服务型专业协会的目标市场，是农业生产的产前、产中的技术培训与统一技术规范，提供新品种、实用技术、信息交流、指导操作，是协会中的主要类型，占 53%。如广西元谋县龙眼、葡萄产业科技协会，1998 年引进开发龙眼、芒果、葡萄优良新品种试验种植，开展早结丰产技术攻关，建设苗圃基地 45 亩，引进、繁殖优质种苗 10 万株，为果农供应苗木 4.2 万多株，开展技术培训 1 000 多人次。

市场开拓型专业协会的目标市场，是农业生产的产后产品的销售服务。通过向外跑市场、签订单，统一引进优良品种、统一技术要求，与会员或农户签订产品收购合同，由协会统一向外销售，降低农户生产种植的市场风险，在协会中约占 38%。如广西元谋县清和果蔬生产协会，在元谋县反季节外销蔬菜比较优势下降的巨大市场压力下，自筹资金 36 万元，把 286 户会员按照协会要求所种植的“亚蔬 6 号”樱桃番茄 330 亩，按合同统一收购、统一品牌包装上市，帮助农户完成产品的销售服务。

经济服务型专业协会的目标市场是拥有技术、经济和经营实体的农户。规模一般较大，通过吸收同区域或相邻区域的合作社和经纪人入会，或者通过资本、技术、劳动联合、以股份合作制形式出现，把会员和协会利益紧密联系起来。这种“企业＋合作社（或者经纪人）＋农户”的模式，将会员产品统一加工和品牌经营，较好地提升农产品质量，加大协会与外界经纪服务下游需求者的讨价还价的能力，提高协会竞争实力，增强会员经济效益和抵御市场风险的能力，这种类型的协会比例不高，约占 9%[①]。但是，这类协会的服务范围和市场竞争力最强。例如，杭州市 90%的农村专业经济协会吸收了农民专业合作社入会，普遍建立了“企业＋合作社＋种植（养殖）大户＋农户”的模式。建德市蔬菜产业协会吸收 11 个农民专业合作社，2007 年蔬菜播种面积 12.53 万亩，总产量达到 26.819 万吨，总产值达到 3.458 亿元[②]。

1998 年底，全国发展农技协会 11.56 万个，加入协会的农户达 620 万户，占全国农户总数的 2%。这些协会规模不等，会员多在几十户，多数在村、乡、县范围形成，地市县级协会只有 15 459 个，占 13%左右，省级协会也有，2006 年安徽省成立了全国第一家农村合作经济组织联合会，为全省 4 000个农村经纪组织打造一个新的服务平台。

农村专业协会是松散的社会组织，和农民间彼此约束力有限，农民只要每年交几十元不等的会费甚至不用交会费就能加入协会，农民对协会约束也有限，双方更多的是服务和被服务关系，相互间的信任关系难以建立，有着自身难以克服的缺陷，这可以通过组建能独立承担法律和经济责任的合作社来改善。

① 中国农村专业技术协会简介 . 2007 - 09 - 10.

② 王木清，葛卫平 . 杭州农经协会让农民增收变为现实［N］. 中国社会报，2008 - 07 - 25.

村一级，多以协会或合作社的方式结合；乡镇一级，多以股份合作社方式结合；县、省乃至国家一级，多以行业协会或合作社联盟的形式结合并向纵深发展。因此，规模大于经纪人个体、规范程度低于合作社的农村专业协会，是农村经纪市场不可缺少的主体。

大部分经纪个体和经纪组织，受行业、地域及行业经营单位限制，其目标在于行业受认可的程度，由此促使行业整体发展的战略高于各经纪组织的自身战略。为此 2006 年哈尔滨的 5 万农村经纪人组建专门协会，以便共同获利。这一阶段，中国农村经纪产业战略实施中很少出现冲突与对抗，即便有，也只是表现在农产品地理特征和农产品各种产品认证介绍上，如无公害产品、绿色产品和有机产品等。

5.7 中国农村经纪产业发展缓慢的原因

1. 提高经纪资产的专用性投资并不能全面规避外部经营风险

农村经纪生产经营要求农产品采摘加工技术先进、仓储保管制度合理、包装方法新型适用、信息技术高效准确、生产经营渠道畅通便捷，降低经营中的自然风险，但经纪人与经纪客体——农户及加工商之间的不完全契约带来的交易风险，没有消除。

经纪组织建立在高资产专用性、高生产经营技术基础之上，经纪合约是一个对多个的关系：信息需求上游方——农产品加工企业，受市场环境的影响大，信息需求下游方——农户更受自然和市场环境双重影响。经纪服务的多功能特性，供应链因素较多，经纪主体面临的交易风险相应增大；先期投入大、投资回收期较长，强化专用性农村经纪资产的专用性，经营活动对生产环节的依赖性更强，准租金收益既容易为上游农户所剥夺，又要承受因农户退出而导致的专用性资产方面的沉没成本，增加经纪组织的退出壁垒，一定程度上增加了农村经纪经营的交易风险。总之，农户低资产专用性及交易分散性，使得高资产专用性的农业经纪组织，存在“代理问题”和“合约难”的交易困境。提高资产专用性程度，规避农村经纪经营风险是两难选择。

2. 中国农村经纪产业存在产业成长障碍：合作社规模经济有限、内部管理较难

事实上，Bonos 认为“规模经济、垄断力量以及这两个因素的结合都不能为成立一个合作社提供充足理由”。合作社规模优势和竞争优势通常只能在较低层面获得，不容易达到规模经济要求。购销、加工等农业上下游领域的规模经济较小，会存在大量外部私人企业，合作组织并无规模收益优势，且这时任何组织都难以获得和保持垄断力量。假定农业相关活动的规模经济较小，外部私人企业通过集中许多市场需求，可以在比合作组织低得多的生产成本、大得多的规模上经营，这时垄断力量能够形成，并肯定会用价格战略阻止新进入者。本身规模经济不大的合作组织无法分享到这种规模收益，而且如果一个新的私人企业无法突破垄断力量时，合作组织也无法做到。尽管与单个农户面对市场相比，农民合作组织有一定的规模收益，但与其他经济组织相比，农民合作组织在获取规模收益、削弱垄断上并无优势可言，对市场效率的提高非常有限。

另外，合作社内部成员管理较难。一方面依靠政府的委派，不符合合作社民办、民管的发展要求，依靠外来人员的输

入既不现实、又难以确保他们的能力符合本地实际，只能来自于本土本乡，而土地由于法律政策的制度性原因，高管理水平的非农人员难以进入；另一方面农村经纪人由于技术、信息、资本等本身素质方面的原因，合作社的内部管理水平难以较快提高，无法促进产业的持续高效发展。

合作社的内部管理中，内部农户多，意味着合同的签订和执行，尤其是专业化、标准化的农业生产的实际操作和监督，要付出很高的交易费用；规模小，则意味着农户经营成本高，如果市场价格略高于合同价格，农户会违约，如果合作社强制执行合同，特别是与小规模的农户打官司就得付出较高的交易费用。目前中国农业产业化经营中，仍旧采用合同方式，占70.84%（牛若峰，2000），但违约现象比较严重（林善浪，1999）。因此，与企业相比较，花费大但收益小，使得合作社内部管理难度增加。

3. 市场现货交易方式，仍旧具有较大的市场

农产品生产规模小、分散经营，从事某类农产品生产的农户多，进入和退出壁垒较低，农产品需要交易的产品数量小，不成规模，交易交易频率不是很高，市场不确定性并不能对小农户带来多大的影响，签订合同，受约束较强，一旦对方违约，所花费的谈判成本等交易成本就会沉没。所以，农户与政府协商，在无合同约束的情况下，17 家农户只有 4 家履约，不履约者 13 户，占 80%（见表 5－4）。农户谈判力弱，为争取相应的利益，他所花费的成本会远远大于较小的专用资产的价值，由此，采用现货交易就较节约交易成本，因此，50 户农户实际选择“自由种植和销售”，占被调查人数一半（见表 5－4）。

表 5-4 农户对种植和销售农产品的期望与现实选择

单位：户

	政府规定种植和收购	自由种植和销售	政府建议种植和协商收购、无合同约束	与政府协商签订种销合同、有合同约束力	与公司、合作社协商签订种销合同
期望	39	60	17	10	4
实际选择	59	52	4	7	1

资料来源：据秦晖．农民中国：历史反思与现实选择这［M］．郑州：河南人民出版社，2003：117.

第二，一些批发市场、期货交易所、贸易中心发展区域，集中提供一些公共交易场所、条件和具体的交易规则，帮助和维持现货交易的顺利进行，由此降低了现货交易双方所需要的专用性投资，大大提高了现货交易的效率。不过，这些地区并不多。

第三，在专业化生产地区，可能的失败的合作社经历，使得小种植规模的农户，对经纪组织的信心丧失，“用脚投票”离开合作社；另外一些农户搭便车的心理，试图维持或降低专用性资产的投资成为其理性选择。

在现实发展中，经纪组织存在覆盖面窄、规范性差、稳定性较弱、专业性不强等诸多问题。一些农村经纪组织为了迎合社员的利益或为了自身更好的发展，对经纪组织的涉农项目资金转作他用，积极扩张非农行业。

农产品生产加工一体化的生产型合作社，在世界各国都很少成功①，也再次证明农村经纪组织产业发展不是一帆风顺的，农村经纪产业发展快不起来。

① 陶伟军．农业资产专用性与农民合作组织的效率［J］．南方经济，2004（1）．

5.8 小结

目前，中国农村经纪市场的发展总体处于发展阶段，由于农村经纪市场广大，大型农村经纪公司较少，经纪个体和组织的业务范围很小，没有形成正面交锋，行业内部现有的直接竞争比较少。反而是正在发展中的、不以经纪业务为主营业务的合作社，与经纪人争夺共同的目标农户，构成竞争，降低了农村经纪行业发展的空间和潜力。

发达国家农业产前部门比农业生产本身容量大，而农业产后部门比农业生产本身容量更大，形成一个葫芦形。原因在于农业生产资料依靠农业前部门生产和供应，农产品加工、储藏、运输和销售主要依靠农业后部门完成。而合作社在中国农户小规模经营的情况下，有发展前途，但对更多的以专门攻克农业产后部门的经纪人而言，农业产后部门比农业生产本身容量更大，农村经纪人发展潜力和市场空间也更大。

6 中国农村经纪产业的市场行为分析

市场行为是企业考虑市场供求条件的基础上，为适应市场环境要求，所采取的行动。农村经纪业解决了市场经济条件下小农户与大市场的对接问题，适合农村市场主体——农户的真正需求，其供给必将随市场需求的增加而增加。农村经纪服务供给，更多是在农户支持下出现的，属于诱致性的由下到上的制度变迁行为，行业成功发展的可能性非常大，这不同于供销社——它更多的是一种由上到下的政府行为，而非市场行为。

处于成长期的农村经纪市场，其产业整体战略处于共同发展中，行业中的大部分经纪个体和组织，目前的战略目标是其本身的发展强大，竞争对手少，几乎没有，无需通过获得相对于竞争对手的优势，相互之间紧密联系。

进入成熟阶段，各种经纪组织发展稳定，需要实施竞争战略，出现冲突与对抗。此时，企业尽量将自身经营与竞争力量隔绝开来，从自身利益需要出发影响行业竞争规则、占领有利的市场地位，再发起进攻性竞争行动，增强市场地位与竞争实力，在价格、广告、产品介绍、售后服务方面表现出市场竞争行为和协调行为。

6.1 农村经纪产业的市场定价行为

市场竞争行为一般有定价、并购和促销三种行为，在农村经纪产业中，目前基本没有。市场上定价行为无论是阻止进入、驱逐对手还是价格歧视，目的是为了控制和影响价格；农村经纪费用的定价方法，采用以经验数据为基础的成本加目标利润定价方法，如每成交一吨蔬菜收取 20 元的佣金。这种方法适合经纪人掌握市场需求和费用变动情况、更符合投资者和社员利益的实际。

阻止定价行为，目的是降低行业的吸引力，阻止新企业进入。进入壁垒原本就不高的农村经纪产业，原有经纪组织不容易通过串通来制定进入阻止价格。只有几个有限品种的农产品，其经纪规模比较大，其他农产品的经济规模，都不大。各种农村经纪主体的目标市场清晰，通过适当增加产量，减少新企业可能获得的市场份额，迫使它们成本上升，被迫退出市场，也不现实。因此，阻止定价行为目前不可能发生。

杀伤性定价，是驱逐竞争对手的定价行为，只有在竞争异端激烈的市场局面中，才可能出现，因此，这种定价行为在农村经纪市场不常发生。

6.2 农村经纪产业的市场并购行为

兼并可以在生产、经营、财务和人才技术等方面发挥出较大的协同效应、合理避税，便于农村经纪产业短期实现资本集中和市场集中，快速发展。其中，水平合并是生产同种产品或服务的企业间的合并，能获得规模经济，提高新企业的市场集中度；垂直合并是同行业不同生产销售阶段，有投入产出关系的企业间的合并，以降低不确定性和交易成本，强化技术经济联系、增强市场支配力；混合合并，是企业多元化经营战略的途径，能够突破行业进入壁垒，增强垄断能力。

农村经纪人产业中，农村经纪人作用有限，自身担当不起经纪发展大业的责任。协会的专业性太强。合作社在农产品的产前、产中和产后阶段，也存在资金、市场范围狭小等方面的情况。为强化农村经纪业务规模，增加与上下游需求者的讨价还价的力度，获得一个突破地区封锁和行业限制、从事农产品经纪业务的平台，经纪组织有必要从规模上调整变动，如经营的一体化行为和跨地区经营行为。

6.2.1 跨地区经营行为

经纪组织的跨地区经营行为，可采用多种形式：兼并小经纪公司，或直接投资；与地区外经纪组织，建立紧密或半紧密合作关系，将农产品远销到其他地区，甚至国外，让经纪业务走向世界，形成利益相关的经济体，促进经济的共同发展。2004年江苏东台市的生猪、禽蛋、肉禽、蔬菜、食用菌等10 000多人的农民经纪人中，就在境外新建脱水蔬菜加工厂5个，每年销售东台市农产品10多万吨①。

6.2.2 一体化行为

一体化行为，多出现在农产品专业性很强的经纪人或者经纪组织内，具体有横向一体化、完全纵向一体化和虚拟纵向一体化三种方式。

1. 完全纵向一体化

它将特殊产前和产中两阶段，或者产中和产后两阶段，或

① 倪锋．东台千余农民经纪人跨国发财［N］．江南时报，2004-06-01.

者农产品产前、产中和产后三阶段，所需要的经纪服务整合起来，控制服务进度，降低紧急事件的反应成本，确保原材料供应和农产品销售，便于经纪服务在上游下游领域内新技术、新市场的开拓，节约双方市场交易的销售、谈判和交易成本，提高经纪组织的服务效率和生产利润。目前，由龙头企业投资或者管理的专业协会，即：龙头企业＋专业协会＋农户或者基地，属于这种一体化形式。这样，农产品生产管理标准化能够保证。目标市场方面，达到经纪服务对象在生产环节、生产结果等方面的要求，确保经纪服务对象的价格与价值在无公害、绿色、有机标准方面的一致性，为经济行为预期提供保障。

如河北鸡泽县辣椒产业服务协会，是 1994 年 3 月以河北天之骄调味食品集团有限公司为主体组建的，为全县 30 万吨鲜椒加工服务，生产出 200 多个品种辣椒制品，畅销国内 20 多个省市，远销 10 多个国家和地区。美国不少大型的公司制农场即为这种农工商综合体。日本在二战后出现综合商社直接经营大农场，也是这种形式。从美国和日本的运作经验来看，完全纵向一体化是农村经纪市场进入成熟阶段后首先采用的市场行为。

2. 合契式的纵向一体化

它是基于隐性契约的“虚拟一体化”组织形式，不增加管理费用和要素交易费用，反而提高资产专用性，降低败德行为产生的交易费用①。目前，农村经纪产业中，合契式的纵向一体化，农户与农产品加工企业或批发商等其他经营组织，通过

① 王凤彬，陈高生．新经济中的虚拟一体化组织［J］．经济理论与经济管理，2002（3）．

经纪人牵线，签订农产品销售合同，以契约形式把生产者同农产品销售的诸环节紧密联系在一起。这样，无论农户、农产品加工企业和经纪组织，其人力资产都有高度专用性和柔性，能根据市场需求迅速调整服务，对所属市场保持高度弹性。同时，信息技术通过市场机制，造成败德者有形资产和无形资产贬值的隐性契约，能够保持成员高度协调性，成为农村经纪组织的主要发展方向。

2007 年成立的高墟“大米合作社”，吸纳 12 家稻米加工企业的 30 多位股东、60 多名经纪人和 100 多户种田大户为社员，只使用低毒高效的农药化肥，提升高墟大米的知名度、美誉度，占据市场主动权，稻谷每千克比邻县平均高出 0.12 元左右，当年整个无公害稻米产业赚回一个亿，经纪人人均增收近 2 万元，农民户均比上年多收入了 800 元，所在地区高墟，由此成为远近闻名的稻米生产、加工、销售、仓储集散中心①。

3. 横向一体化

它是提供同类经纪服务的农村经纪人联合起来，组建成较大规模、专业化很强的农业经纪企业，单一经营农产品生产某环节所需的经纪服务，如农产品生产技术服务、专用化肥、农膜、农用种子的购买信息指导，实现资本集中，促进经纪组织实现更高程度的规模经济和迅速发展，减少同类经纪服务的竞争对手。

2006 年哈尔滨的 5 万农村经纪人组建了专门协会。安徽

① 孙兆金．高墟“大米合作社”吹响富民“集结号”［N］．新华报业网，2008-01-23.

省在2006年6月成立的全国第一家省级农村合作经济组织联合会，为全省4 000个农村合作社打造一个新的服务平台，最大限度地获得竞争优势，扩大现有经纪业务的市场份额，巩固市场地位。

横向一体化行为无论是扩大原有经纪业务，向与原经纪业务有关的功能或技术方向扩展，还是向国际市场扩展，进行国际化经营，这三种方式大多出现在产业成熟阶段，是企业在竞争比较激烈的情况下，农村经纪公司采取差异化竞争战略后，可能出现的市场行为。就生产能力扩张而言，这种方式相对简单和容易一些。目前专业化强、单一经纪服务规模大的企业，在经纪业务一体化发展上初现端倪。如沪、苏、浙三地的农村技术经纪业务的一体化，它们有单位会员15家，团体会员94家，实施技术经纪业务联动、统一培育管理技术经纪人，开展异地技术中介活动，实现区域内技术交易资源、信息共享，扶持区域内技术经纪机构的发展，推动技术经纪业在长三角区域内快速有序发展①。

4. 案例分析

（1）纵向联合案例：三明农佳水稻专业合作社。2003—2005年，三明市佳源米业公司以“公司＋农户”的形式，在三明市内组建了农村粮食购销经纪人队伍，收购稻谷2.1万吨，带动近万户农户，种植水稻7万多亩。与宁化县粮食购销公司合作，建立优质稻种植基地7.4万亩，带动农户3.4万户。2006年在三明市周边地区单独建立优质稻生产基地0.4

① 郑宁．长三角技术经纪人一体化发展探讨．上海科技服务网，华侨华人经济技术网．

万亩，种植优质稻的农户每亩增值50～100元。为实现公司与农户的互惠互利，佳源米业有限公司联合各优质稻生产基地的种植农户和农村经纪人，组建一个包含经纪业务在内的“三明农佳水稻专业合作社”，以“佳源米业公司＋三明农佳水稻专业合作社＋农户”的形式，纵向联合，将粮食生产、加工、销售一体化，实现粮食经营效益最大化。

农佳水稻合作社以一个区域优质稻生产基地为一个分社，已有5个分社，吸收社员612户，落实优质稻“宜优673”种植面积4 600亩，指导培训优质稻生产技术2次，示范优质稻新组合6个，培训高产示范农户50户，建立高产示范田100亩，新组合示范田30亩，签订优质稻收购合同600多份，合同订购数量1 380吨。集约化生产示范作用明显，2007年合作社计划扩大优质水稻种植面积3万余亩，稻谷收购量将达到1.2万吨。

（2）横向联合案例：木兰——上海南北粮食合作社。2004年初，木兰县和上海奉贤区农村经纪组织横向联合，共同组建南北粮食合作社，标志着中国农村经纪业务跨地区经营行为出现。木兰县的“三胜水稻合作社＋加工企业”的生产模式，奉贤的“销售企业＋超市”的营销模式，破解欠发达地区农民进入市场的难题，激活农产品生产流通组织横向联合的潜在优势，推动农业生产规模化、机械化、良种化、标准化经营，实现农业增效，农民增收。

木兰县的水稻合作社，入社农民从2005年的601户发展到2006年的1 872户，面积从1 034亩发展到4.6万亩，水稻合作社发展到5家。合作社生产的水稻经黑龙江哈哈木兰农业发展有限公司加工后，将包装有生产合作社名称、网址、生产地（点击网址可知生产农户姓名、电话号码，使用农药化肥量信息）的大米，以“哈哈木兰”为品牌，销往上海。哈哈木兰大米获得国家有机食品认证，被确定为奥运会大米推荐产品之一，年供销15万吨。据了解，2008年木兰县与上海的产销计划是30万亩，2009年发展到100万亩，2010年发展到300万亩[①]。

5. 多样化经营

多样化经营使农村经纪业务在决策上大致相同，生产技术、经纪服务、管理方法和市场营销安排一致，在技术上、服务上、管理上和市场营销上产生协同效应，形成企业内部市场的收益。同时，不同经纪产品有共同渠道和销售顾客，降低经纪组织的单位营销成本，减少新服务的研发费用，提高新服务成功的概率。经营国际化，扩大农村经纪业务范围，横向一体化，使合作社规模扩大，市场占有率上升；纵向一体化，拉长产业链条，使农村经纪组织的增值能力大幅上升，足以与垄断资本相抗衡；多样化经营，将通过增加农村经纪组织服务品种来强化协同效应，抵御市场风险。

中国市场对个性化和差异化产品、服务要求的不断增加，新产品创新周期加速，信息技术为企业给客户提供小批量、差异化、创新周期很短的服务，提供了技术保障，这种产业环境迫使企业更专注自己最具优势最核心的部分，其他部分通过各个结点和其他企业进行物流的重新整合，由纵向一体化转向横向一体化[②]。由此出现纵向包容、横向扩展、以专业协会为中

① 木兰．农产品与沪打造跨区域经济合作［EB/OL］．中国经济网，2006-06-01.

② 何力．横向一体化产生供应链管理［EB/OL］．新浪财经，2005-02-23.

心的多样化的市场行为，具体如：农户—专业协会—合作社—行业协会，农村经纪组织发展更具包容性。

6.3 农村经纪产业的市场促销行为

促销行为以拓展市场、提高竞争力为目的，有技术开发和广告宣传行为。农村经纪组织新进入市场时，推出质优价廉的服务，抢占市场。当达到一定的市场份额后，以差别化和高价策略为主，谋取更多的利润空间。此时，产品研究开发及产品营销活动如广告行为，比价格策略和行为显得更为重要，这是每一个产业发展到成熟阶段时，通常都会有的市场行为，农村经纪市场更是如此。

6.3.1 农村经纪服务广告的基本属性：后验品

广告是企业向消费者传递产品差异信息的手段，也是产品差异的组成部分，与竞争者产品区别开来。企业通过广告首先影响了消费者的主观偏好，建立本企业产品品牌的第一提及度，在知名度上，增加了进入壁垒，使潜在进入的企业处于竞争劣势。商品有“先验品”和“后验品”之分。先验品指消费者通过视觉或触觉检查，在购买前判断和确定产品质量，例如家具、服装，这些产品容易被消费者鉴别，实物图像和文字描述性广告中，必须提供有关产品性质的、直接的和真实的信息；而后验品，是消费者在消费产品或享受服务后才能确定质量，例如软件设计和心理治疗等，广告只需强调企业名称和品牌名称，加深消费者印象即可。事实上，后验商品的广告数量远超过先验品。

经纪服务完全根据客户需要进行，服务质量的高低，服务令人满意的程度，消费者只有享受服务后才能鉴别其质量高低，因此，农村经纪服务也是后验商品。

后验商品在享受前，经纪服务质量不容易鉴别，应该先通过对所经纪的农产品进行质量认证，满足广告内容的需求，随后进行大量广告的市场策略，将经纪服务信息直接披露，形成各个经纪个体和组织经纪服务的差别化效应。潜在顾客由此知道，现有组织在农村经纪服务上的信息，能在一定程度上拥有操纵潜在竞争者进入决策的实力，从而改善市场绩效。由此，广告成为农村经纪组织和个体之间竞争的工具。

平度市的旧店果品专业合作社，注册“旧店牌苹果”商标，统一“旧店苹果”的外包装，投资 4 万元建立网站，通过农交会等方式，加大对“旧店苹果”的宣传，提升知名度[①]。山西合作社发展至 6 000 余个，其中 82 个取得无公害食品、绿色食品和有机食品认证，74 个注册商标、统一品牌[②]。如果按照每个合作社只有一个认证品牌，进行粗浅计算的话，仅山西省合作社采用促销行为的比例，大约就占（82＋74＝156）/6 000＝2.6%，如果按照每个合作社同时有一个认证和品牌，山西省合作社的促销比例约占 1.3%。由此可见，山西省合作社采用品牌和认证的促销行为比例在 1.3%～2.6%之间。

6.3.2 农村经纪服务促销广告行为

农村经纪服务受到地理区域的限制较大，目前的农村经纪

① 王庆建，曹颖杰．平度市：专业合作社叫响“旧店牌”苹果［N］．人民网青岛视窗，2007－11－22.

② 范非，薛浩峰．山西农民专业合作社已发展至 6 000 余个［N］．山西日报，2007－01－08.

服务做广告的还不多，但也有一些经纪组织，通过网络、相邻近村头的广播或者集市上进行个别广告刊登、播放或者发放，甚至通过提供品牌塑造来吸引更多的农户入会。

（1）农村经纪人的广告行为。农村信息技术的推广，越来越多的农村经纪人借助互联网，在专业门户网站上发布各种供需信息，推销自己。如洛阳农业信息网专门设有“农村经纪人”栏目，介绍各地各行业的农村经纪人。也有一些眼界开阔的农村经纪人，借助公共电子商务平台，在互联网上开设农产品专卖店。科技经纪人在互联网上进行营销，如在线农业科技咨询，一定程度上解决了农民生产养殖过程中遇到的技术问题，为农民带来实际利益。由于农民访问互联网存在很多困难，科技经纪人影响力较小。

（2）合作社的广告行为。河南新野县的两个蔬菜合作社，在不同网站做广告宣传。新野县蔬菜合作社在许多专业公共网站做推广或促销广告，主营“农药、花肥、种子、农资”，拥有900亩的“豫绿”和“宛绿”无公害蔬菜园区，兼营“农膜、蔬菜基地开发、蔬菜营销”。而新野县绿原蔬菜专业社，专注于对“农药、花肥、种子、农资”的经纪业务。由此，这在同一地区的、两家蔬菜经纪业务的目标市场，就蔬菜档次高低及经纪业务内容就得以细分，便于农户和企业选择。

6.4　农村经纪产业的市场研究开发行为

研究开发通过产品、生产方式、工艺或服务创新，促使新产品新服务出现，从中获益。农村经纪服务是一种具有无形特征、给人带来某种利益或满足感的、可有偿转让的中间代理或居间的活动。与有形产品一样，它也强调对消费者需求满足的重要性。但经纪服务特有的不可感知性、不可分离性、品质差异性、不可储存性、所有权的不可转让性，使它无法像有形产品一样，转变成具体产品所特有的特征和规格的服务，只能围绕“服务理念”及相关行为进行研究和开发，满足服务企业间竞争的需要（J. Heskett，2005）。市场细分、定位消费者目标市场和设计服务递送系统，就成为服务企业关注的焦点。

6.4.1 市场细分

农村经纪服务的消费者不同，需求和期望也不同，需要分析上游和下游农村经纪服务对象的需求，细分出农村经纪市场，甚至还可以根据不同经济收入水平和生产规模的经纪消费层次，再进行市场细分。目前，有以下几方面：①以上游消费者的性别为标准，细分农村经纪市场。如 2007 年 9 月成立的海口秀美巾帼菠萝蜜产销专业合作社，是海口市首家由妇联发起成立的、“妇字号”合作社，它是海口市第一个菠萝蜜产销合作社[①]。②以上游消费者的社会身份，进行农村经纪市场细分。为鼓励、引导和扶持大学生回乡创办农业合作社，政府针对大学生熟悉家乡风情，支持他们利用所学知识回乡办农业社，造福家乡，2007 年 7 月 3 日，对申请材料齐全、并符合法定形式的大学生合作社办理申请，实行当场受理、当场核准登记[②]。

---

① 苏桂除．海口首家妇字号合作社“秀美”专业社成立［N］．海南经济报 2007－09－12.

② 田玲翠．大学生回乡办农业社当场登记［N］．文汇报，2007－07－03.

6.4.2 满足上游经纪需求者（农户）需求定位目标市场

农村经纪组织针对细分市场中的消费者明显不同的需求，在提供服务时作出相应的变动，为消费者量身定做，因地制宜，采用多种方式，满足更多农户的入社需求，使经纪服务适销、优质、廉价，更具有吸引力和市场竞争力。具体有以下方式：

（1）无门槛入会制和会员分红制，增强合作社的内部凝聚力。通过会员分红制和无门槛入会制，确保会员人数，增加合作社产量规模，便于战略规划制定，增加经纪业务讨价还价力度，提升经纪组织的竞争力。如平度市旧店果品合作社，实行没有门槛入会制和会员分红制，使126名果农不用出股金，就成为社员，合作社由此得以快速发展，在2007年参加的全国农交会参展活动上，收到了大量北京、天津、江苏等地的订单①。

（2）将农户拥有最基本的资源——土地作为股金，满足农户入社需求。农民可以在自愿互利的基础上用各自的承包地来入股，通过合作制的形式，把农民的土地通过流转集中起来安排生产活动，通过适当的方式与合作社对接。例如，泰安正龙有机蔬菜合作社，村民以土地承包经营权折价每年每亩700元入股，既保证农民的土地承包权，同时农民在合作社利润好的时候，参与分红，增强农村经纪人组织的市场竞争力。

① 王庆建，曹颖杰．平度市：专业合作社叫响“旧店牌”苹果［N］．人民网青岛视窗，2007-11-22.

6.4.3 满足下游消费者的经纪需求定位目标市场

作为农村经纪产业的下游消费者，农产品企业所销售的产品具有严格规定，有较强的食品质量安全标准，尤其是农药残留需要从源头上严格控制。目前从一般农产品、有机农产品、绿色农产品到无公害农产品，质量检查手续繁杂，检查成本过高，用肉眼无法区分。这些农产品的生产过程和生产质量是否真正按照要求生产，需要农村经纪组织严格把关。为满足市场需求，保证所经纪的农产品真正达到质量标准，农村经纪人除简单检验外，需要严格掌握农产品生产养殖环节中的相关信息，坚决执行农产品溯源制度，确保不同农产品质量认证所要求的标准化生产步骤，来满足下游消费者的经纪需求，清晰定位目标市场。如有机农产品，强调农业生产全部过程只能利用农业资源，让动物、植物、微生物和土壤沿着生物循环链，来影响和改变农业的能量循环，绝不能利用化肥、农药、生产调节剂和添加剂等，生产纯天然、无污染、安全营养的生态食品。绿色农产品，在生产方式上对农业以外的能源采取适当的限制，生产的投入量和产出量保持平衡，满足当代人和后代人同等发展的需要，发挥生态功能作用。

6.4.4 服务递送系统的创新

农村经纪服务是后验商品，仅靠组织的自身促销，能吸引消费者的关注，提高品牌知名度，但要提高经纪服务品牌的美誉度和忠诚度，需要让消费者亲自体验和感受。由于服务递送系统与雇员都属于服务产品不可分割的一部分（J. Heskett，2005)，此时，经纪服务递送系统，在不同组成要素间的连贯性和时间上的连贯性，就需要异常关注。

1. 树立经纪服务的“品牌”理念，增强经纪服务的通用价值观，节约组织管理成本

农村经纪组织通过在产品上附加各种增值服务，将有些服务直接融合到产品本身中去，强化服务递送系统的连贯性，显示经纪服务的独特性，塑造品牌；同时，品牌农产品的美誉度和认知度，激发农户的自豪感和生产责任心，而经纪服务“品牌”理念的强化，增加农户和雇员对经纪服务通用价值观的认可和执行，可节约经纪组织的内部管理成本。2007 年成立的甘肃陇南地区的非常“6＋1”合作社，在种子种苗、专用肥料、专用地膜、高新技术推广、农产品订单生产、品牌塑造等“六个方面、一个重点”，明确服务理念，通过专门服务机构与农民对接，实现同一块地的订单种植模式，促使土地价值最大化利用，种蔬菜后、紧接着播种“黑美人”土豆的新型生产播种方式，为入会农户带来较大的收益，吸引大量的农户加入合作社①。江西新余瑞星苎麻专业合作社，也通过品牌、技术标准、技术服务、品种引进、定价、销售的“六统一”服务理念，成功地带动全县种植苎麻 1.2 万亩，使 15 万农民受益，平均每亩获利 800 元。全市由此成立的 62 个农民专业合作社，创造利润逾亿元②。浙江滨海镇葡萄产销专业合作社，带动了葡萄种植业的超常规发展，全镇的葡萄种植面积达 15 000 多亩，农民人均收入达 7 000 元，合作社生产的滨珠牌葡萄成了

① “非常 6＋1”合作社在甘肃省陇南地区成立［N］. 甘肃飞天新闻网，2007-10-24.

② 邓爱勇. 新余农民闯市场 62 个农合社年创利润逾亿［N］. 江西日报，2008-05-08.

上海、南京、杭州等城市的抢手货。

2. 提高经纪业务服务方式的便利性

农村经纪组织在交通便利的地段选择店址，提供相关的服务联系电话和便利的措施，强化经纪业务服务的便利性，满足农户对经纪服务需求的及时性，增强经纪组织的市场知名度和品牌联想度，提高农村经纪服务的市场竞争力。如胶州市的洋河镇奶农合作协会，为满足农户饲养奶牛的过程中，在突发情况如疫病出现，对相关经纪服务的紧急需求，专门向政府申请，设立了畜牧“110”热线服务电话，配备相应的运送救护小车。

3. 规范服务人员的管理措施，确保服务系统中前后台的一致性

服务无处不在，农村经纪服务系统要求前后台的一致性。服务业中前台工作人员行为自主性较大，消费者本身需求不断变动，使得与之互动的雇员能力、表现和态度跟不上，影响消费者对合作社的评价，导致服务需求实现的降低。为此，提高工作人员的服务水平，需要制度确保那些与消费者发生交互作用的雇员提供标准的优质服务，降低经纪组织内部的协调管理成本。兖州肉鸭养殖技术协会，专门聘请专业技术人员为工作人员，培训上岗，实行 11 个服务操作规范，协会技术员工资与养鸭成活率、料肉比、毛利润等指标挂钩，对技术员连续两个月排在末位的，协会协调公司将予以辞退，来强化服务水平①。

① 山东省畜牧办公室．山东省畜牧合作经济组织经验交流会典型材料汇编．2004.12：144.

4. 做足经纪服务的事前防范措施，回避风险，增强经纪服务的市场竞争力

农村经纪组织为确保农户的利益，防患于未然，以更具体实在的方式，做足经纪服务的事前防范措施，回避风险，降低农户对经纪服务能力的质疑，增强经纪服务的预先防范能力，提高市场竞争能力。兖州肉鸭养殖技术协会，专门设立基金专户，建立风险基金管理制度。按肉鸭出栏只数，每只交纳风险基金 0.20 元。与中保财产公司协商为养鸭大棚投保，抵御风暴、火灾等，降低养鸭户意外风险损失。对销路和市场风险问题，常年按保护价回收和常年按一定价格供料的办法解决。由于饲养或技术原因造成的标准外耗料和苗鸭死亡，饲料公司按低价结算，保证饲料支出稳定性和合理性，对成活率低于 97％的养殖户，公司按照 97％补足鸭苗，保回收价格和保供应价格，成为山东首家绿色商品认证的肉鸭企业。

5. 采用“有效入会门槛”措施，增强经纪服务的规模效应

根据农户生产规模、经纪服务需求量、具体环节和持续时间，农村经纪组织设定不同的入会门槛，满足不同需求自由度和需求类型农户加入合作社的愿望，强化合作社的吸引力，增加合作社经纪业务的产量、土地和资金规模，增强经纪服务的规模效应，降低与下游经纪服务需求者的讨价还价力度，增加经纪组织市场竞争力，提高行业的进入门槛。同时，通过不同的会员分红制，作为“门槛入会制”的补充，降低入会会员的流失率，增强合作社的内部凝聚力，便于经纪组织的战略制定与规划。

清苑农林高优专业社把入社农民划分为：生产社员、尝试社员、购销社员，这三种社员随便选择。还有一种叫服务社

员。四种社员入社风险不同，享受待遇也不同。按种植面积交“抵股金”，享受专业社全程服务的“生产社员”，有 890 户，服从高优社从种到交售的具体要求，不论亏盈，高优社都保本保息分红，分红方式在购买高优社的商品时通过让利兑现。他们的农地面积及资金大小，决定合作社经纪业务的产量和资金规模，他们是合作社的稳定成员和优质客户，所占比例不大。“尝试社员”是针对想入社，但怕风险不愿交“抵股金”的农户。与生产社员比，他们只享受某环节服务，享受优惠小。他们的介入不能给合作社增加经纪业务的资金量，但农地面积的增加，增加了合作社业务量，增加经纪组织市场竞争力。它们是合作社规模扩大，竭力争取的重点对象和次优级客户，有 1 486户。“购销社员”在农产品生产中想享受某些环节，如真种子、好肥料、好农药、生产技术、市场销售等相关经纪服务需要的农户。他们自由度大，所交会费低，最受农户欢迎，目前有 6 200户，在合作社中的比例最大，但他们需求不同，变动性大，对合作社服务要求高。不少协作部门的个人，如科研院校的专家学者，合作研究的专业人员等，自愿入社，成为“服务社员”，他们是高优社发展急需的人才，是高优社的决策层、功能层、效益层，入社股金最少 500 元，盈亏同步，目前有 35 位。

这种市场化运作措施，提高合作社内部组织和管理能力，增强合作社的市场竞争力。现在清苑县农林高优专业社有 8 000多户社员，附属户 3.4 万户，建分社 89 个，种植面积 12 万亩，范围涉及 6 县市 57 个乡镇及国营农场①。

① 三种社员你可挑着当——来自清苑农林高优专业社的报道［N］. 新华网，2004 - 03 - 02.

6. 建立农产品溯源制度，降低经纪服务的事后交易费用，增强经纪组织的市场竞争力

农产品来源实名标注制和产品来源产地溯源制，通过标注农产品零售户和批发户姓名、联系方式、每个品种批次农产品产地、生产者名称、电话和地址、质量合格及农药残留检测证明等信息，甚至建立农产品田间生产档案，完整记录农业投入品使用、病虫害防治等信息，让消费者对自己所购的农产品是否获得无公害农产品、绿色食品、有机食品的认证、所在产地、进货地和零售业户的有关信息一目了然。

通过零售商向批发商、批发商向种植户的逐级追溯，实现农产品源头可追溯、流向可跟踪、信息可查询，对有害产品立即通知当地农业主管部门处理，对再三出现质量问题的某地区的某种农产品，直接禁入，在源头上解决了农产品监管困难的问题，确保农产品质量及消费安全。经纪组织加强农户对农产品溯源制度的认识，使农户意识到，不严格按照要求生产带来的违约行为，自己无法避免合作社以及法律的惩罚，也直接影响到个人和合作社的声誉及经济收益。由此，强化农户自主管理和经纪组织的规范管理，增强农户的责任意识，降低了经纪组织的监督费用和经纪服务的事后交易费用，实现经纪组织对农产品实际种植生产过程能够按照认证要求，进行全程质量监控，从而增强经纪组织的市场竞争力。

目前，提供 17 000 种食品的世界排名第一的现购自运制商业集团——麦德龙集团，为保证采购的生鲜食品质量，采用农产品溯源制度，在中国设立首家从事农技指导、咨询和培训的经纪公司，定期派农技质量培训师，对签约的农产品企业和农民现场指导，探索农业生产全程供应链的质量控制，规范农

业生产的日常管理。佛山市于2006年构建了市、区、镇、基地（企业）四级农产品检验检测网络。其中，有73个综合性检测站建立在镇一级，500多个检测室分布在全市各级市场及生产基地，蔬菜的检测合格率达到95%以上，检测网络涵盖生产基地、流通过程、生产加工过程，为确保农产品质量及消费安全作出了重要贡献①。山东寿光用物流条形码作为产品的追踪标识，严格农产品包装标识管理，对包装或者标识不符合规定的一律不得进入市场，以商品条码技术为核心的农产品溯源，将在全省推广应用。湖南建立农产品田间生产档案，完整记录农业投入品使用、病虫害防治情况。安徽10%的合作社建立农产品质量安全追溯制度②。

6.5 农村经纪产业的市场协调行为

市场协调行为主要有卡特尔、价格领导制、企业战略联盟三种方式。价格领导制一般发生在寡头垄断市场上，价格由领导地位的厂商决定。卡特尔多发生在大企业试图垄断市场，达成划分销售市场、规定产品产量、确定商品价格等方面的协议。由于农村经纪产业处于成长阶段，受农产品商品特性和地域范围的影响，经纪业的利润能否达到社会行业平均利润还是个问题，市场中的企业更多的处于原子结构，大的经纪组织因为内部管理成本不易降低，达不到两者的出现条件，本书对其

① 曾伟荣．佛山市正加紧建立农产品溯源制度［N］．新华网广东频道，2006－11－01.

② “农合”风起云涌，中国农村经济向“组织竞争”转型［J］．瞭望周刊，2008－10－06.

具体形式不再研究。至于企业战略联盟，是因为对彼此内部资源的需要，合作各方在生产经营独立的基础上，形成协作性的竞争组织，目前有些地区之间的经纪组织有这种发展苗头，但还是不多。

农村经纪产业发展，对经纪服务人才与技术的需求，日益增加。2008 年 3 月，中国首个合作社学院在青岛农业大学揭牌成立，这个专门培养合作社和农村经纪人才的专业教学单位出现，意味着中国合作经济组织“缺知识、少人才”的“成长烦恼”将得到缓解。家庭经营尽管在生产经营上具有较强的灵活性和主体能动性，但由于规模狭小、分散化程度高，使得农业产业组织资源在超小规模农户经营层次之上配置，存在内外部规模不经济、排斥资本密集型生产技术、竞争行为多于合作行为。

6.6 小结

农村经纪产业现阶段的市场行为，未能形成大规模的、高业务水准的、令人满意的、专业化的农村经纪服务，农村经纪产业处于产业生命周期中由进入阶段向成熟阶段过渡的关键时期。如何合理地进行行业管理与规划，确保农村经纪行业的顺利过渡，正确预测经纪组织在行业成熟阶段中可能采取的市场行为，就显得尤为关键。

7 中国农村经纪产业的发展对策

农村经纪产业能否持续高效发展、顺利进入成熟阶段，实现产业发展质的飞跃，不仅需要政府扶持，还需要产业内部自身管理、约束以及政府相应的管制。

7.1 农村经纪人行业协会

经济管理有三个层次：政府为主的宏观管理层，企业为主的微观管理层，及行业协会为主的中观管理层。企业作为产业构成者，能否在市场竞争中取胜，由自身实力决定；政府只能进行宏观管理；产业要想发展，离不开保护和增进行业利益的行业协会。

7.1.1 行业协会的性质和特点

行业协会是由独立经营组织组成，保护和增进行业内部个体成员既定利益的非盈利组织。英国出版的《经济学百科全书》认为，行业协会是为达到共同目标而自愿组织起来的同行或商人的团体，具有社团性、组织性、非营利性和自律性等特点。

行业协会是社会团体法人。它是同行业企业按法律规定自愿组成，为实现会员共同意愿，按章程开展活动的非营利性社会组织，不受地区和所有制限制。行业协会建立在其发起成员协商一致的基础上，不是根据行政机关的强制命令成立的，具有民间组织性；行业协会是行业管理的主体，非营利的自律法人，协会成员自愿地接受协会的约束，协会参照章程作出决议，规范协会的内部事项，但不具有法律的强制力。

7.1.2 农村经纪人行业协会存在的理论依据

农村经纪市场发展中，政府无法直接管理微观经纪工作。农村经纪人行业协会替代政府直接管理农村经纪人工作，通过它整合行业内企业的共同点，向企业解释政策意图与目标，制定行业发展规划，使企业理解政策法规要求，提高决策准确性与可行性。

1. 特殊经纪交易资产的专业监管需求

（1）专业性极强的经纪业务，增加了行业监管难度。农村经纪交易资产，非常特殊，因为交易对象（经纪客体）的资产专用性，以致于农村经纪服务具有无形性。交易双方在购买消费前、甚至在消费后，也无法了解和测度服务品质，只有信息公开、事后经纪人自己披露，交易双方才有可能得以知道实情。专业性极强的中介经纪业务，行业监管较难，需要具有专业优势的行业协会进行监管。

（2）行业协会监督交易的专业敏锐性，比政府直接管理有优势。经纪人行业协会拥有交易双方没有的基本专用资产，"专业知识"优势，使得他们专业敏锐性很强，在监督经纪交易行为时，比政府部门更专业、细致。出现经纪纠纷时，更容易了解经纪服务的真实质量。核查经纪人的信用等级上，能以较低的取证和执行成本，做出的裁决比政府法院部门做出的单纯的责任认定，更精细，更专业。从而，行业协会比政府直接管理有优势，利于行业经济秩序维护、行业规划和行业管理，受到企业欢迎。

2. 降低交易频率和行纪成本的行业生存需求

（1）行业协会的内部信息网络作用，增强了信息搜寻的效率。农村经纪业发展空间虽大，但行业成本高。农村经纪人基本上以个体经营为主，组织化程度偏低，抵御市场风险能力弱。农村经纪人为避免决策或操作的失误，需要在不停地搜寻信息和验证小道信息。受经营区域、具体业务和个人本身的局限，农村经纪人一般只需特定农产品的供需信息。但在信息搜集中，常出现：自己获得的信息，是关于另外区域或者本地区其他领域的经纪信息，这些信息虽有价值，自己却无法利用。恰巧其他经纪人又有自己需要的信息，而自己无法及时得到。这一现象决定了更高效的信息搜寻，通常在经纪人内部进行。行业协会作为行业科学发展的信息和技术平台，具有内部信息网络作用，能够让行业协会收集到的有价值的信息互通有无，广泛地被行业内的经纪人无偿共享，增加信息搜寻的效率，提高了经纪人的行纪效率。由此，越来越多的农村经纪人在自愿互利的基础上实行联合，建立自己的行业协会，如哈尔滨 5 万农村经纪人组建专门协会。

（2）行业协会内部的共享资源，降低交易频率和行纪成本。严峻的市场竞争下，行业协会宽松的组织形式，能促进信息和技术交流，使得内部某些信息渠道和资源得以共享。例如，利用同一个销售渠道和平台，对基本在同一时段、发往相近地区的类似农村商品的经纪需求，进行交易合作，减少会员经纪交易的频率，也降低了行纪成本，如信息搜寻成本、交易执行成本等。比如，市场信息的获取成本，一个千人行业协会在交易前只需支付1笔信息获取成本，如果这1 000人以个体组织为单位进行交易，需要支付1 000笔信息获取成本，其总和必然大于1笔信息获取成本。以行业协会为单位进行市场交易的总成本，明显低于以企业为单位进行市场交易的总成本（全部单个交易的总成本）。行业协会由此能拓展行业利润空间，出现规模效益，利于产业发展。

3. 规范化长期发展的行业自律需求

为避免少数经纪人无视商业信用和职业道德，损害自身形象，阻碍经纪产业的良性发展，经纪行业协会通过制定行业规章，规范内部控制、合同管理、业务操作流程、费用控制等交易环节的服务标准，确立诚信经营的基本原则和奖惩规则，发挥协会服务、沟通、协调、监督与仲裁等职能，增强经纪服务品质，增加行业透明度，减少失信经纪行为，作好行业自律，增加农村经纪服务的市场需求，确保农村经纪产业得到长足的发展。同时，信息的无偿共享，降低行业内企业监督协会、政府政策或行为的信息成本，提高经纪人监督政府、协会权力运作的主动性与积极性，限制政府、协会权力扩张，减少腐败行为，强化行业协会自律机制。

4. 建立与政府企业沟通的行业平台需求

行业协会作为政府和行业内众多企业的代言人，处于政府与企业中介地位，为成员企业、政府以及其他组织相互间的沟通提供对话的平台，促进政府与企业之间建立各种规范的契约关系。首先，作为政府的代言人，政府将部分管制职能和工作下放给行业协会，协会有义务，向行业内企业解释政府的政策意图与目标，制定行业发展规划等使企业个体对政策法规更好地理解把握。同时，接受政府监督，确保协会组织从事信用规制的公正性、有效性。其次，作为行业内众多企业代言人，行业协会将企业和行业的心理、欲望和需求，及时反馈给政府，增进政府与其他社会群体对行业的理解，让政府做出利于农村经纪产业的规划举措，为行业发展创造好的外部环境。在政府与企业间发生矛盾时，行业协会代表或组织企业进行双方的友好协商，求得共存共生，以维护整个行业的利益，促进产业发展。

7.2 农村经纪产业的政府扶持建议

农村市场经济的快速发展，农村经纪产业通过降低农村商品的市场交易频率，满足市场日益扩大的经纪需求，逐步发展起来。作为一种诱致性制度安排，农村经纪产业，如何能够发展得更好，除了行业自身的发展需求外，国家的相关辅助也异常重要。

7.2.1 基于资产专用性的农村经纪产业发展对策

1. 强化专用经纪资产投资的必要性

市场信息来源的日益多元化，强化了人们消除信息不确定性和对经纪交易的市场需求，随之成长起来的农村经纪产业，给社会经济发展带来极大福利和好处，能够促使中国农村市场经济的日益发展和完善。

由于经纪资产专用性很强，资产越独特，也就越不易被转移，由此，强化了经纪资产受专用性资产准租的盘剥、容易发生损失，农村经纪产业成长又慢又困难。

只有真正注重对交易对象的专用性资产的投资，使其成为核心竞争力，将其转化为竞争优势，才能保证经纪产业的长足发展。表现的案例就是民国时期——中国经纪产业曾经最为辉煌的鼎盛时期的代表“歇家客房”，只通过提供交易场地，而忽视真正所需要的交易内容，并没有强化交易对象的专用性资产，没有真正建立经纪人交易内容的核心资产，而在外围通过提供交易场地等条件来强化竞争力，没有在实质上建立经纪交易的进入壁垒，极其容易被模仿，而受到竞争对手的攻击，从而使得经纪业停滞不前。

为了减少专用经纪资产损失，避免专用性资产准租被盘剥，让这个正在成长的弱势产业发展得更好，促使农村经济的快速协调发展，就需要政府出面，提供必要的支持，帮助经纪产业度过成长瓶颈。这个措施目标，就是保证经纪人专用资产不受损，提升农村经纪人专用性投资的积极性，真正在提高个人专用性经纪资产的同时，提高全国各地区专用性经纪资产的投资总量。这是发展农村经纪产业的必要措施。

2. 确保专用经纪资产投资的方式

一定情况下，专用性资产投资越大，农村经纪产业发展越好。确保专用经纪资产投资的方式一般有两种，分别是通过增加行业进入人数和增加个人专用经纪资产投资，增加专用经纪资产投资总量。

经纪人个体从业前途明朗，从业总体利润提高，进入经纪行业的人数增加，可增加专用经纪资产投资总量。另外，在经纪业务竞争日益激烈的市场内部，经纪专用性资产的投入能够得到保障，原有的经纪人对自身素质的提高开始关注，交易时尽可能关注长期利益，以期望获得行业内的信誉和口碑，注重对个人经纪专用资产的投资强化，从而再次强化了经纪业务需求的力度。行业人数一定的情况下，个体素质越高的经纪专用资产越多，经纪人产业的专用性投资总量越多，农村经纪产业发展越好。

同时，个体经纪人在经纪业务扩展和个人经纪专用性资产投资达到最大化时，为确保经纪人利益，个体经纪人组织在一起，能够突破个体在专用性经纪资产的受限程度，发挥各种经纪专用资产的整合性效应和规模效应，达到 1＋1＞2 的效果。经纪组织的出现，经纪人产业主体随之多元化，经纪交易的品牌专用性资产出现，由此，就越发提升经纪人专用性资产的总量，意味着经纪人产业的发展蒸蒸日上，在逐渐激烈的市场竞争中，行业自发地进行规制，产业由此进入成熟阶段。

确保专用性经纪资产投资的方式，可通过法律方式，明确经纪人法人地位，确保经纪人资产合法不受侵害；另外，出台扶持经纪产业的法律政策，提升他们的社会地位。

3. 提高个人专用经纪资产投资的方法

个人经纪资产专用性的提升方法有主动和被动投资两种。主动投资是指在经纪产业缓慢的自我发展中，主动适应市场需求变化，自我投资，自我加压、学习，在边干边学中提升个人经纪专用资产。除非个人异常喜欢这种行业，愿意以此为职业，对经纪产业空间利润并不是很大、发展又较慢的产业而言，这种自我学习不停增加个人专用性经纪资产投资的可能性很小。被动投资是指政府创造条件，由国家支持，成为发展过程中的产业，让经纪产业空间利润不断地提升增加，促使原有的经纪人个体适应社会需求，主动对专用性经纪资产投资，愿意以此为职业；国家通过构建和规范各种激励技术、信息平台，通过各种激励手段，夯实激励基础，降低进入农村经纪产业的进入壁垒，鼓励行业的进入，让更多的个体愿意进入经纪行业，学习行纪技巧、广积信息网络，增加市场信息判断力，提升信息收集管理能力，拓展信息渠道，懂得各种交易方式的应用，增加个人专用性经纪资产的投资。让乐于从事经纪业务的人增多，从而增加专用性经纪资产的投资总量；让原本的经纪人个体得到更多的信息，更快捷地提升个体的专用性经纪资产，促使农村经纪人产业的较快发展。

4. 确保专用经纪资产投资的政策推动

为增加专用经纪资产投资，需降低创业成本，解决融资困难。

措施一，有效降低创业成本。处于创业期、成长期的经纪人，本小利薄，适当降低运行成本、减低服务价格能满足更多需求，其成本是否有下降空间就成为至关重要的问题。为此，政府可以采取税收优惠和有效的公共服务来解决。

——税收优惠。中国现行税收制度仍然与以工业经济为主的产业结构相适应，而不是与以服务业为主的产业结构相适应，服务业的营业税对交易额征税，有重复征收的情况，直接抑制市场交易规模。而且专业化越高的经济活动，重复征收的频率越高。相对于制造业企业，服务业企业营业税的实际税率为5.55％左右，服务业税负偏重，不适应处于创业期、成长期的经纪组织。由此，降低营业税税率的制度安排，就有必要。

——政府和非政府组织提供有效的公共服务，意味着进入经纪行业的门槛降低了，办事的便利化程度提高了，这将减少企业的管理成本，增加有效的公共服务。

措施二，使经纪人有效获得资金，解决融资困难。

民营中小企业融资难，始终没有得到根本解决。政府除了在政策方面做一些推动外，可以为农村经纪企业创业、创新提供资金担保，如股权担保和贷款担保，降低创业者、投资者的风险，对他们产生的部分损失提供补偿，保证股权人和债权人投资的积极性，保证企业资金来源。如，荷兰对投资于早期阶段的私人创投基金造成的损失由政府提供50%（最高金额达500万荷兰盾）的担保，不征收任何担保费，也没有利润共享的要求。从政府贷款担保实践看，美国的做法最有代表意义。1953年，美国成立了中小企业管理局，为科技型中小企业的银行贷款提供担保。比如，在15.5万美元以下的贷款，政府提供90%的担保；而15.5万～20万美元的贷款，政府提供85%的担保。

7.2.2 基于信息不对称的农村经纪产业发展对策

信息不对称是无法消除的，农村市场信息有很强的外部性，是典型的公共物品，需要以政府为主导，提供信息，强化信息的确定性，解决农产品流通市场信息缺失的问题。

1. 政府加大投资强度，完善农业信息服务系统，降低经纪人信息开发使用成本

对农村经纪产业而言，完善农业信息服务系统意义重大。侯旭光等认为农业科技信息是国家对农村经济宏观调控的科学依据[①]。梅方权认为用信息技术装备现代农业，依靠信息网络化和数字化支持农业经营管理、监测农业资源和环境，能够支

① 侯旭光，王千里，王勇．市场经济条件下农业科技信息工作对农村经济的影响［J］．农业图书情报学刊，1999.3：10-11，42.

持农业经济和农村社会信息化[①]。李惠兰认为农业信息网络的应用使市场交易双方直接联系，降低市场风险，增大交换过程的获利机会，促使农民收入大幅度增长，带动整个国内消费需求增长，促进国民经济发展[②]。吴宝华认为在农业领域发展和应用现代信息技术，极大提高农业效率和农业生产力水平。信息网络完善，对农村经纪产业发展作用如下：

（1）政府主导的农业信息投入机制，能够降低农村经纪人信息使用成本。目前，中国网络成本较高，农村经纪人信息使用成本较高。且不说平均每台 3 000～4 000 元的计算机硬件成本高，仅上网费，成本也较高：农村电话费若按 0.3 元/分钟计算，加上上网费用 4 元/小时，合计每小时上网费超过 10 元，而在美国相应的上网费只占收入的 1%。因此，傅洪勋认为，网络成本较高，农业信息网络人才缺乏等是迫切需要解决的问题[③]。

政府宏观调控能力强，在传播农业信息所需网络设施等公共基础建设上，比单个组织和个人做得好得多，由它牵头能够加快各种信息传输网络的建设，将宽带光纤通到遍布村镇的每个信息化站点上，满足农村经纪人所需要的信息，降低农村经纪人在信息搜寻、开发等方面的成本，更好地提供市场所需要的经纪服务，促进农村经纪产业的发展。

联合国粮农组织（FAO）2006 年调查显示，建立农业信

---

① 梅方权．农业信息化带动农业现代化的战略分析［J］．中国农村经济，2001（12）．

② 李惠兰．论信息化对农村经济发展和农民的影响［J］．社科纵横，2004.6（3）：121－122.

③ 傅洪勋．中国农业信息化发展研究［J］．农业经济问题，2002（11）．

息服务系统的53个国家和地区，通过利用农业信息资源，减少农业信息不对称，成功地提高农产品的市场竞争能力。

（2）加大对经纪人的网络教育投资，逐步提高农村经纪人的信息技术素质。互联网第一时间获取最新信息，上网查询、网上发布信息、联系客户、洽谈生意、网上开店等举措，提高经营业务效率。李伟克认为构建与时俱进的农业信息体系等方面，中国考虑应用电子政务①。针对目前农村经纪人的文化素质偏低，接受各种信息的能力有限。地方政府有关部门应定期组织开办信息培训班、网络练习班等，加强经纪人在网络使用方面的学习和培训，大力提高农村经纪人的科学文化素质和信息素质，增强他们在信息收集、信息应用、信息辨别和信息反馈方面的能力，强化农村经纪业务的网络化水平，推进农村经纪业务的电子商务化，提高经纪业务效率。

2. 政府对虚假信息的发布进行监控，减少农村经纪产业所获信息数量

政府通过制度化建设，通过推动各级农业部门、农业企业和科研机构对信息资源开放，改变信息重复采集、分割拥有、垄断使用和低效开发的局面，同时，设立专门计算机农业决策支持系统和农业专家系统，利用在各级农业部门、较全面、宏观掌握信息资源的基础，提高农业信息网络数据库的利用率，对全国6 000多个涉农网站和各级农业信息网络平台，所发布的信息资源进行监控，避免虚假农业信息的发布，提供更多的真实的、高价值的信息，减少农村经纪产业所获虚假信息的数量。

① 李伟克．入世后我国农业信息化发展的思路［J］．农村经济文稿，2002（1）．

3. 强化信息专业性和标准化程度，降低农村经纪产业所获信息的不确定性

郑国清（2004）等认为农业信息有先导作用，能减弱生产资源对农业生产的刚性约束力，提高农业市场流通效率，成为农业现代化的加速器。郑红维认为，信息标准化程度低等是阻碍中国农业信息化水平提高的重要原因[①]。农村经纪人对各类农产品、农用物资、劳务需求、专业技术商品等都很关注，对各类信息的针对性、实用性要求较高。为降低农村经纪人对信息的甄别成本，避免传播媒介对农业科技信息针对性不强，综合性信息太多，就需强化信息标准化程度，加强农业科技信息基础建设。例如，建立系统完善的各类农业信息资源数据库，包括农业自然资源信息、农业科技信息、农业政策法规、农产品市场信息、人才资源信息、世界农业科技文献信息等；同时，建立农业信息动态监测与速报系统，加强各种农业信息资源的建设、有序管理与应用开发，保障农业信息的真实性，降低了农村经纪人对信息的甄别成本。

4. 政府对相关信息确定优先级别，提高信息的时效性

信息对时效性的要求高。原始的信息，在分散经营的农户和国家统计局之间的传递，至少要 15 天，信息交流方式落后；通过电视获取经过整理后的生产经营信息，信息传递速度缓慢。即便是农业网站，目前过时的信息较多，缺乏第一手信息和第一时刻发表的信息，不能实现信息的及时更新，网站提供的信息不完整、不准确，信息内容单调，用户得不到有效的信息，重复访问率和页面点击率低。据有关部门统计，每周更新

① 郑红维．关于农业信息化问题的思考［J］．中国农村经济，2001（12）．

的农业信息网站所占比例还不到一半。由此，不少信息丧失了时效性，价值大为降低。因此，地方政府可以通过专门设立信息传播和筛选的部门，分析农业宏观决策、农业科学研究、农业生产管理不同层次相关信息的紧急性和重要性，从政策模拟、调控决策、方案模型、粮食安全预警等角度，全面预测未来农业经济形势，发现各种信息的价值、特色和专业性所在，确定并公布信息的优先级别，强化对农村经纪人、农户生产经营信息获取和使用的引导，提高信息资源的时效性。

7.2.3 基于交易频率的农村经纪产业发展对策

1. 培训经纪人使用先进的经纪工具和交易方法，降低交易频率，增强经纪效率

对于农村经纪人与市场供求双方较高的交易频率，培训经纪人使用先进的交易手段、通讯工具和交易方式，降低交易频率，增强经纪交易的效率，既让交易费用分摊在各交易阶段中，又增加投机行为实施的困难，强化经纪人的市场信誉和专业口碑。

经纪人采用电子商务进行交易比传统商务可节约直接成本15%、间接成本75%。同时，在虚拟空间中撮合农产品买卖双方通过因特网达成交易并确定交易条件，在一定程度上克服传统市场的弊端，做到信息资源的全球共享，实现有形市场到无形市场的跨越，增加了同一地区同规格农村商品的交易规模，降低了单位时间内的交易次数，提高了交易效率。如果再采用期货交易与现货交易相结合、电子商务与批发市场拍卖相结合等，就能够强化组织的信息化程度、市场覆盖面，向连锁配送、网络化、综合化服务方向发展，把有经营优势的同一产

业、同一产品及相关的环节联合起来，把农民组织起来进入市场，稳定供销渠道，提高规模经济效益，扩展经营范围，提高市场竞争力。

2. 强化农村交通、教育等公共设施的建设

小农经济强的分散性，造成农村市场分布范围广却密度稀疏，农产品交换和流通也往往要走很远的一段路程，不利于农村商品大规模交换的进行。如果农产品生产地的交通便利，就能够增强农产品交易规模，增加特殊农产品的生产种植面积，便于提高经纪人对相关农产品、尤其是品牌农产品的交易频率，从而能够降低交易成本。

农村交通、教育方面的投资，属于农村公共投资领域，应该由政府出面。各地政府应该根据实际情况，做好相关道路建设，例如，通过政府补贴政策，鼓励农民和企业积极生产和提供一部分公共产品。同时，应充分发挥市场的竞争机制，如允许多个电信网络、有线电视网等自由竞争，降低公共产品的提供成本，优化整个公共产品供应体系。由此改善道路状况，做到村村通路，村村铺设相关网线设备等。

7.3 政府规制：政策推动和政府管制并行

农村经纪人行业协会有一定自治能力，确保行业发展独立性，同时，还需政府进行宏观规制。

7.3.1 政府扶持，保证农村经纪产业的供给支持

政府通过从产业政策和协会发展两方面，从宏观和中观两个经济管理层面，扶持农村经纪产业，在供给上保证农村经纪

服务的市场需求，支持农村经纪产业的发展。

1. 产业政策方面的供给扶持——宏观管理角度

专用经纪资产投资越大，农村经纪产业发展越好。通过税收优惠和公共服务等经济政策，确保专用经纪资产不受侵害，提升他们的社会地位，有效降低创业成本和解决融资困难，增加进入农村经纪行业的积极性，强化个人提高专用经纪资产投资的主动性，来增加专用经纪资产投资总量。但需注意的是，需要强化政策的稳定性和连续性，在实践中的可操作性，减少变动，避免交易双方产生错误的预期，出现短期行为，不利于市场交易规则形成与健全。

鉴于农村经纪产业是基于信息的不确定性这一前提下发展起来的，建议政府选择合适的信息传播渠道，完善农业信息服务系统，强化信息专业性和标准化程度，确定信息的优先级别，监控信息，强化农业科技信息基础建设，减少无效信息，提高有效信息的时效性，降低信息开发使用成本，有利于农村经纪产业更好的发展。

农村经纪服务能够整合交易环节、降低农村商品的交易频率，引致规模效益和范围经济，符合快速发展的农村市场经济需求，而得以产生和发展。作为一种诱致性制度安排，农村经纪产业，要想发展得更好，需要强化农村交通、教育等公共设施的建设，做好做细基层工作，同时引导和培训经纪人对先进经纪工具和交易方法的使用，提高农村经纪人的知识层次，降低经纪交易频率，增强经纪效率。另外，放宽经纪人经营范围，取消经纪人外出限制等，都能支持农村经纪产业的发展。

2. 行业协会初建的政府扶持——中观经济管理角度

在中国现今农村市场经济发展条件下，农村经纪人协会处于组建初期。目前，国内行业协会普遍存在业务关系不顺，经费紧张，人员编制不落实，干部老化、青黄不接等问题，这是政府扶持不够所致。如果政府过早放手，实际是对行业协会这一新生事物的扼杀。弱化了经纪人单打独斗、无法人地位、对外联系业务的难处，需要大力扶持市场内的行业协会，提高决策的准确性与可行性，使其成为发达的社团并成为市场管理的主力军，对经纪业进行自我管理、自我教育、自我服务、自我监督。

7.3.2 政府管制，保证农村经纪服务的市场需求

对农村经纪产业的管制主要是对该行业的监督治理。政府通过擅长农村经纪业务的专业队伍，在经纪合约不完善情况下，进行管制，弥补信息不对称带来的问题，及新技术、新市场导致市场合约过时难以调整的缺陷，提高仲裁效率，节约交易成本，做到有效监督管理。由此，加快农村经纪人行业协会的成长，确保农村经纪服务的市场需求。

1. 确保农村经纪人行业协会的健康成长

行业协会发展初期，政府为帮助行业协会顺利度过各种困难，使经纪服务业真正得以蓬勃发展，政府需要以行业协会的名义，分析行业发展的宏观需求，找出行业内企业的共同点，制定准确可行的行业发展规划，树立行业协会在企业中的威信，提高协会的控制力和行为效率。此时，政府的监督治理十分必要。随着行业协会的发展完善，为避免行业协会陷入少数大经纪集团的控制中，做出有利于大经纪集团、牺牲中小经纪人利益的决策，政府管制须在保证其独立性、权威性的同时，对其行为进行必要的监管，强化行业协会自律机制。

2. 确保经纪服务的市场需求

现代农村经纪服务业是人力资本要素密集、信息要素密集和技术要素密集的农村产业。要想快速发展，只有农村市场自身的自然发展，而没有外生的政府强有力的推动，是根本不可能实现的。经纪服务业什么时候都不能忽视政府规制。如果说政府扶持是供给支持的话，那么政府规制是对农村经纪服务业的需求保护。它从规范市场、规范供给上给服务业持续稳定地送上满意的消费者。只有不偏废政府扶持和政府规制的任何一面，从正反两方面共同推动，才能使农村经纪服务业发展得更好。

7.4 农村经纪产业的政府管制和行业管理对策

7.4.1 农村经纪产业形成期：以政府管制为主，行业管理为辅

1. 行业协会初期的可能现状

（1）依附政府主管部门。目前，行业协会的社会性质、地位、工作范围、手段都没有明确的界定，协会工作保障和执业缺乏法律依据，规范管理难以到位。在行政法规内涵不够明确严谨，对外延理解把握也容易因人而异的情况下，行业协会仍旧依附于政府主管部门。

（2）协会领导多半仍由行政领导兼任。实际选举操作中的困难，使得一些协会的领导人仍由行政领导兼任，即便选出了能够充分地左右行业局势的农村经纪协会领导，他是否能够超脱自己的具体利益、全身心地为行业协会服务，也很难说。许多经纪组织的业务获取，仍然在相当程度上依靠其政府主管部门的眷顾，导致了协会被某些个人利用的负面行为。

2. 农村经纪产业的发展阶段与行业协会管理角色的变化

（1）农村经纪产业形成期：以政府管制为主，行业管理为辅。农村经纪产业形成初期，行业协会刚成立不久，行业协会初建，需要依附政府主管部门、由政府扶持形成，新设机构能够确保自发形成的行业协会的行政合法性地位，便于工作的开展。此时，农村经纪产业以政府管制为主，行业管理为辅，具有一定的积极意义。即便出现政府与行业协会同时管理的双重管理体制，也很正常。

（2）农村经纪产业成熟期：以行业管理为主，政府管制为辅。随着产业逐渐步入成熟阶段，农村经纪产业再以政府管制为主，行业管理为辅，就会削弱行业协会的独立性，降低经纪服务市场的效应。为了行业协会的独立性，为了适应农村经纪产业发展的需要，避免出现双重管理体制，造成行业协会发展滞后，协会依附政府主管部门的“官化”现象，就不宜存在，而要及时改变。为避免行业协会蜕变成个人利益的攫取工具，需要政府从旁辅助管理。此时，农村经纪产业的发展，就要明确为：以行业协会管理为主，政府管制为辅。

结论：目前，中国农村农村经纪产业还没有进入成熟期，此时的产业管理应该以政府管制为主，行业管理为辅。

7.4.2 农村经纪产业的政府和行业管制原则

1. 强化法律保障和制度支持

强化法律支持和保障，确保农村经纪人协会应有的法律地位和独立的法律行为能力，真正能代表广大农户依法“讨个说法”，满足广大农户借以增强自身谈判能力的愿望，使农村经纪人组织产权明晰，成员之间权利义务划分明确，强化经济契约的约束力，保障农村经纪人产业的顺利发展。

2. 强化外部制度约束，规范农村经纪人行业协会活动

为避免协会领导人打破原有的利益制衡和约束机制，在某个经纪领域取得支配地位、获得垄断好处，行业协会蜕变成少数人攫取个人利益的工具，政府管制在保留立法、制定规则、行政处罚等基本职责的同时，加强与协会组织等其他信用规制力量的沟通、协作，规范管理行业协会的内部人员的构成、内部运行机制，遏制“政府失灵”的发生。

7.4.3 农村经纪产业的政府和协会管制的建议

农村经纪人由无序向有序、由松散向紧密型、由低层次向高层次发展，需要政府和协会强化对农村经纪人的服务职能、管理职能和监督处罚职能。

1. 强化对农村经纪人的服务职能

协会是企业利益的代表者，为企业服务是行业协会最原始、最首要的职能。具体服务如下：一是进行行业统计，收集、分析、发布行业信息，为农村经纪人提供所需要的信息资料；定期组织有关专家为经纪人开展咨询服务，搭建农村经纪行业科学发展的信息和技术平台，增强经纪人驾驭市场的能力，提高市场意识和购销水平。二是强化经纪人的人才、技术、职业培养。定期对经纪人，进行文化知识、市场经济知识、法律知识及农技知识培训，满足学员的不同学习需求，开展国内外经济技术交流与合作，组织经纪人到生产经营发展快的开放地区参观学习，开阔视野，增长见识；学习发达国家标准合同范本的制定思路和适用条款，周密、完备地制作经纪合

同，以便于事后争议、纠纷的解决。三是组织展销会、展览会，组织科技成果鉴定和推广运用，确保有发展前景而目前困难、非个体之力能够完成的农产品项目经纪业务，提供必要的帮助，大力支持。四是满足和反映会员要求，协调会员关系，维护其合法权益；指导经纪人规范产权；推进经纪人与供需关系的建立和维持，满足和反映会员要求，维护应有的合法权益。另外，当经纪人之间发生纠纷时，政府和协会出面充当仲裁人，合理解决问题。

2. 强化对农村经纪人的管理职能

管理职能是经纪人协会承接行政授权的职能，主要包括：

（1）开展行业、地区经济发展调查研究，解决经纪人分散、不成规模的农产品的外销问题，根据经纪人发展中的地区封锁和行业限制等问题，向政府提供有关经济政策和立法方面的建议，为经纪人成长和发育创造必要的政策环境。

（2）指导、帮助经纪人改善经营管理。对一些刚刚起步的大户要因势利导，免费进行有关政策法规方面的咨询，扶持他们经营业务的发展，帮助其不断扩大行业规模和经营水平；对一些已有深厚的社会和经济基础，已经成熟、定型的经纪大户进行必要的指导和规范，指导、帮助经纪人，不断改善经营管理层次。鼓励那些经纪量大、有信誉的经纪人搞强强联合，组建经纪公司。

（3）制定执行行规行约，规范行业。统一制定价格、质量、等级、计量、收费等便于操作的经纪环节的具体标准，为定价提供科学基础，评价和确保各家公司的佣金率，公平、合理，协调同行价格争议，保证经纪人之间良性的价格竞争，将中介活动逐步置于广大群众的监督之下，维护行业和消费者的合法权益。

(4) 参与制订行业规划。通过强化经纪人的市场契约意识，帮助经纪人建立自己的品牌，强化需求方认牌购买的意识，推动供应方的订单生产，降低生产成本，为其带来短期和长期利益，巩固经纪人与需求方、供应方的关系，减少可能的市场风险，促进农村经纪人做大做强。对行业内重大的技术改造、技术引进、技术创新，投资与开发项目，进行前期论证，帮助经纪人做好市场风险、关系管理和品牌建设，确保行业规划。

(5) 参与行业生产、经营资质审查工作。开辟“绿色通道”，方便符合政府规定许可条件的农村经纪人注册登记；对已有的农村经纪人，2～3 年进行一次经营资质认证和信誉评价，对经纪人实行等级管理。那些累计达到一定分数可得到相应的信誉额度、多种优惠政策等。不再为那些信誉差、已不具备继续执业资格的中介机构和执业人员办理营业执照，对行业协会制定的执业标准和职业规范实行备案制度，从而提高行业整体履约能力。

3. 强化对经纪人的监督处罚职能

经纪人行业协会监督与处罚职能包括：实施当然会员制度，凡进入经纪服务业的中介机构，都应当加入经纪人行业协会，接受经纪人行业协会的监管。各经纪人行业协会要按照国家法律法规，制定和完善农村经纪行业的章程、行业执业标准、行业执业规范、行业内机构和人员惩戒制度等规范性管理办法，规定信用信息采集的主体、原则、范围、方法和途径，确定信用信息公开和披露的范围、权限、程序，确定对违反信用信息采集、使用规定的责任方的处罚条件；同时，明确规定从事经纪产业信用评价工作的主体、原则和评价方法，规定信用评价主体的权利与义务，建立经纪人行业自律性监督管理机制，加强经纪人行业执业信息库建设。

具体通过强化行业协会内部的自律自省，提供经纪人信用查询，对服务质量、竞争手段与经营作风、执行行规行约、执行国家标准、行业标准等方面，甚至经纪人的日常信用行为，依法管理监督，对经纪机构和执业人员的违法违规和失信行为，进行调查、惩处，确保会员经纪人在产品服务时，维持较高的职业道德水平，防止经纪服务信用缺失，保障经纪产业的信用规制，为政府科学监管和经纪人规范运营构建基础平台。

7.5 小结

农产品普遍商品化，农村市场容量的不断扩大，农业内部专业分工深化，变化莫测的农村市场，增加了农户、农业企业进入市场的风险。农村经纪产业能够降低市场信息的不确定性，通过强化不同生产活动之间的相互联系，整合交易环节，降低农村商品交易频率，获取利润，促进农村经济的快速发展。

目前，农村经纪产业内部的直接竞争较少。不以经纪业务为主营业务的合作社，与经纪人争夺共同目标农户。虽然以容量更大的农业产后环节为主攻内容的经纪人，其发展潜力和市场空间更大（见第 7 章），但农村经纪行业发展还是受到了影响。

为实现农村经纪服务市场化、专业化、规模化和组织化运作，出现大规模、高业务水准、令人满意的市场行为，政府施以必要的扶持和管制，行业协会实行自律管理，才能够帮助农村经纪产业持续高效发展，顺利进入成熟阶段，实现质的飞跃。

参 考 文 献

[1] A·麦迪森．世界经济二百年回顾（1820—1992）[M]．北京：改革出版社，1997.

[2] 蔡呈韶等修，胡虔等纂．嘉庆临桂县志 [M]（卷一六）．

[3] 曹阳．当代中国农村微观经济组织形式研究 [M]．北京：中国社会科学出版社，2007.

[4] 陈明光，毛蕾．驱侩、牙人、经纪、掮客：中国古代交易中介人主要称谓演变试说 [J]．中国社会经济史研究，1998（4）．

[5] 陈炜．试论近代广西城镇经纪业的发展 [J]．中国社会经济史研究，2005（2）．

[6] 陈学文．明清时期太湖流域的商品经济与市场网络 [M]．杭州：浙江人民出版社，2000.

[7] 陈中平．明清时期江南市镇的牙人牙行 [J]．中国经济史，1987（2）．

[8] 丹尼斯．卡尔顿．现代产业组织（下册）[M]．黄亚均译．上海：上海三联书店，1998.

[9] 单强．略论近代江南市场经纪人 [J]．苏州大学学报，1997（3）．

[10] 党双忍．民经济组织的制度经济学分析 [J]．农村经营管理，2005（5）．

[11] 邓爱勇．新余农民闯市场 62 个农合社年创利润逾亿 [N]．江西日报，2008-05-08.

[12] 丁立．产业经济学理论与问题研究 [M]．北京：经济管理出版社，2000.

[13] 丁日初．上海近代经济史［M］．上海：上海人民出版社，1997.
[14] 董振国．山东农村“经纪人”升级成合作社［J］．乡镇经济，2005（10）．
[15] 杜润生．关于农村生产专业化、商品化问题［J］．中国农村经济，1985（3）．
[16] 樊树志．明清江南市镇探微［M］．上海：复旦人学出版社，1990.
[17] 范非，薛浩峰．山西农民专业合作社已发展至6000余个［N］．山西日报，2007-01-08.
[18] 费孝通．江村经济——中国农民的生活［M］．北京：商务印书馆，2007.
[19] 傅晨．中国农村合作经济：组织形式与制度变迁［M］．北京：中国经济出版社，2006.
[20] 傅洪勋．中国农业信息化发展研究［J］．农业经济问题，2002（11）．
[21] 傅夏仙．农业中介组织的制度变迁与创新［M］．上海：上海人民出版社，2006.
[22] 傅衣凌．明清时代江南市镇经济的分析［J］．历史教学，1964（5）．
[23] 高景岳．近代无锡蚕丝业资料选辑．
[24] 高立迎．宋代市镇在农村经济商品化中的作用［J］．山西财税，2007（11）．
[25] 高元新．基于资产专用性和不完全契约理论的纵向一体化研究［J］．黑龙江对外经贸，2008（8）．
[26] 宫泽知之．宋代的牙人［J］．中国史研究动态，1982（7）．
[27] 龚关．官府、牙行与集市——明清至民国时期华北集市的市场制度分析［J］．天津商学院学报，2001（1）．
[28] 郭建平．目前中国农民经纪人的发展状况及其展望［J］．山西农业大学学报（社科版），2005（4）．
[29] 郭庆海．中国农民合作经济组织产业分布差异解析［J］．农业经济问题，2007（4）．

[30] 郭翔宇 .2000 农业经济专题研究 [M] . 哈尔滨：黑龙江出版社，2000.
[31] 郭蕴静 . 清代商业史 [M] . 沈阳：辽宁人民出版社，1994.
[32] 韩大成 . 明代城市研究 [M] . 北京：人民出版社，1991.
[33] 何力 . 横向一体化产生供应链管理 [N] . 新浪财经，2005-02-23.
[34] 何坪华，杨名远 . 中介组织降低农业家庭经营市场交易成本分析[J] . 农业技术经济，1999 (4) .
[35] 何深蛟 . 论农业合作经济组织企业家的培育 [J] . 世界农业，2005 (11) .
[36] 黄家明，等 . 交易费用理论：从科斯到威廉姆森 [J] . 合肥工业大学学报，2000 (1) .
[37] 黄宗智 . 华北的小农经济与社会变迁 [M] . 北京：中华书局，1986.
[38] 黄祖辉，徐旭初，冯冠胜 . 农民专业合作组织发展的影响因素分析 [J] . 中国农村经济，2002 (3) .
[39] 黄祖辉 . 农业与农村发展的制度透视：理论述评与应用分析 [M] . 北京：中国农业出版社，2002.
[40] 贾西津，沈恒超，胡文安，等 . 转型时期的行业协会：角色、功能与管理体制 [M] . 北京：社会科学文献出版社，2004.
[41] 江波 . 农产品供应链垂直协作方式的选择——基于资产专用性维度的分析 [J] . 农村经济，2008 (3) .
[42] 姜建民，卢贺英 . 试论中国农村社会分工的发展 [J] . 中国农村经济，1985 (8) .
[43] 蒋兆成 . 论明清杭嘉湖地区蚕桑丝织业的重要地位 [J] . 杭州大学学报，1988 (4) .
[44] 靳环宇 . 农业商品化问题的历史考察与反思 [J] . 湖南城市学院学报，2007 (11) .
[45] 瞿振元，李不云，王秀清 . 中国社会主义新农村建设研究 [J] . 北京：社会科学文献出版社，2006.
[46] 孔令华 . 农村经纪人发展面临的问题与对策 [J] . 山西农业，2004

(12).
[47] 黎良超．解放前的长洲鱼苗装捞业［J］．梧州文史资料（第6辑）．
[48] 黎志刚．宋代牙人与乡村经济的市场化［J］．云南社会科学，2006（1）．
[49] 李成勋．论经纪人［J］．当代经济研究，1994（1）．
[50] 李达三．宋代的牙人变异［J］．中国经济史研究，1991（4）．
[51] 李化义．农民经纪人——农业结构调整的生力军［J］．中国农村小康科技，2000（10）．
[52] 李惠兰．论信息化对农村经济发展和农民的影响［J］．社科纵横，2004，6（3）．
[53] 李强．农业类产业进入退出障碍与中国农业的发展［J］．重庆社会利学，2005（1）．
[54] 李伟克．入世后中国农业信息化发展的思路［J］．农村经济文稿，2002（1）．
[55] 李文峰．农村经纪人组织形式的创新［J］．天津商学院学报，2006（5）．
[56] 列宁全集（第3卷）［M］．北京：人民出版社，1984.
[57] 林仁惠，等．现代农村经纪人［M］．北京：中国农业科技出版社，2005.
[58] 林善浪．中国农村土地制度与效率研究［M］．北京：经济科学出版社，1999.
[59] 林尚立，王华．创造治理：民间组织与公共服务型政府［J］．学术月刊，2006（5）．
[60] 刘爱新．经纪行与梧州商业近代化［J］．经济与社会发展，2004（1）．
[61] 刘怀德．不确定性经济学研究［M］．上海：上海财经大学出版社，2001.
[62] 刘慧娥，等．农村经纪学［M］．北京：中国农业出版社，2005.
[63] 刘秀生．清代牙行与产地市场［J］．北京商学院学报，1991（2）．

[64] 刘秀生．商人包买主产生的历史条件［J］．中国社会经济史研究，1986（3）．
[65] 刘训戈．论农村经纪人在加快农村经济发展促进新农村建设中的重要作用［J］．上海农村经济，2006（10）．
[66] 刘宗棠．清朝前中期牙行制度的特点及其利弊［J］．江西社会科学，2007（10）．
[67] 龙登高．论宋代的掮客［J］．思想战线，1990（5）．
[68] 陆茹英．荷兰和法国农业发展的启示［J］．农场经济管理，2003（5）．
[69] 吕青芹，张林，韩星．国外的农业合作社［M］．北京：中国社会出版社，2006.
[70] 罗必良，等．资产专用性专业化生产与农户的市场风险［J］．农业经济问题，2008（7）．
[71] 罗纳德·科斯．企业、市场与法律［M］．上海：上海三联书店出版社，1988.
[72] 毛雷，陈明光．唐宋以来的牙人与田宅典当买卖［J］．中国经济史研究，2000（4）．
[73] 毛雷，陈明光．牙侩、牙人、经纪、掮客［J］．中国社会经济史研究，1998（4）．
[74] 毛雷，陈明光．中国古代的“人牙子”与人口买卖［J］．中国经济史研究，2000（1）．
[75] 毛蕴诗．资产专用性与交易成本节约——论企业是信用的载体［J］．经济经纬，2007（3）．
[76] 梅方权．农业信息化带动农业现代化的战略分析［J］．中国农村经济，2001（12）．
[77] 孟繁治．中国古代商贸活动中的经纪人［J］．文史知识，1996（5）．
[78] 牛德生．资产专用性理论分析［J］．经济经纬，2004（3）．
[79] 牛若峰．中国农产品需求与农业发展［M］．北京：科学普及出版社，2000.

[80] 牛晓帆，等．交易成本理论的最新发展与超越［J］．云南民族学院学报，2003（12）．
[81] 农业部农村固定观察点办公室［J］．中国农村经济，1994（2）．
[82] 潘君祥．近代上海牙行的产生、发展和演变［J］．中国经济史研究，1993（1）．
[83] 彭正银．网络治理、四重维度与扩展的交易成本理论［J］．经济管理，2003（18）．
[84] 漆侠．中国经济通史·宋代经济卷（上）［M］．北京：经济日报出版社，1980.
[85] 秦晖．农民中国：历史反思与现实选择［M］．郑州：河南人民出版社，2003.
[86] 全国人大农业与农村委员会课题组［J］．农村经营管理，2004（10）．
[87] 任放．明清长江中游市镇经济研究［M］．武汉：武汉大学出版社，2003.
[88] 任仲书，于海生．宋代"牙人"的经济活动及影响［J］．史学集刊，2003（3）．
[89] 山东省畜牧办公室．山东省畜牧合作经济组织经验交流会典型材料汇编［R］.2004（12）．
[90] 斯蒂格勒．产业组织与政府管制［M］．潘振民译．上海：上海三联书店、上海人民出版社，1996.
[91] 苏东水．产业经济学［M］．北京：高等教育出版社，2000.
[92] 孙侠．中国农产品流通的成本构成与利益分配［D］．大连：东北财经大学.2007.
[93] 孙政才．农业农村改革发展30年［M］．北京：中国农业出版社，2008.
[94] 陶为民．试论行业协会发展与政府行政体制改革［J］．大地，2004（13）．
[95] 陶伟军．农业资产专用性与农民合作组织的效率［J］．南方经济，

2004（1）.

[96] 瓦尔特·尼科尔森．微观经济理论［M］．朱宝宪译．北京：中国经济出版社，1999.

[97] 王凤彬，陈高生．新经济中的虚拟一体化组织［J］．经济理论与经济管理，2002（3）.

[98] 王军智．试论农民经纪人贡献空间与发展对策［J］．西北农林科技大学学报（社科版），2006（1）.

[99] 王询．企业和市场间的不同形态［J］．经济研究，1998（7）.

[100] 威廉姆森．资本主义制度［M］．北京：商务印书馆，2002.

[101] 文启湘．农产品交易困境与对策：资产专用性维度的分析［J］．中国农村经济，2001（9）.

[102] 乌家培，等．信息经济学［M］．北京：高等教育出版社，2002.

[103] 吴宾，朱宏斌．明清时期陕南农业商品化发展及其成因［J］．西北农林科技大学学报（社科版），2005（4）.

[104] 吴绍珉．中国历史上的经纪人及行业组织考略［J］．史学月刊，1997（5）.

[105] 吴志冲，季学明．经济全球化中的有机农业与经济发达地区农业生产方式的选择［J］．中国农村经济，2001（3）.

[106] 许檀．明清时期农村集市的发展［J］．中国经济史研究，1997（2）.

[107] 杨其民．买卖中间商“牙人”、“牙行”的历史演变［J］．史林，1994（4）.

[108] 杨瑞龙，等．企业共同治理的经济学分析［M］．北京：经济科学出版社，2001.

[109] 姚遂，陈卓淳．不对称信息的交易成本分析［J］．石家庄经济学院学报，2007（3）.

[110] 叶世昌．对经纪人的历史考察及其启示［J］．世界经济文汇，1995（1）.

[111] 于立，王询．当代西方产业组织学［M］．大连：东北财经大学出版

社，1996.

[112] 俞雅乖．农业产业化契约类型及稳定性分析——基于资产专用性视角［J］．贵州社会科学，2008（2）．

[113] 喻国华．对构建中国农村新型合作经济组织的思考［J］．商场现代化，2005（24）．

[114] 张军．现代产权经济学［M］．上海：上海三联书店出版社，1991.

[115] 张涛．牙行的演变［J］．武汉文史资料，1997（4）．

[116] 张铁铮．北平农产品贩卖方法和市场组织的研究（民国丛书（第一编））［M］．上海书店，1991.

[117] 郑国清，尹红征．论农业信息化、农业现代化与现代农业［J］．河南农业科学，2004（11）．

[118] 郑红维．关于农业信息化问题的思考［J］．中国农村经济，2001（12）．

[119] 郑庆平．旧中国农产商品化发展的条件和特点［J］．中国农史总目（1981—2004）．

[120] 郑晓文．试论明清牙行的商业资本［J］．开封大学学报，2005（1）．

[121] 郑学檬．清前期企业与市场的互动分析［J］．福建论坛，2001（1）．

[122] 朱培夫．武汉牙行初探［J］．武汉师范学院学报（哲社版），1984（2）．

[123] USDA. Agriculture Outlook July 1993，Economic Research Service.

[124] Bekkum，V and Dijk，V. Agriculture Co-operatives in the European Union［M］. published by Nijenrode University，Netherlands，1997.

[125] Fudenberg D，Tirole J. Capital as a commitment：strategic investment to determobility［J］. Journal of Economic Theory，1983，31（2）：227-256.

[126] G. W. Skinner. Marketinn and Social Structure in Rural China［J］. Journal of Asian Studies，1964（24）．

[127] Ollila, P. Farmer' s Co-operatives as Market Co-ordinating Institution [J]. Annals of Public and Co-operatives Economics, 1994 (65): 81-101.

[128] Richard A. Posner. The Social costs of monopoly and regulation [J]. Journal of Political Economy, Aug. B3, 1995.

[129] Spulber, Daniel F. Market Microstructure and Intermediation [J]. Journal of Economic Perspectives 10 (1996b): 135-152.

[130] Stinchcombe, A. L. Information and Organization, Berkeley [M]. CA: University of California Press, 1990.

[131] Townsend, Robert M. Theories of Intermediated Structure [J]. Carnegie-Rochester Conference Series on Public Policy, 1983 (18): 221-272.

[132] William J. Baumol. Contestable markets: an uprising in the theory of industry structure [J]. The American Economic Review, 1982, Vol, 72.

[133] William J. Baumol. Economic Theory and Operations Analysis Prentice Hall [M]. 1961.

[134] Williamson, Oliver E. The Economic Institutions of Capitalism Firms, Markets, Relational Contracting [M]. New York : Free Press, 1985.

[135] Winkler, G. Michael. Intermediation Under Trade Restrictions [J]. Quarterly Journal of Economics 1989 (104): 299-324.

图书在版编目（CIP）数据

中国农村经纪产业发展问题研究/周霞著．—北京
：中国农业出版社，2013.2
ISBN 978-7-109-17648-5

Ⅰ.①中…　Ⅱ.①周…　Ⅲ.①农村经济－经纪－产业发展－研究－中国　Ⅳ.①F321

中国版本图书馆 CIP 数据核字（2013）第 029253 号

中国农业出版社出版
（北京市朝阳区农展馆北路 2 号）
（邮政编码 100125）
责任编辑　赵　刚

中国农业出版社印刷厂印刷　　新华书店北京发行所发行
2013 年 3 月第 1 版　　2013 年 3 月北京第 1 次印刷

开本：850mm×1168mm　1/32　　印张：9.75
字数：202 千字
定价：32.00 元